GERHARD ARMBRUSTER

# Rechnen – Schritt für Schritt 3



VERLAG DÜRRSCHE BUCHHANDLUNG
BONN-BAD GODESBERG

1992/91/90/89


Illustrationen: Heinrich Heisters
Gesamtherstellung: Friedrich Pustet, Regensburg
ISBN 3-8181-0020-9

## Wiederholung im Zahlenraum 1 bis 20

**1** Lege auf die gelben Felder der Rechentafel 6, 9, 14, 18, 20 Würfel.
Danach legst du die Mengen ohne Rechentafel.

| 1 | 2 | 3 | 4 | 5 | 6 | 7 | 8 | 9 | 10 |
|---|---|---|---|---|---|---|---|---|---|
| | | | | | | | | | |
| 11 | 12 | 13 | 14 | 15 | 16 | 17 | 18 | 19 | 20 |
| | | | | | | | | | |

Zähle auf der Rechentafel von 1 bis 20, von 1 bis 17, von 10 bis 20.
Zähle ohne Rechentafel, auch rückwärts von 20 bis 1.

**2** Male die Früchte ab. Schreibe dazu, wie viele in jedem Korb sind.

**A**

**B**

**C**

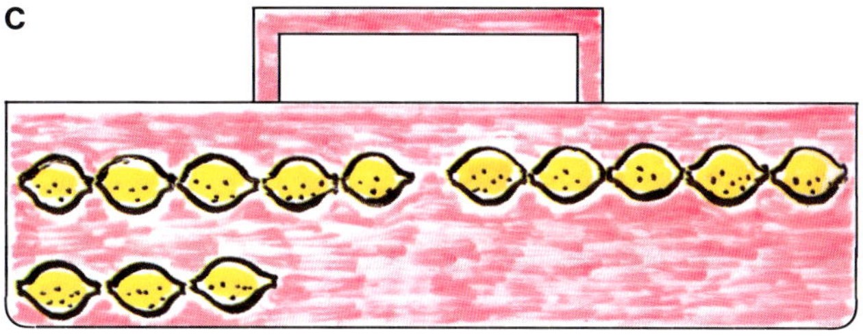

**D**

**3** Male die Plättchen. Schreibe dazu, wie viele es sind.

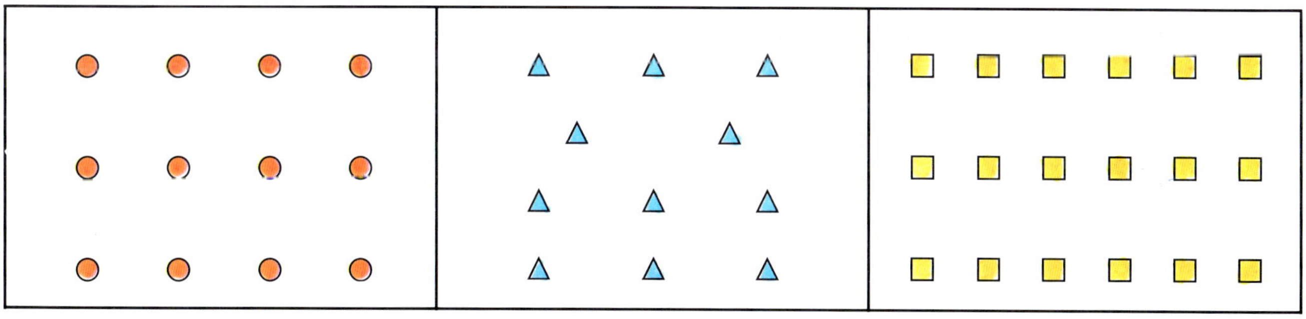

**4** Male die Kästchen mit den Zahlen ab. Setze die fehlenden Zahlen ein.

**A**

| | | | | | | | | | | | | | | | | | | | |
|---|---|---|---|---|---|---|---|---|---|---|---|---|---|---|---|---|---|---|---|
| | 2 | | 4 | | 6 | | 8 | | 10 | | 12 | | 14 | | 16 | | 18 | | 20 |

**B**

| | | | | | | | | | | | | | | | | | | | |
|---|---|---|---|---|---|---|---|---|---|---|---|---|---|---|---|---|---|---|---|
| 1 | | 3 | | 5 | | 7 | | 9 | | 11 | | 13 | | 15 | | 17 | | 19 | |

**C**

| | | | | | | | | | | | | | | | | | | | |
|---|---|---|---|---|---|---|---|---|---|---|---|---|---|---|---|---|---|---|---|
| | | 3 | | | 6 | | | 9 | | | 12 | | | 15 | | | 18 | | |

## Wiederholung von +Aufgaben bis 20

**1** Welche der Aufgaben paßt zur Bildergeschichte? Schreibe sie auf.

6 + 2 =
9 + 2 =
8 + 3 =
7 + 2 =
8 + 2 =

**2**

| A | B | C | D | E | F |
|---|---|---|---|---|---|
| 2 + 5 = | 3 + 4 = | 9 + 1 = | 1 + 8 = | 2 + 6 = | 3 + 6 = |
| 2 + 7 = | 4 + 5 = | 8 + 1 = | 3 + 5 = | 4 + 2 = | 8 + 1 = |
| 3 + 4 = | 5 + 2 = | 7 + 2 = | 5 + 2 = | 6 + 1 = | 6 + 4 = |
| 4 + 6 = | 6 + 3 = | 6 + 2 = | 7 + 2 = | 8 + 2 = | 2 + 8 = |
| 5 + 4 = | 7 + 1 = | 5 + 3 = | 9 + 1 = | 2 + 5 = | 7 + 3 = |

**3**

| A | B | C | D | E | F |
|---|---|---|---|---|---|
| 12 + 2 = | 11 + 4 = | 14 + 2 = | 19 + 1 = | 12 + 7 = | 15 + 3 = |
| 13 + 3 = | 15 + 2 = | 18 + 1 = | 17 + 1 = | 14 + 4 = | 11 + 8 = |
| 14 + 5 = | 19 + 1 = | 17 + 2 = | 15 + 4 = | 16 + 2 = | 12 + 6 = |
| 16 + 3 = | 17 + 3 = | 11 + 6 = | 13 + 4 = | 18 + 2 = | 16 + 4 = |
| 18 + 1 = | 16 + 1 = | 10 + 7 = | 11 + 5 = | 10 + 6 = | 13 + 5 = |

**4** Lege zuerst.

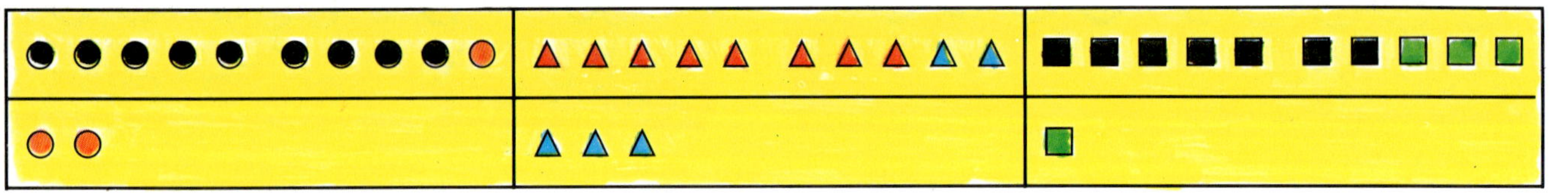

**9 + 3 = ☐** **8 + 5 = ☐** **7 + 4 = ☐**

**5**

| | | | |
|---|---|---|---|
| 3 + 7 + 2 = ☐ | 6 + 4 + 1 = ☐ | 4 + 6 + 2 = ☐ | 8 + 2 + 7 = ☐ |
| 3 + 9 = ☐ | 6 + 5 = ☐ | 4 + 8 = ☐ | 8 + 9 = ☐ |
| 5 + 5 + 3 = ☐ | 2 + 8 + 1 = ☐ | 7 + 3 + 2 = ☐ | 9 + 1 + 5 = ☐ |
| 5 + 8 = ☐ | 2 + 9 = ☐ | 7 + 5 = ☐ | 9 + 6 = ☐ |

**6** Peter hat 8 Mark gespart? Zum Geburtstag bekommt er 4 Mark.
Wieviel Geld hat er dann? Peter hat dann ☐ Mark.

**7**

| A | B | C | D | E | F |
|---|---|---|---|---|---|
| 5 + 6 = | 3 + 8 = | 7 + 6 = | 8 + 3 = | 9 + 3 = | 8 + 5 = |
| 6 + 7 = | 5 + 7 = | 6 + 5 = | 9 + 6 = | 7 + 4 = | 6 + 9 = |
| 3 + 8 = | 7 + 7 = | 4 + 8 = | 7 + 5 = | 9 + 2 = | 7 + 10 = |
| 7 + 9 = | 9 + 8 = | 3 + 9 = | 6 + 6 = | 7 + 3 = | 9 + 9 = |
| 8 + 6 = | 2 + 9 = | 2 + 10 = | 9 + 5 = | 8 + 3 = | 8 + 7 = |
| 9 + 4 = | 6 + 10 = | 8 + 4 = | 8 + 9 = | 9 + 10 = | 8 + 6 = |
| 4 + 7 = | 8 + 5 = | 9 + 7 = | 9 + 4 = | 6 + 8 = | 6 + 10 = |

## Wiederholung von −Aufgaben bis 20

**1** Welche der Aufgaben paßt zur Bildergeschichte? Schreibe sie auf.

8 − 2 =
9 − 3 =
9 − 2 =
7 − 3 =
7 − 2 =

**2**

| A | B | C | D | E | F |
|---|---|---|---|---|---|
| 10 − 9 = | 6 − 2 = | 9 − 4 = | 6 − 1 = | 4 − 3 = | 9 − 8 = |
| 9 − 3 = | 9 − 5 = | 10 − 6 = | 8 − 8 = | 5 − 3 = | 10 − 4 = |
| 7 − 2 = | 8 − 6 = | 8 − 5 = | 9 − 6 = | 6 − 3 = | 7 − 3 = |
| 6 − 4 = | 4 − 3 = | 7 − 5 = | 7 − 4 = | 7 − 1 = | 5 − 4 = |
| 8 − 7 = | 7 − 6 = | 5 − 2 = | 10 − 5 = | 8 − 3 = | 4 − 2 = |

**3**

| A | B | C | D | E | F |
|---|---|---|---|---|---|
| 20 − 6 = | 14 − 3 = | 18 − 5 = | 14 − 2 = | 20 − 8 = | 18 − 7 = |
| 19 − 5 = | 16 − 2 = | 20 − 9 = | 13 − 2 = | 17 − 7 = | 16 − 4 = |
| 18 − 3 = | 17 − 5 = | 16 − 3 = | 15 − 3 = | 15 − 2 = | 14 − 4 = |
| 17 − 4 = | 20 − 5 = | 15 − 4 = | 18 − 6 = | 13 − 1 = | 12 − 2 = |
| 16 − 1 = | 19 − 4 = | 17 − 6 = | 19 − 3 = | 11 − 1 = | 20 − 7 = |

**4** Lege zuerst.

**11 − 2 = □** **12 − 5 = □** **14 − 6 = □**

**5**

| | | | |
|---|---|---|---|
| 11 − 1 − 4 = □ | 13 − 3 − 1 = □ | 15 − 5 − 2 = □ | 17 − 7 − 1 = □ |
| 11 − 5 = □ | 13 − 4 = □ | 15 − 7 = □ | 17 − 8 = □ |
| 12 − 2 − 6 = □ | 14 − 4 − 2 = □ | 16 − 6 − 2 = □ | 18 − 8 − 1 = □ |
| 12 − 8 = □ | 14 − 6 = □ | 16 − 8 = □ | 18 − 9 = □ |

**6** Die Tante hat 13 Mark dabei. Sie schenkt Helga 6 Mark.
Wieviel Geld hat sie dann noch? Die Tante hat dann noch □ Mark.

**7**

| A | B | C | D | E | F |
|---|---|---|---|---|---|
| 17 − 8 = | 14 − 5 = | 18 − 9 = | 16 − 8 = | 13 − 8 = | 15 − 5 = |
| 16 − 9 = | 11 − 3 = | 11 − 4 = | 18 − 10 = | 11 − 6 = | 12 − 9 = |
| 13 − 4 = | 13 − 5 = | 13 − 6 = | 13 − 7 = | 15 − 9 = | 16 − 10 = |
| 14 − 6 = | 12 − 5 = | 15 − 7 = | 11 − 5 = | 12 − 8 = | 11 − 8 = |
| 18 − 5 = | 15 − 6 = | 19 − 10 = | 15 − 8 = | 16 − 9 = | 13 − 9 = |
| 11 − 3 = | 16 − 7 = | 17 − 9 = | 12 − 7 = | 11 − 7 = | 12 − 3 = |
| 12 − 2 = | 17 − 8 = | 12 − 6 = | 17 − 10 = | 14 − 6 = | 12 − 4 = |

## Wiederholung von Zerlegaufgaben bis 20

**1** Welche der Aufgaben paßt zur Bildergeschichte? Schreibe sie auf.

8 = 4 + □
9 = 5 + □
9 = 4 + □
10 = 4 + □
10 = 5 + □

**2**

| A | B | C | D | E | F |
|---|---|---|---|---|---|
| 6 = 2 + □ | 5 = 1 + □ | 10 = 9 + □ | 7 = 4 + □ | 10 = 6 + □ | 8 = 2 + □ |
| 7 = 5 + □ | 7 = 6 + □ | 8 = 5 + □ | 5 = 3 + □ | 9 = 4 + □ | 7 = 2 + □ |
| 8 = 3 + □ | 9 = 7 + □ | 6 = 4 + □ | 9 = 5 + □ | 7 = 3 + □ | 9 = 3 + □ |
| 9 = 6 + □ | 6 = 3 + □ | 4 = 3 + □ | 10 = 7 + □ | 8 = 7 + □ | 10 = 5 + □ |
| 10 = 8 + □ | 8 = 4 + □ | 9 = 8 + □ | 8 = 6 + □ | 6 = 5 + □ | 5 = 1 + □ |

| A | B | C | D | E | F |
|---|---|---|---|---|---|
| 12 = 10 + □ | 20 = 18 + □ | 16 = 14 + □ | 19 = 15 + □ | 17 = 14 + □ | 19 = 13 + □ |
| 15 = 11 + □ | 19 = 17 + □ | 14 = 11 + □ | 20 = 16 + □ | 15 = 13 + □ | 16 = 11 + □ |
| 18 = 14 + □ | 17 = 12 + □ | 15 = 12 + □ | 18 = 17 + □ | 14 = 12 + □ | 18 = 12 + □ |
| 16 = 13 + □ | 18 = 16 + □ | 17 = 13 + □ | 16 = 10 + □ | 20 = 18 + □ | 17 = 15 + □ |

**4** Lege zuerst.

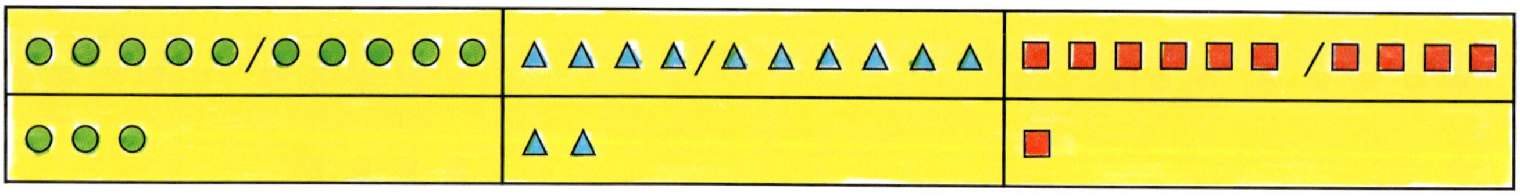

**13 = 5 + □** **12 = 4 + □** **11 = 6 + □**

**5**

| A | B | C | D | E | F |
|---|---|---|---|---|---|
| 11 = 9 + □ | 17 = 8 + □ | 12 = 7 + □ | 17 = 9 + □ | 15 = 8 + □ | 16 = 7 + □ |
| 12 = 8 + □ | 18 = 9 + □ | 11 = 8 + □ | 11 = 7 + □ | 14 = 9 + □ | 12 = 4 + □ |
| 13 = 4 + □ | 16 = 8 + □ | 13 = 5 + □ | 13 = 6 + □ | 13 = 7 + □ | 11 = 5 + □ |
| 14 = 6 + □ | 15 = 6 + □ | 14 = 7 + □ | 14 = 8 + □ | 12 = 5 + □ | 13 = 8 + □ |
| 15 = 7 + □ | 13 = 9 + □ | 16 = 9 + □ | 16 = 6 + □ | 11 = 6 + □ | 14 = 5 + □ |

**6** Zerlege in 3 Teile.

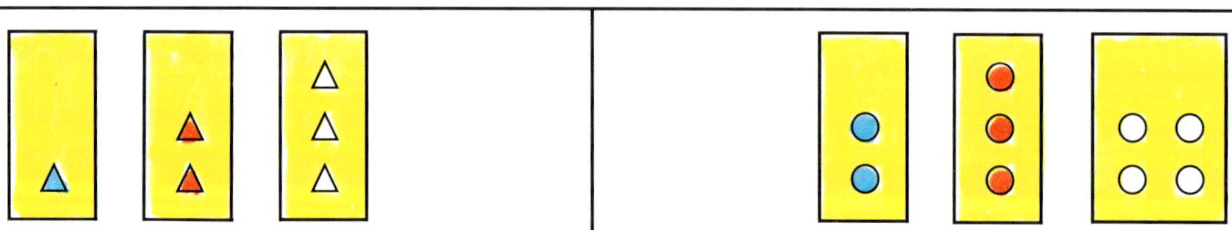

**6 = 1 + 2 + □** **9 = 2 + 3 + □**

**7**

| A | B | C | D |
|---|---|---|---|
| 4 = 1 + 1 + □ | 10 = 3 + 2 + □ | 14 = 12 + 1 + □ | 17 = 12 + 2 + □ |
| 6 = 4 + 2 + □ | 12 = 10 + 1 + □ | 18 = 11 + 2 + □ | 19 = 13 + 2 + □ |
| 8 = 2 + 2 + □ | 15 = 10 + 2 + □ | 20 = 13 + 1 + □ | 16 = 11 + 4 + □ |

## Wiederholung von Ergänzungsaufgaben bis 20

**1** Peter will sich einen Ball kaufen.
Er kostet 20 Mark.
Peter hat nur 16 Mark.
Wieviel Geld muß er noch sparen?

Peter muß noch □ Mark sparen.

**16 DM + □ DM = 20 DM**

**2**

| A | B | C | D | E | F |
|---|---|---|---|---|---|
| 2 + □ = 5 | 1 + □ = 6 | 2 + □ = 6 | 9 + □ = 10 | 1 + □ = 7 | 6 + □ = 10 |
| 3 + □ = 7 | 8 + □ = 10 | 4 + □ = 5 | 8 + □ = 9 | 2 + □ = 7 | 2 + □ = 8 |
| 4 + □ = 9 | 7 + □ = 8 | 6 + □ = 8 | 7 + □ = 10 | 3 + □ = 9 | 3 + □ = 10 |
| 5 + □ = 6 | 6 + □ = 7 | 3 + □ = 8 | 6 + □ = 9 | 4 + □ = 6 | 4 + □ = 7 |
| 6 + □ = 10 | 5 + □ = 6 | 7 + □ = 9 | 5 + □ = 7 | 5 + □ = 8 | 1 + □ = 8 |

**3**

| A | B | C | D | E | F |
|---|---|---|---|---|---|
| 12 + □ = 16 | 10 + □ = 14 | 19 + □ = 20 | 13 + □ = 18 | 10 + □ = 17 | 12 + □ = 20 |
| 14 + □ = 18 | 12 + □ = 18 | 10 + □ = 15 | 14 + □ = 18 | 17 + □ = 19 | 11 + □ = 18 |
| 16 + □ = 19 | 14 + □ = 16 | 12 + □ = 19 | 15 + □ = 20 | 16 + □ = 20 | 10 + □ = 18 |
| 17 + □ = 20 | 16 + □ = 18 | 15 + □ = 19 | 11 + □ = 17 | 14 + □ = 16 | 14 + □ = 15 |
| 18 + □ = 20 | 18 + □ = 20 | 11 + □ = 16 | 10 + □ = 16 | 13 + □ = 19 | 13 + □ = 20 |

**4** Von 15 Kindern haben 11 Kinder die Turnschuhe schon angezogen.
Wie viele Kinder müssen sie noch anziehen?

□ Kinder müssen die Turnschuhe noch anziehen.

**5** Lege zuerst.

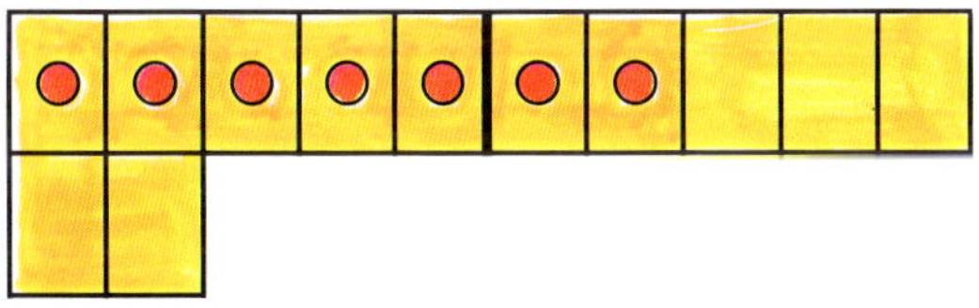

**7 + □ = 12**

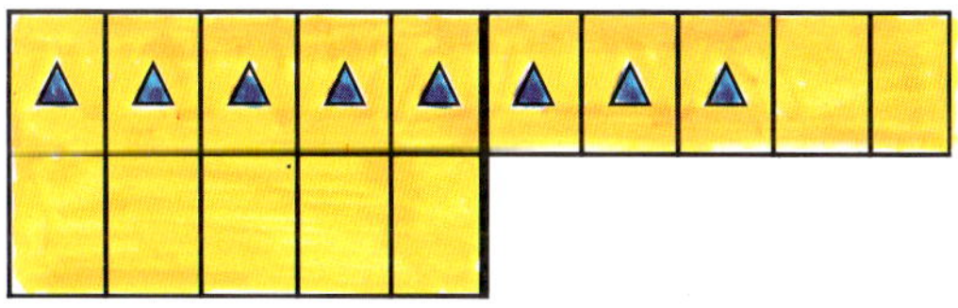

**8 + □ = 15**

**6**

| A | B | C | D | E | F |
|---|---|---|---|---|---|
| 9 + □ = 11 | 1 + □ = 11 | 7 + □ = 13 | 9 + □ = 13 | 6 + □ = 15 | 8 + □ = 14 |
| 7 + □ = 12 | 2 + □ = 11 | 8 + □ = 16 | 7 + □ = 14 | 4 + □ = 11 | 6 + □ = 16 |
| 8 + □ = 17 | 3 + □ = 12 | 6 + □ = 14 | 5 + □ = 14 | 2 + □ = 12 | 5 + □ = 15 |
| 6 + □ = 13 | 4 + □ = 13 | 5 + □ = 13 | 3 + □ = 11 | 7 + □ = 15 | 7 + □ = 16 |
| 5 + □ = 11 | 5 + □ = 12 | 4 + □ = 12 | 8 + □ = 15 | 9 + □ = 15 | 9 + □ = 17 |

**7**

| A | B | C | D | E | F |
|---|---|---|---|---|---|
| 9 + □ = 12 | 5 + □ = 7 | 7 + □ = 14 | 8 + □ = 18 | 3 + □ = 11 | 9 + □ = 14 |
| 8 + □ = 13 | 9 + □ = 15 | 8 + □ = 12 | 9 + □ = 17 | 2 + □ = 11 | 8 + □ = 11 |
| 7 + □ = 11 | 6 + □ = 13 | 6 + □ = 11 | 7 + □ = 14 | 10 + □ = 20 | 3 + □ = 12 |
| 6 + □ = 12 | 9 + □ = 16 | 5 + □ = 13 | 6 + □ = 11 | 11 + □ = 19 | 12 + □ = 18 |
| 5 + □ = 13 | 8 + □ = 12 | 9 + □ = 18 | 5 + □ = 12 | 3 + □ = 11 | 2 + □ = 8 |

## Wiederholung des Verdoppelns und Halbierens von Zahlen bis 20

**1**

Lege die Mengen. Verdopple.
Male die Mengen. Verdopple.

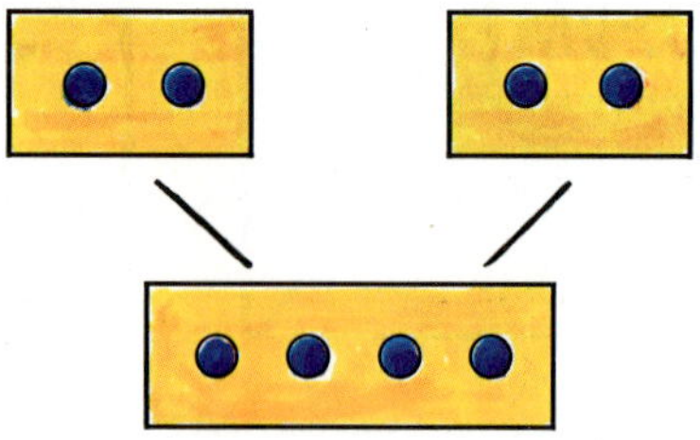

Das Doppelte von 1 ist 2.
Das Doppelte von 2 ist □.
Das Doppelte von 3 ist □.
Das Doppelte von 4 ist □.
Das Doppelte von 5 ist □.
Das Doppelte von 6 ist □.
Das Doppelte von 7 ist □.
Das Doppelte von 8 ist □.
Das Doppelte von 9 ist □.
Das Doppelte von 10 ist □.

Lege die Mengen. Halbiere.
Male die Mengen. Halbiere.

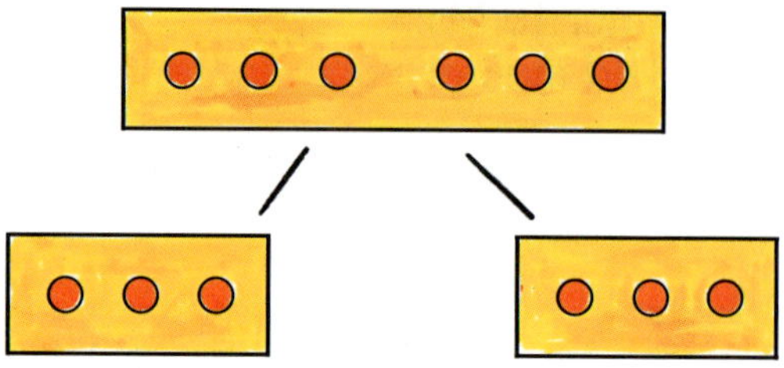

Die Hälfte von 2 ist 1.
Die Hälfte von 4 ist □.
Die Hälfte von 6 ist □.
Die Hälfte von 8 ist □.
Die Hälfte von 10 ist □.
Die Hälfte von 12 ist □.
Die Hälfte von 14 ist □.
Die Hälfte von 16 ist □.
Die Hälfte von 18 ist □.
Die Hälfte von 20 ist □.

**2** Stefan hat 8 Mark, Beate doppelt soviel Geld. Wie viele Mark hat Beate?
Beate hat □ Mark.

**3** Erika hat 7 Mark, Hans doppelt soviel Geld. Wie viele Mark hat Hans?
Hans hat □ Mark.

**4** Simone hat 18 Mark gespart, Annette nur halb soviel. Wie viele Mark hat Annette gespart?
Annette hat □ Mark gespart.

**5** Fritz hat 12 Mark ausgegeben, Jörg nur halb soviel Geld. Wie viele Mark hat Jörg ausgegeben?
Jörg hat □ Mark ausgegeben.

**6** Setze die Reihen fort.

| A | B | C | D | E | F |
|---|---|---|---|---|---|
| 1 + 1 = | 10 + 1 = | 19 − 1 = | 2 + 2 = | 20 − 5 = | 19 − 3 = |
| 2 + 2 = | 11 + 1 = | 19 − 2 = | 4 + 2 = | 19 − 5 = | 18 − 3 = |
| 3 + 3 = | 12 + 1 = | 19 − 3 = | 6 + 2 = | 18 − 5 = | 17 − 3 = |
| 4 + 4 = | 13 + 1 = | 19 − 4 = | □ + □ = | □ − □ = | □ − □ = |
| □ + □ = | □ + □ = | 19 − □ = | □ + □ = | □ − □ = | □ − □ = |
| □ + □ = | □ + □ = | 19 − □ = | □ + □ = | □ − □ = | □ − □ = |

**Wir wissen, daß 1 Zehner aus 10 Einern besteht,**
**daß 1 Hunderter aus 10 Zehnern besteht,**
**daß 1 Hunderter aus 100 Einern besteht.**

1 Lege 10 Würfel in eine Reihe. Lege eine Zehnerstange auf die Würfel.
Du siehst, daß 1 Zehner soviel ist wie 10 Einer.
Du kannst auch 10 einzelne Würfel zu einer Zehnerstange zusammenstecken.

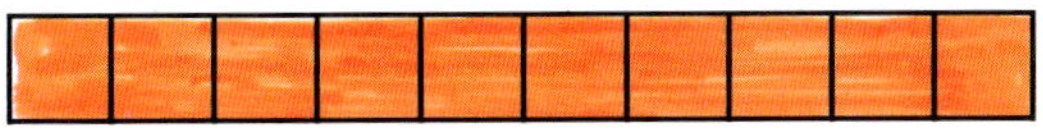 

10 Einer = 1 Zehner

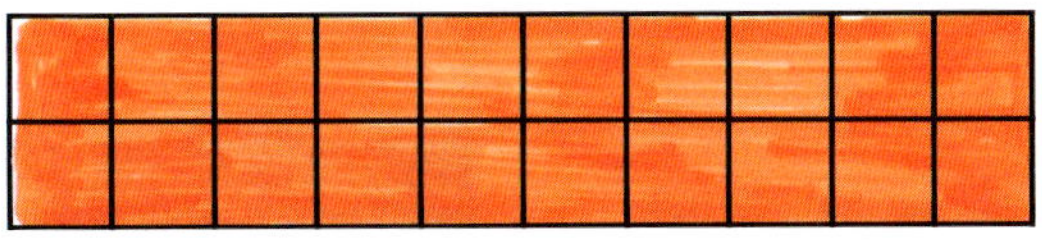 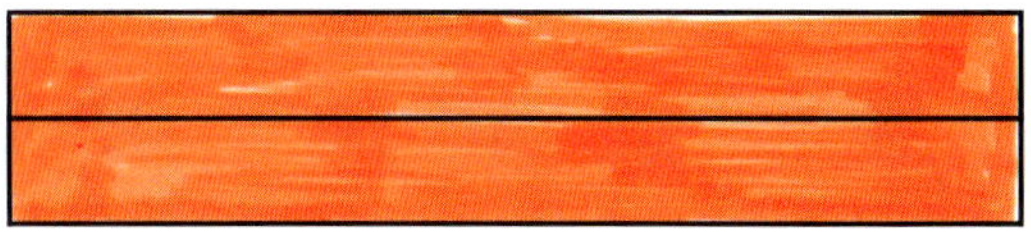

20 Einer = 2 Zehner

2 Lege 10 Zehnerstreifen untereinander, dann hast du einen Hunderter.
Verwende die Zehnerstreifen der Beilage!

10 Zehner = 1 Hunderter

3

Wie viele Einer
ergeben
einen Hunderter?

100 Einer = 1 Hunderter

## Wir können Zehnerbündel herstellen

1 10 Radieschen sollen in einem Bündel sein.
Wie viele Bündel kannst du bilden? Wie viele Einzelne bleiben übrig?

So kannst du die Aufgabe lösen:

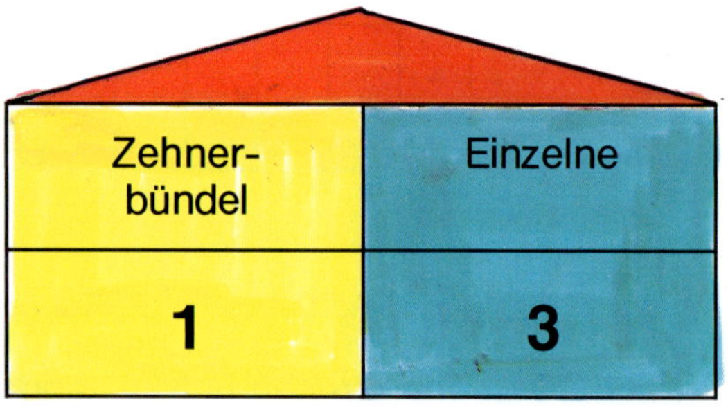


2 Wie viele Zehnerschachteln können mit Stiften gefüllt werden?
Wie viele einzelne Stifte bleiben übrig?

So kannst du die Aufgabe lösen:

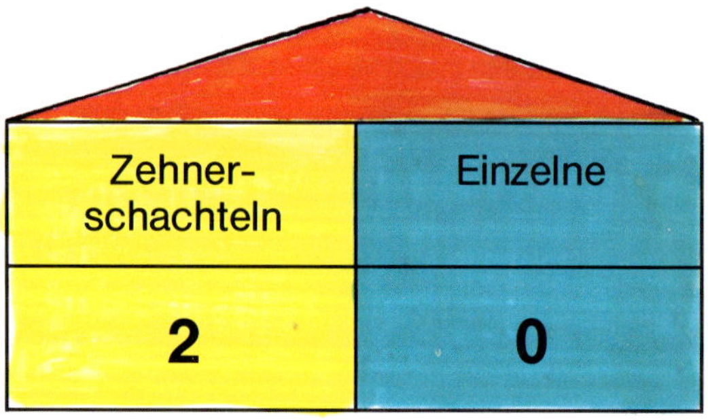


3 Wie viele Eier sind es?
Male die Eier. Kreise stets 10 ein.
Zeichne das Stellenhaus.
Trage ein, wie viele Zehnerkartons gefüllt werden können und wie viele einzelne Eier übrig bleiben.

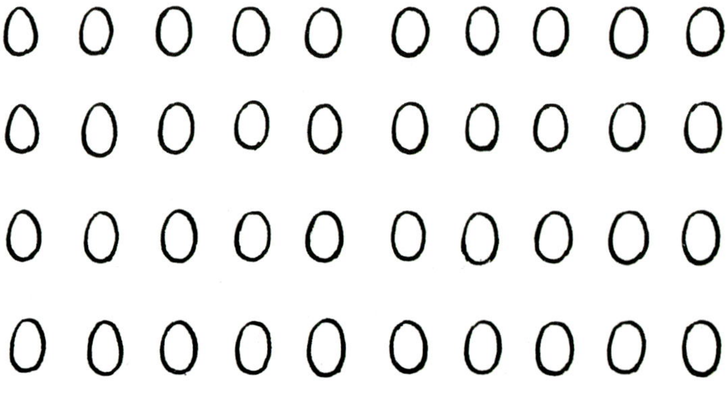

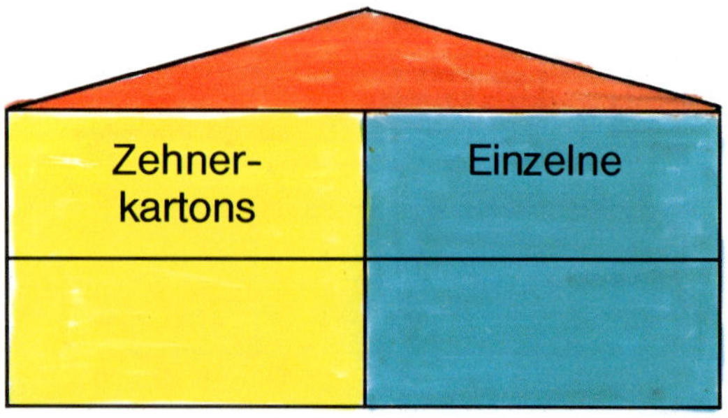

**Wir können die reinen Zehnermengen bis 100 erkennen, legen und malen.**

1 Zeige, wo die Menge 30 ist, wo die Zahl dreißig steht.
Wie viele einzelne Bälle sind bei der Menge 30 vorhanden?
Lege die Menge mit Zehnerstreifen. Male sie und schreibe die Zahl dazu.
Welche Zehnermengen sind größer als 30, welche sind kleiner?

2
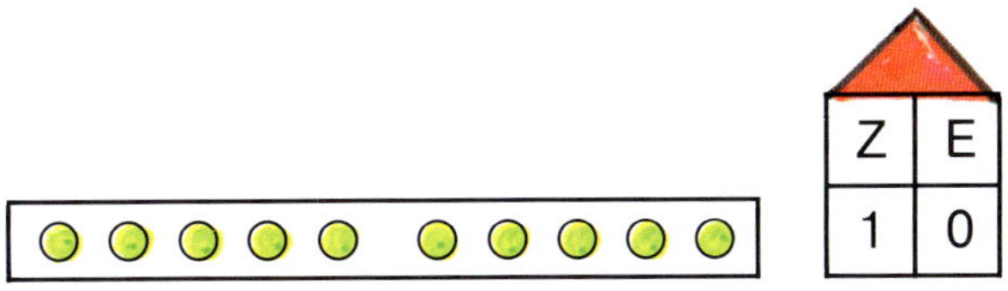


3
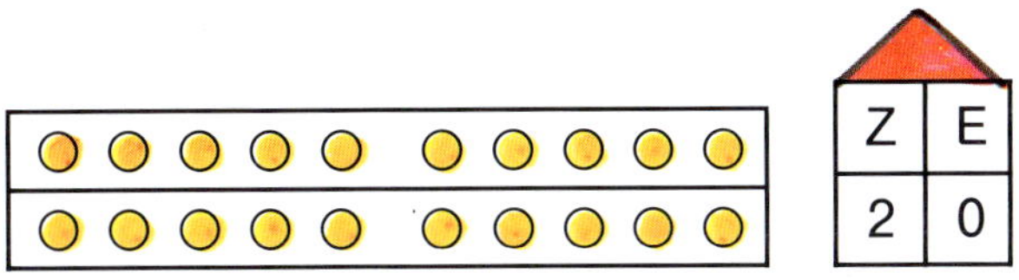


4
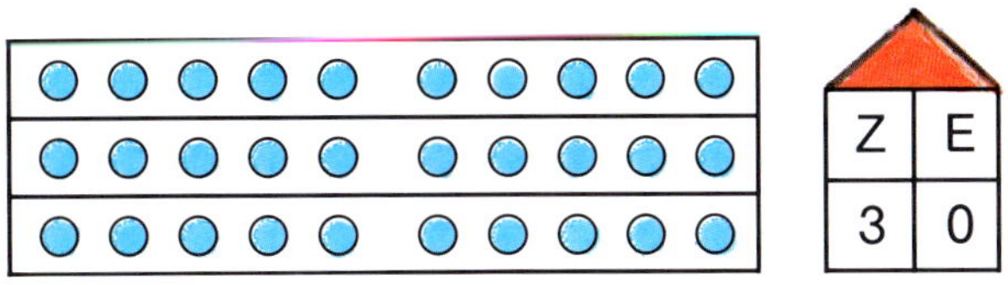


5
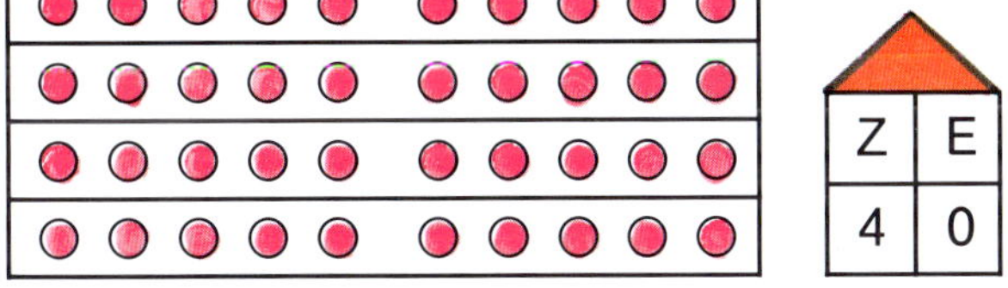


6
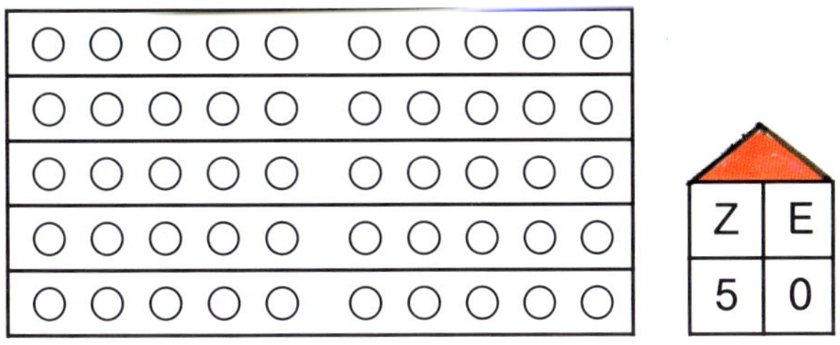


7
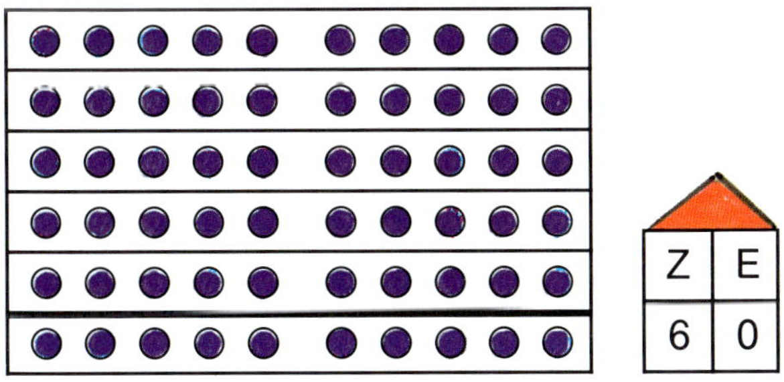


8
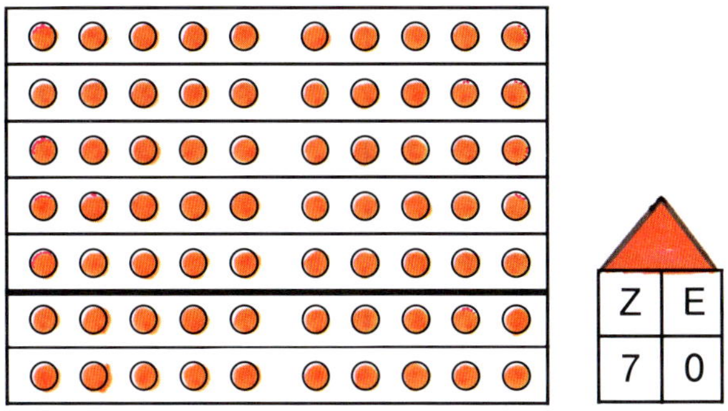


9
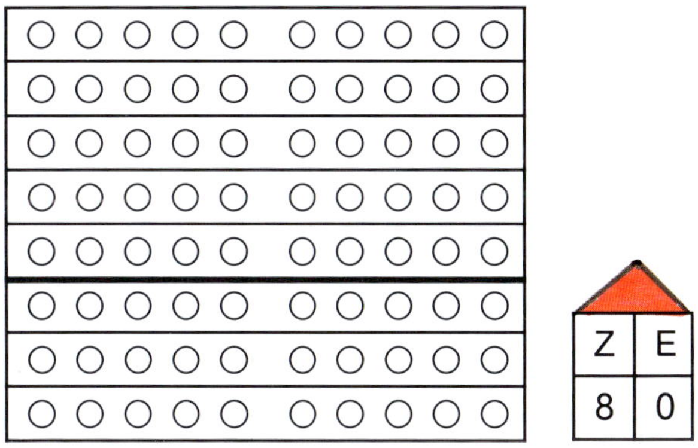


10
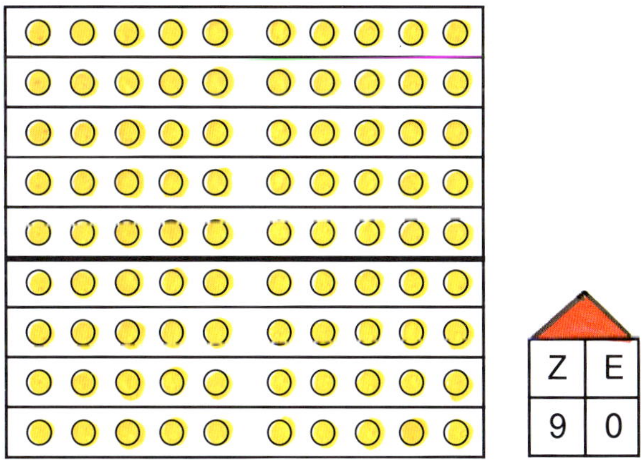


11
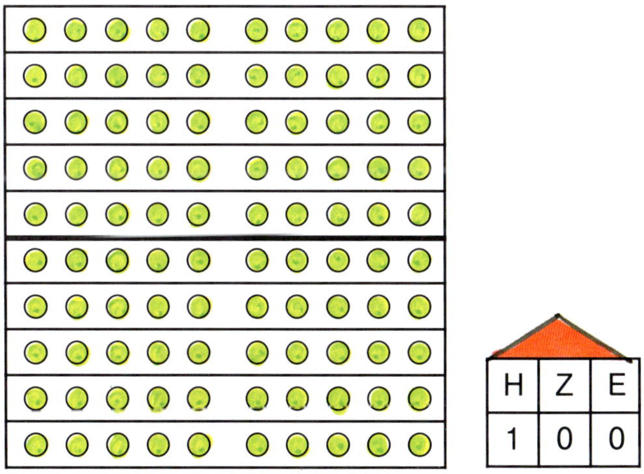

**Wir kennen die Reihenfolge der Zehnerzahlen bis 100.**

1 Zeichne die Hundertertafel ab. Male alle Kästchen mit Zehnerzahlen gelb aus.
Schreibe die Zahlwörter daneben.

| | | | | | | | | | | |
|---|---|---|---|---|---|---|---|---|---|---|
| 1 | 2 | 3 | 4 | 5 | 6 | 7 | 8 | 9 | 10 | zehn |
| 11 | 12 | 13 | 14 | 15 | 16 | 17 | 18 | 19 | 20 | zwanzig |
| | | | | | | | | | 30 | dreißig |
| | | | | | | | | | 40 | vierzig |
| | | | | | | | | | 50 | fünfzig |
| | | | | | | | | | 60 | sechzig |
| | | | | | | | | | 70 | siebzig |
| | | | | | | | | | 80 | achtzig |
| | | | | | | | | | 90 | neunzig |
| | | | | | | | | | 100 | hundert |

2 Lies die Zehnerzahlen vor. Sage sie auswendig in der richtigen Reihenfolge auf.
Welche Zehnerzahl steht vor 40, welche dahinter?

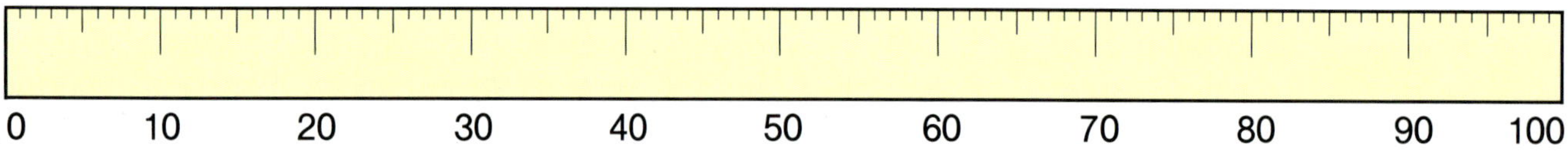


3 Male die Kästchen ab. Trage die Zehnerzahlen ein.

| | | | | | | | | | |
|---|---|---|---|---|---|---|---|---|---|
| 10 | | 30 | | 50 | | 70 | | 90 | |

| | | |
|---|---|---|
| 60 | | 80 |

| | | |
|---|---|---|
| 80 | | 100 |

4

| | | |
|---|---|---|
| | 70 | |

| | | |
|---|---|---|
| | 90 | |

| | | | | | | | | | |
|---|---|---|---|---|---|---|---|---|---|
| | 20 | | 40 | | 60 | | 80 | | 100 |

5 Setze die richtigen Vergleichszeichen und passende Zahlen ein.

| | | | | | |
|---|---|---|---|---|---|
| **A** | 10 < 20 | 40 ☐ 50 | 80 ☐ 70 | 50 ☐ 60 | 30 ☐ 20 |
| **B** | 30 ☐ 40 | 90 ☐ 80 | 70 ☐ 80 | 90 ☐ 100 | 60 ☐ 70 |
| **C** | 20 > ☐ | 30 < ☐ | 50 < ☐ | 100 > ☐ | 60 > ☐ |
| **D** | ☐ > 30 | ☐ < 20 | ☐ > 90 | ☐ < 100 | ☐ > 60 |

## Z + Z = Z

**1** Lege zuerst.

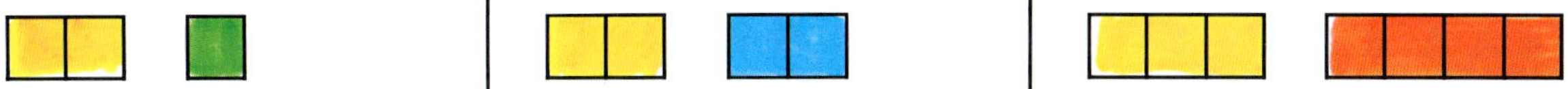

2 + 1 = 3 | 2 + 2 = ☐ | 3 + 4 = ☐

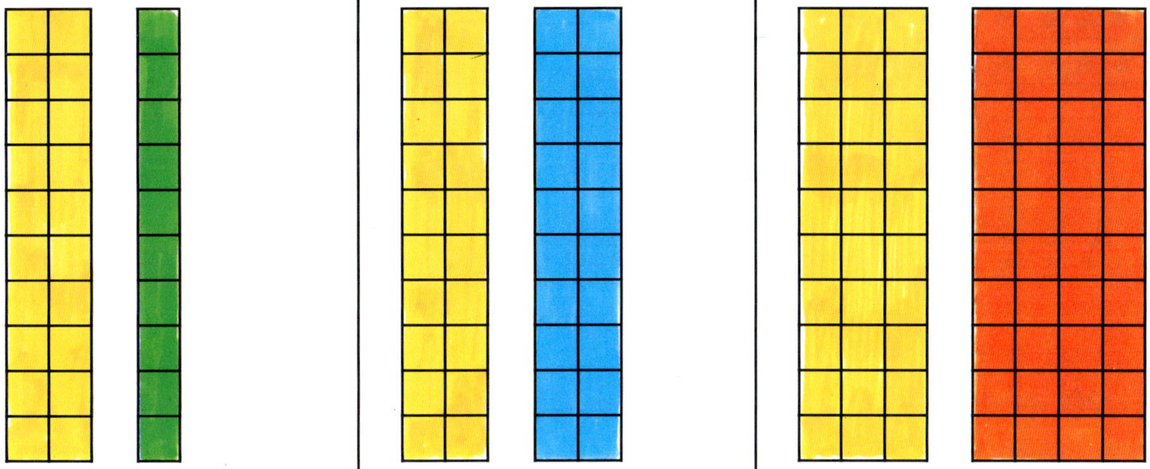

20 + 10 = 30 | 20 + 20 = ☐ | 30 + 40 = ☐

**2**

| A | B | C | D | E | F |
|---|---|---|---|---|---|
| 1 + 3 = 4 | 2 + 3 = | 3 + 3 = | 4 + 3 = | 5 + 3 = | 6 + 3 = |
| 10 + 30 = 40 | 20 + 30 = | 30 + 30 = | 40 + 30 = | 50 + 30 = | 60 + 30 = |
| 5 + 2 = | 7 + 1 = | 1 + 4 = | 1 + 4 = | 2 + 4 = | 4 + 4 = |
| 50 + 20 = | 70 + 10 = | 10 + 40 = | 10 + 40 = | 20 + 40 = | 40 + 40 = |
| 4 + 1 = | 5 + 4 = | 6 + 2 = | 2 + 5 = | 3 + 5 = | 3 + 2 = |
| 40 + 10 = | 50 + 40 = | 60 + 20 = | 20 + 50 = | 30 + 50 = | 30 + 20 = |

**3**

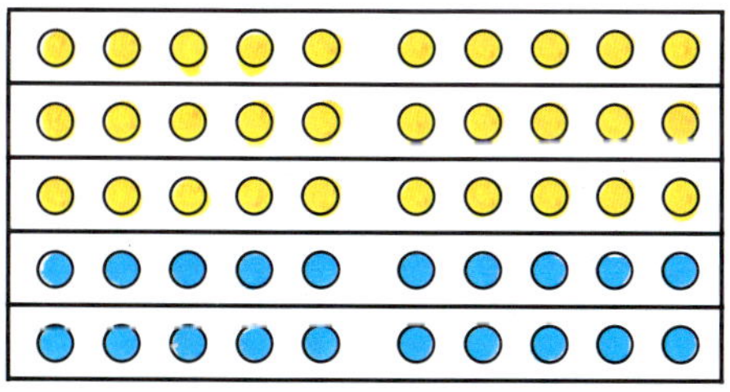

30 + 20 = ☐

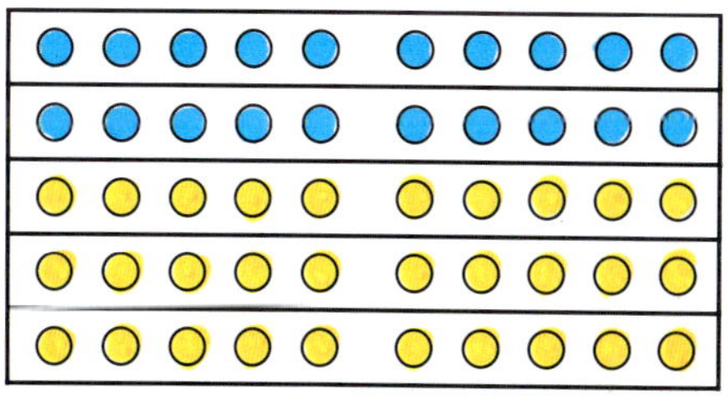

20 + 30 = ☐

**4**

| A | B | C | D | E | F |
|---|---|---|---|---|---|
| 30 + 40 = | 50 + 30 = | 10 + 60 = | 30 + 40 = | 40 + 60 = | 40 + 50 = |
| 40 + 30 = | 60 + 20 = | 50 + 40 = | 50 + 20 = | 20 + 70 = | 60 + 10 = |
| 10 + 60 = | 70 + 20 = | 40 + 30 = | 80 + 10 = | 10 + 80 = | 80 + 10 = |
| 60 + 10 = | 80 + 10 = | 30 + 50 = | 70 + 30 = | 60 + 10 = | 70 + 20 = |
| 60 + 30 = | 90 + 10 = | 10 + 70 = | 20 + 60 = | 50 + 30 = | 20 + 60 = |
| 30 + 60 = | 40 + 50 = | 20 + 80 = | 10 + 80 = | 40 + 20 = | 10 + 30 = |

**5** Im Regal stehen 20 Gläser Gurken. Es werden noch 30 Gläser dazugestellt.
Wie viele Gläser sind dann im Regal?

Im Regal sind dann ☐ Gläser.

**Z + Z + Z = Z**

**1** Lege die Aufgaben mit Zehnerstreifen.

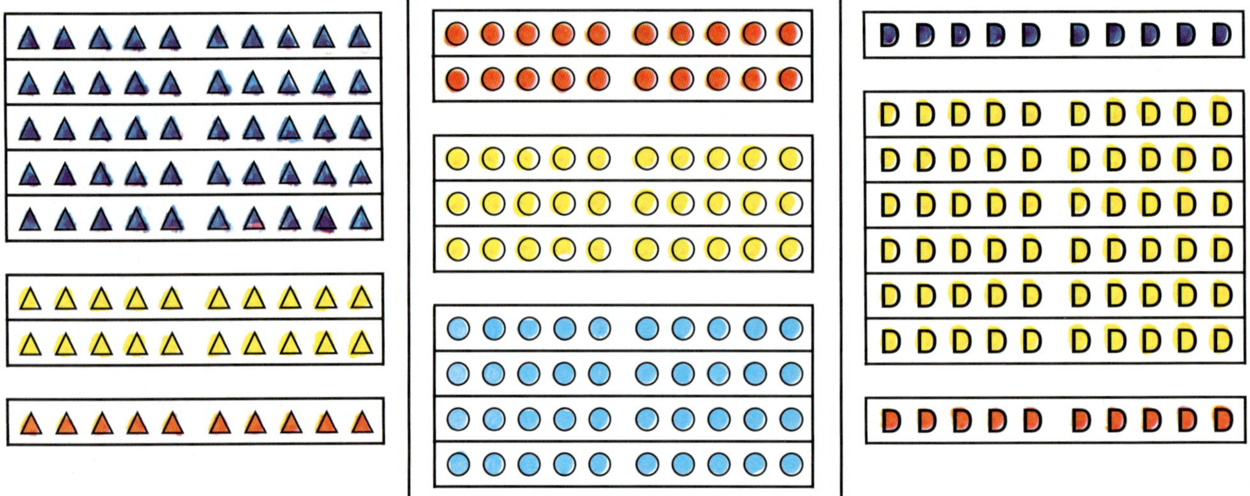

| | | |
|---|---|---|
| **50 + 20 + 10 = ☐** | **20 + 30 + 40 = ☐** | **10 + 60 + 10 = ☐** |

**2**

| A | B | C |
|---|---|---|
| 3 + 4 + 1 = | 4 + 3 + 3 = | 2 + 3 + 4 = |
| 30 + 40 + 10 = | 40 + 30 + 30 = | 20 + 30 + 40 = |
| 2 + 5 + 3 = | 6 + 2 + 1 = | 3 + 2 + 2 = |
| 20 + 50 + 30 = | 60 + 20 + 10 = | 30 + 20 + 20 = |
| 1 + 4 + 2 = | 5 + 1 + 3 = | 4 + 1 + 3 = |
| 10 + 40 + 20 = | 50 + 10 + 30 = | 40 + 10 + 30 = |

**3** Die Mutter hat eingekauft. Wieviel Geld hat sie bezahlt?

Die Mutter hat ☐ Mark bezahlt.

**4**

| A | B | C |
|---|---|---|
| 30 + 10 + 50 = | 20 + 50 + 10 = | 20 + 60 + 20 = |
| 60 + 20 + 10 = | 40 + 20 + 20 = | 40 + 20 + 30 = |
| 10 + 70 + 10 = | 60 + 10 + 30 = | 50 + 30 + 10 = |
| 20 + 30 + 20 = | 30 + 40 + 10 = | 80 + 10 + 10 = |
| 40 + 10 + 40 = | 50 + 20 + 30 = | 20 + 40 + 20 = |
| 50 + 10 + 20 = | 10 + 60 + 10 = | 10 + 80 + 10 = |

## Z – Z = [Z]

**1** Lege zuerst.

**4 – 2 =**

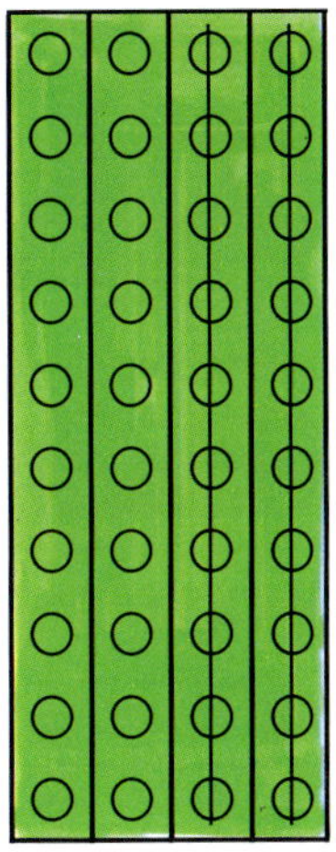

**40 – 20 =**

**5 – 3 =**

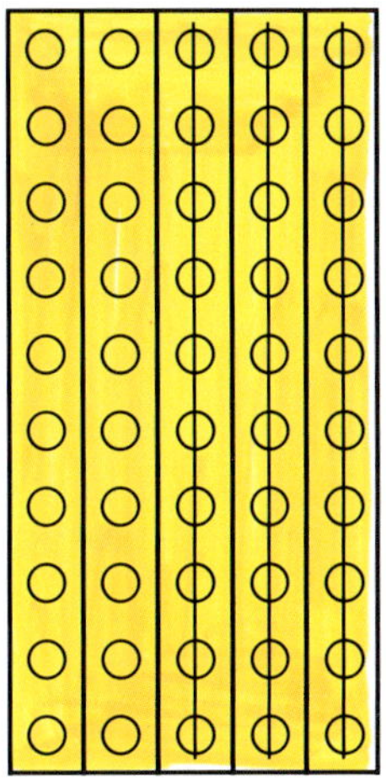

**50 – 30 =**

**6 – 1 =**

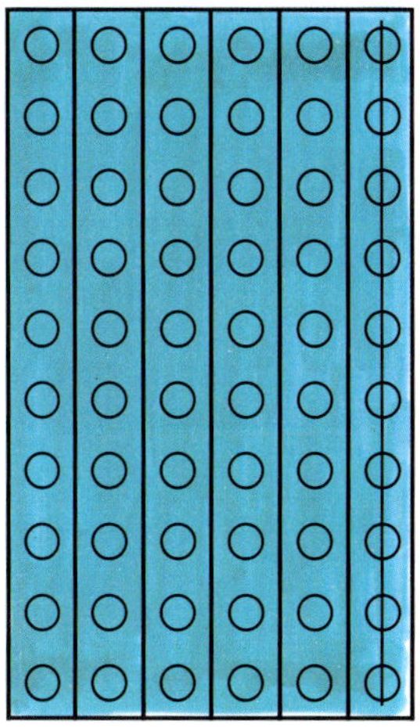

**60 – 10 =**

**2**

| A | B | C | D | E | F |
|---|---|---|---|---|---|
| 2 – 1 = | 3 – 2 = | 10 – 1 = | 5 – 2 = | 6 – 5 = | 7 – 6 = |
| 20 – 10 = | 30 – 20 = | 100 – 10 = | 50 – 20 = | 60 – 50 = | 70 – 60 = |
| 8 – 3 = | 4 – 1 = | 9 – 6 = | 2 – 1 = | 9 – 4 = | 4 – 2 = |
| 80 – 30 = | 40 – 10 = | 90 – 60 = | 20 – 10 = | 90 – 40 = | 40 – 20 = |
| 5 – 4 = | 6 – 3 = | 7 – 5 = | 8 – 6 = | 7 – 5 = | 10 – 8 = |
| 50 – 40 = | 60 – 30 = | 70 – 50 = | 80 – 60 = | 70 – 50 = | 100 – 80 = |

**3**

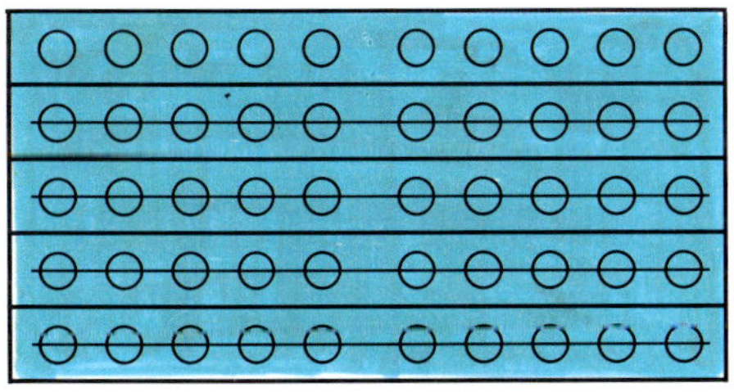

**50 – 40 = [ ]**

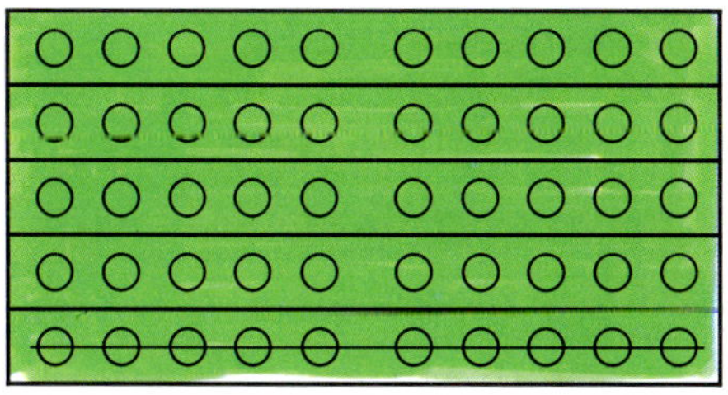

**50 – 10 = [ ]**

**4**

| A | B | C | D | E | F |
|---|---|---|---|---|---|
| 100 – 10 = | 70 – 40 = | 90 – 70 = | 60 – 50 = | 80 – 20 = | 70 – 60 = |
| 90 – 10 = | 50 – 20 = | 100 – 80 = | 30 – 20 = | 70 – 20 = | 50 – 30 = |
| 80 – 10 = | 60 – 50 = | 30 – 10 = | 80 – 60 = | 90 – 30 = | 60 – 50 = |
| 70 – 10 = | 90 – 60 = | 70 – 50 = | 90 – 40 = | 100 – 80 = | 80 – 30 = |
| 60 – 10 = | 80 – 30 = | 80 – 10 = | 100 – 70 = | 60 – 40 = | 90 – 20 = |
| 50 – 10 = | 40 – 20 = | 40 – 20 = | 70 – 30 = | 80 – 50 = | 100 – 60 = |

**5** Auf einem Parkplatz stehen 50 Autos. 20 Autos werden weggefahren.
Wie viele Fahrzeuge stehen noch auf dem Parkplatz?

Auf dem Parkplatz stehen noch [ ] Fahrzeuge.

**Z – Z – Z = Z**

1 In einer Lagerhalle liegen 50 Säcke Zement.
Auf einen Lastwagen werden 20 Säcke geladen, auf einen anderen 10 Säcke.
Wie viele Säcke sind noch in der Lagerhalle?

In der Lagerhalle sind noch ☐ Säcke.

2

**4 – 2 – 1 = ☐**

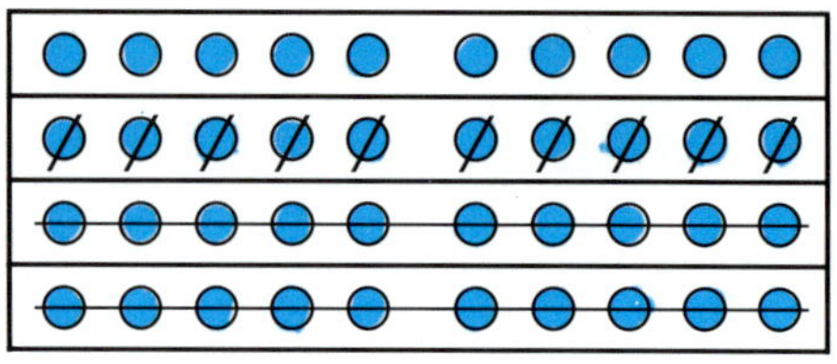

**40 – 20 – 10 = ☐**

3

| A | B | C |
|---|---|---|
| 8 – 4 – 3 = | 7 – 3 – 2 = | 9 – 3 – 3 = |
| 80 – 40 – 30 = | 70 – 30 – 20 = | 90 – 30 – 30 = |
| 7 – 2 – 1 = | 8 – 5 – 1 = | 6 – 1 – 4 = |
| 70 – 20 – 10 = | 80 – 50 – 10 = | 60 – 10 – 40 = |
| 9 – 6 – 2 = | 10 – 2 – 6 = | 7 – 3 – 2 = |
| 90 – 60 – 20 = | 100 – 20 – 60 = | 70 – 30 – 20 = |

4

| A | B | C |
|---|---|---|
| 100 – 10 – 70 = | 90 – 30 – 50 = | 100 – 70 – 20 = |
| 90 – 30 – 40 = | 70 – 20 – 30 = | 80 – 20 – 50 = |
| 80 – 20 – 30 = | 100 – 10 – 70 = | 90 – 30 – 10 = |
| 70 – 50 – 10 = | 80 – 70 – 10 = | 100 – 50 – 40 = |
| 60 – 10 – 20 = | 90 – 60 – 20 = | 90 – 60 – 10 = |
| 50 – 20 – 30 = | 70 – 20 – 40 = | 80 – 40 – 10 = |

5

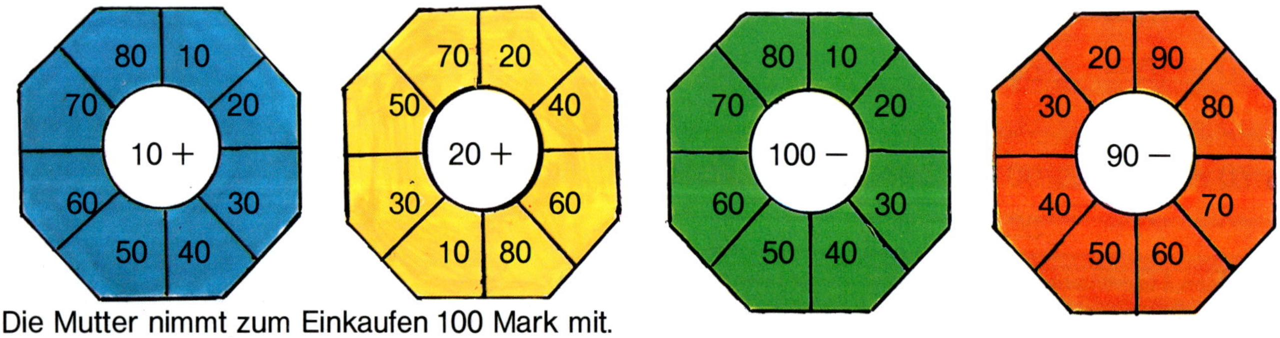


6 Die Mutter nimmt zum Einkaufen 100 Mark mit.
Zuerst kauft sie einen Topf für 20 Mark, dann noch eine Kanne für 50 Mark.
Wieviel Geld bringt sie wieder mit nach Hause?

Die Mutter bringt ☐ Mark mit nach Hause.

## Z + Z − Z = [Z], Z − Z + Z = [Z]

**1** Lege die Aufgaben mit Zehnerstreifen.

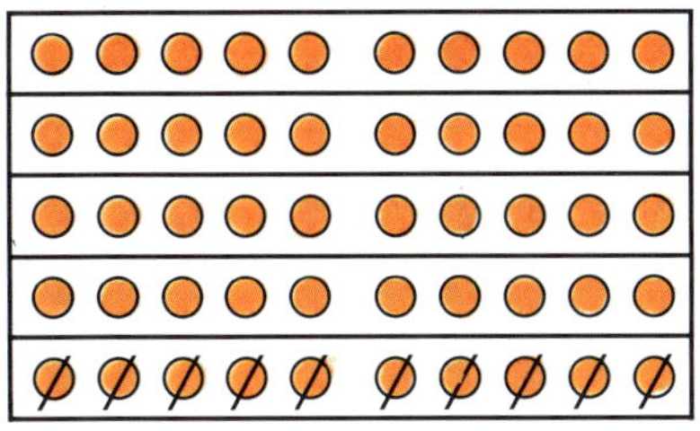

20 + 30 − 10 = ☐

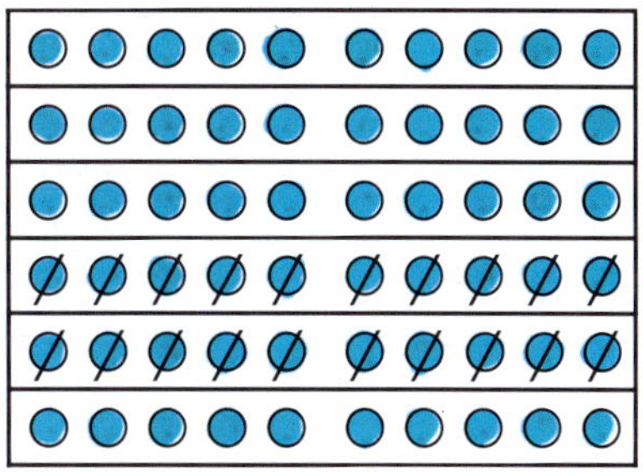

50 − 20 + 10 = ☐

**2**

A
9 + 1 − 7 =
90 + 10 − 70 =
10 − 8 + 3 =
100 − 80 + 30 =
8 + 1 − 4 =
80 + 10 − 40 =

B
8 − 7 + 3 =
80 − 70 + 30 =
3 + 5 − 6 =
30 + 50 − 60 =
9 − 6 + 7 =
90 − 60 + 70 =

C
3 + 6 − 8 =
30 + 60 − 80 =
8 − 4 + 6 =
80 − 40 + 60 =
2 + 7 − 4 =
20 + 70 − 40 =

**3**

A
80 − 20 + 40 =
100 − 60 + 50 =
90 − 70 + 30 =
70 − 20 + 40 =
80 − 50 + 30 =
90 − 60 + 50 =

B
90 − 60 + 50 =
100 − 70 + 60 =
70 − 20 + 40 =
80 − 60 + 20 =
100 − 80 + 70 =
90 − 80 + 60 =

C
100 − 70 + 50 =
90 − 10 + 20 =
80 − 30 + 30 =
70 − 40 + 30 =
60 − 20 + 40 =
50 − 50 + 70 =

**4**

A
30 + 40 − 60 =
20 + 70 − 50 =
10 + 90 − 60 =
40 + 30 − 20 =
50 + 20 − 30 =
10 + 60 − 50 =

B
20 + 30 − 40 =
10 + 60 − 60 =
30 + 70 − 80 =
40 + 50 − 30 =
20 + 40 − 40 =
50 + 30 − 50 =

C
10 + 60 − 60 =
20 + 80 − 90 =
30 + 30 − 50 =
40 + 50 − 70 =
50 + 40 − 30 =
60 + 40 − 100 =

**5** Auf einem Schiff sind 90 Personen. Im Hafen steigen 60 Personen aus, 40 Personen ein.
Wie viele Leute sind dann auf dem Schiff?

Auf dem Schiff sind dann ☐ Leute.

**6** Claudia besitzt 80 Mark. Sie kauft für ihre Freundin ein Spiel für 20 Mark.
Von der Tante erhält sie 30 Mark. Wieviel Geld besitzt sie dann?

Claudia besitzt dann ☐ Mark.

**7**

| | | | | |
|---|---|---|---|---|
| 10 | 20 | 30 | 40 | 50 |

\+

| | | | | |
|---|---|---|---|---|
| 50 | 40 | 30 | 20 | 10 |

Rechne so: 10 + 50 =
10 + 40 =

## $z = z + \boxed{z}$, $z = \boxed{z} + z$

**1** Lege zuerst.

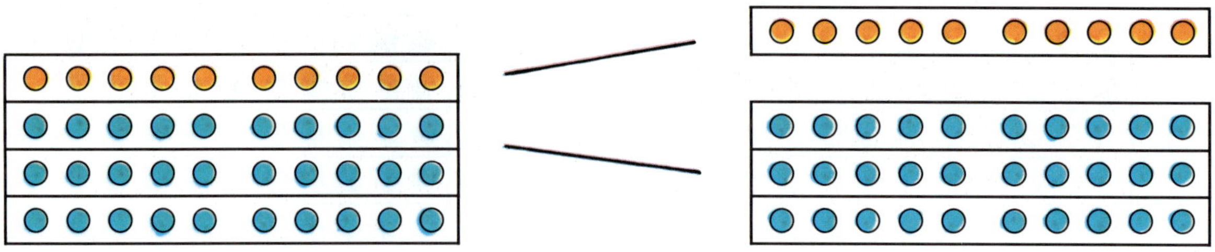

**40 = 10 + □**

| A | B | C | D | E | F |
|---|---|---|---|---|---|
| 2 = 1 + 1 | 7 = 6 + □ | 8 = 3 + □ | 10 = 6 + □ | 7 = 1 + □ | 4 = 2 + □ |
| 20 = 10 + 10 | 70 = 60 + □ | 80 = 30 + □ | 100 = 60 + □ | 70 = 10 + □ | 40 = 20 + □ |
| 4 = 2 + □ | 5 = 3 + □ | 5 = 2 + □ | 9 = 7 + □ | 6 = 4 + □ | 9 = 6 + □ |
| 40 = 20 + □ | 50 = 30 + □ | 50 = 20 + □ | 90 = 70 + □ | 60 = 40 + □ | 90 = 60 + □ |
| 7 = 6 + □ | 8 = 5 + □ | 7 = 5 + □ | 8 = 2 + □ | 5 = 1 + □ | 10 = 4 + □ |
| 70 = 60 + □ | 80 = 50 + □ | 70 = 50 + □ | 80 = 20 + □ | 50 = 10 + □ | 100 = 40 + □ |

**3**

| A | B | C | D | E | F |
|---|---|---|---|---|---|
| 80 = 60 + □ | 90 = 30 + □ | 70 = 10 + □ | 100 = 20 + □ | 90 = 60 + □ | 30 = 20 + □ |
| 90 = 50 + □ | 100 = 70 + □ | 50 = 20 + □ | 80 = 50 + □ | 80 = 40 + □ | 100 = 30 + □ |
| 100 = 10 + □ | 70 = 20 + □ | 60 = 40 + □ | 50 = 10 + □ | 70 = 50 + □ | 70 = 60 + □ |
| 70 = 30 + □ | 50 = 30 + □ | 80 = 70 + □ | 70 = 40 + □ | 60 = 20 + □ | 80 = 30 + □ |
| 90 = 70 + □ | 60 = 50 + □ | 70 = 20 + □ | 60 = 30 + □ | 50 = 40 + □ | 60 = 10 + □ |
| 100 = 80 + □ | 80 = 20 + □ | 90 = 80 + □ | 40 = 10 + □ | 40 = 20 + □ | 90 = 30 + □ |

**4** Friedrich hat 80 Pfennige. Er schenkt seinem Freund Bernd 30 Pfennige, den Rest seinem Bruder Jörg. Wie viele Pfennige erhält Jörg?

Jörg erhält □ Pfennige.

**5**

**40 = □ + 10**

**6**

| A | B | C |
|---|---|---|
| 60 Pf = □ Pf + 40 Pf | 90 Pf = □ Pf + 30 Pf | 60 Pf = □ Pf + 20 Pf |
| 70 Pf = □ Pf + 60 Pf | 80 Pf = □ Pf + 60 Pf | 80 Pf = □ Pf + 30 Pf |
| 90 Pf = □ Pf + 70 Pf | 100 Pf = □ Pf + 30 Pf | 70 Pf = □ Pf + 50 Pf |
| 100 Pf = □ Pf + 50 Pf | 70 Pf = □ Pf + 20 Pf | 90 Pf = □ Pf + 50 Pf |
| 80 Pf = □ Pf + 40 Pf | 100 Pf = □ Pf + 90 Pf | 100 Pf = □ Pf + 80 Pf |
| 50 Pf = □ Pf + 10 Pf | 90 Pf = □ Pf + 60 Pf | 80 Pf = □ Pf + 50 Pf |

z = z + z + □z, z = z + □z + z

1 Lege zuerst.

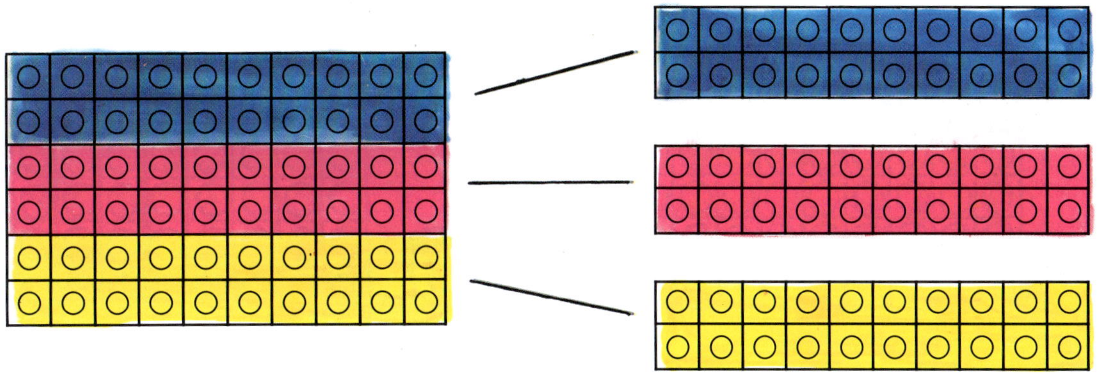

60 = 20 + 20 + □

2

| A | B | C | D |
|---|---|---|---|
| 90 = 10 + 20 + □ | 100 = 30 + 10 + □ | 90 = 20 + 30 + □ | 80 = 30 + 10 + □ |
| 80 = 30 + 40 + □ | 90 = 40 + 20 + □ | 80 = 10 + 40 + □ | 70 = 20 + 20 + □ |
| 70 = 10 + 30 + □ | 70 = 20 + 30 + □ | 90 = 30 + 50 + □ | 50 = 10 + 30 + □ |
| 100 = 20 + 10 + □ | 80 = 50 + 10 + □ | 100 = 40 + 20 + □ | 90 = 40 + 40 + □ |
| 60 = 30 + 20 + □ | 60 = 10 + 40 + □ | 70 = 10 + 10 + □ | 100 = 60 + 10 + □ |
| 80 = 40 + 30 + □ | 90 = 30 + 50 + □ | 60 = 10 + 40 + □ | 90 = 50 + 20 + □ |

3

| A | B | C | D |
|---|---|---|---|
| 80 = 60 + □ + 10 | 100 = 60 + 20 + □ | 100 = 50 + 30 + □ | 80 = 40 + 30 + □ |
| 90 = 30 + □ + 40 | 80 = 20 + 10 + □ | 90 = 20 + 40 + □ | 70 = 10 + 10 + □ |
| 100 = 70 + □ + 20 | 90 = 10 + 30 + □ | 60 = 30 + 20 + □ | 90 = 30 + 10 + □ |
| 70 = 10 + □ + 30 | 70 = 10 + 40 + □ | 50 = 10 + 10 + □ | 100 = 70 + 20 + □ |
| 50 = 20 + □ + 10 | 90 = 40 + 30 + □ | 70 = 20 + 30 + □ | 80 = 20 + 10 + □ |
| 90 = 40 + □ + 20 | 100 = 50 + 40 + □ | 80 = 40 + 30 + □ | 100 = 80 + 10 + □ |

4

| A | B |
|---|---|
| 100 DM = 50 DM + 30 DM + □ DM | 80 DM = 30 DM + □ DM + 20 DM |
| 70 DM = 10 DM + 40 DM + □ DM | 90 DM = 20 DM + □ DM + 30 DM |
| 90 DM = 20 DM + 10 DM + □ DM | 100 DM = 10 DM + □ DM + 40 DM |
| 60 DM = 30 DM + 20 DM + □ DM | 70 DM = 40 DM + □ DM + 20 DM |
| 80 DM = 10 DM + 30 DM + □ DM | 80 DM = 20 DM + □ DM + 30 DM |
| 50 DM = 20 DM + 10 DM + □ DM | 90 DM = 10 DM + □ DM + 60 DM |
| 100 DM = 30 DM + 50 DM + □ DM | 100 DM = 30 DM + □ DM + 50 DM |

5 Hans hat 90 Pfennige. Er schenkt Erich 30 Pfennige und Fred genausoviel.
Wie viele Pfennige bleiben ihm übrig?

Hans bleiben □ Pfennige übrig.

## Z + □ = Z

1 Stefan soll 50 Punkte malen. 40 Punkte hat er bereits gemalt. Wie viele Punkte muß er noch malen?

Stefan muß noch □ Punkte malen.

| | |
|---|---|
| **40 + □ = 50** | **40 + 10 = 50** |

2 Lege zuerst.

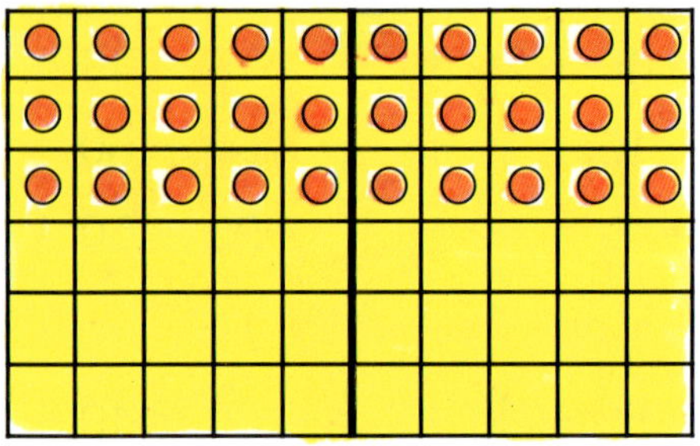

**30 + □ = 60**

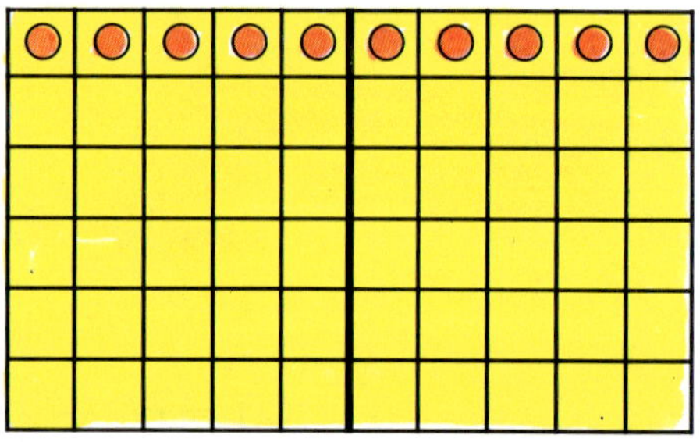

**10 + □ = 60**

3

| A | B | C | D | E | F |
|---|---|---|---|---|---|
| 3 + □ = 4 | 7 + □ = 8 | 2 + □ = 6 | 6 + □ = 7 | 9 + □ = 10 | 4 + □ = 7 |
| 30 + □ = 40 | 70 + □ = 80 | 20 + □ = 60 | 60 + □ = 70 | 90 + □ = 100 | 40 + □ = 70 |
| 4 + □ = 6 | 5 + □ = 9 | 1 + □ = 4 | 8 + □ = 9 | 3 + □ = 6 | 5 + □ = 10 |
| 40 + □ = 60 | 50 + □ = 90 | 10 + □ = 40 | 80 + □ = 90 | 30 + □ = 60 | 50 + □ = 100 |

4

| A | B | C | D | E | F |
|---|---|---|---|---|---|
| 50 + □ = 60 | 10 + □ = 30 | 30 + □ = 60 | 10 + □ = 40 | 40 + □ = 70 | 60 + □ = 100 |
| 20 + □ = 30 | 20 + □ = 40 | 60 + □ = 80 | 30 + □ = 70 | 30 + □ = 80 | 20 + □ = 70 |
| 60 + □ = 70 | 30 + □ = 50 | 50 + □ = 80 | 40 + □ = 60 | 20 + □ = 60 | 30 + □ = 90 |
| 10 + □ = 20 | 40 + □ = 50 | 70 + □ = 80 | 60 + □ = 90 | 10 + □ = 50 | 50 + □ = 90 |
| 30 + □ = 40 | 50 + □ = 70 | 20 + □ = 50 | 50 + □ = 90 | 50 + □ = 100 | 10 + □ = 30 |

5

| A | B | C | D | E | F |
|---|---|---|---|---|---|
| 40 + □ = 80 | 30 + □ = 100 | 30 + □ = 90 | 10 + □ = 90 | 70 + □ = 100 | 50 + □ = 80 |
| 70 + □ = 90 | 40 + □ = 90 | 40 + □ = 100 | 40 + □ = 90 | 20 + □ = 80 | 30 + □ = 60 |
| 80 + □ = 100 | 10 + □ = 70 | 20 + □ = 100 | 20 + □ = 90 | 10 + □ = 100 | 10 + □ = 90 |
| 20 + □ = 80 | 20 + □ = 90 | 60 + □ = 90 | 30 + □ = 80 | 30 + □ = 70 | 20 + □ = 70 |
| 10 + □ = 60 | 50 + □ = 70 | 10 + □ = 80 | 50 + □ = 80 | 40 + □ = 80 | 40 + □ = 70 |

**E − □E = E, Z − □Z = Z**

1 Wie viele Figuren hat Peter weggenommen? Peter hat □ Figuren genommen.

**6 − □ = 4**

2 Lege mit Einern. Nimm so viele weg, bis nur noch die angegebene Menge vorhanden ist.

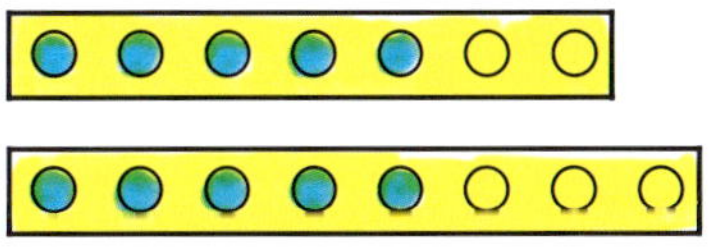

**7 − □ = 5**

**8 − □ = 5**

3

| A | B | C | D | E | F |
|---|---|---|---|---|---|
| 2 − □ = 1 | 8 − □ = 1 | 7 − □ = 4 | 5 − □ = 3 | 10 − □ = 5 | 9 − □ = 2 |
| 3 − □ = 1 | 9 − □ = 1 | 8 − □ = 5 | 7 − □ = 4 | 9 − □ = 4 | 6 − □ = 1 |
| 4 − □ = 1 | 10 − □ = 1 | 6 − □ = 2 | 9 − □ = 7 | 7 − □ = 2 | 4 − □ = 3 |
| 5 − □ = 1 | 9 − □ = 2 | 4 − □ = 3 | 6 − □ = 2 | 5 − □ = 1 | 2 − □ = 1 |
| 6 − □ = 1 | 8 − □ = 6 | 9 − □ = 8 | 8 − □ = 1 | 3 − □ = 2 | 9 − □ = 8 |
| 7 − □ = 1 | 7 − □ = 3 | 10 − □ = 6 | 4 − □ = 3 | 8 − □ = 3 | 10 − □ = 6 |

4 Lege mit Zehnern. Nimm so viele Zehner weg, bis nur noch die angegebene Menge übrig ist.

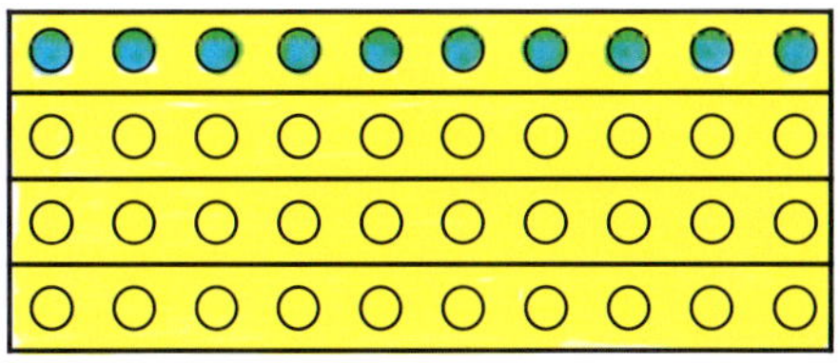

**40 − □ = 10**

5

| A | B | C |
|---|---|---|
| 60 Pf − □ Pf = 20 Pf | 80 Pf − □ Pf = 30 Pf | 100 Pf − □ Pf = 70 Pf |
| 30 Pf − □ Pf = 10 Pf | 70 Pf − □ Pf = 40 Pf | 70 Pf − □ Pf = 30 Pf |
| 40 Pf − □ Pf = 20 Pf | 90 Pf − □ Pf = 20 Pf | 90 Pf − □ Pf = 50 Pf |
| 50 Pf − □ Pf = 30 Pf | 100 Pf − □ Pf = 60 Pf | 80 Pf − □ Pf = 20 Pf |
| 90 Pf − □ Pf = 50 Pf | 20 Pf − □ Pf = 10 Pf | 20 Pf − □ Pf = 10 Pf |
| 20 Pf − □ Pf = 10 Pf | 50 Pf − □ Pf = 20 Pf | 60 Pf − □ Pf = 40 Pf |
| 80 Pf − □ Pf = 40 Pf | 60 Pf − □ Pf = 30 Pf | 50 Pf − □ Pf = 40 Pf |

1 Welche der Rechnungen paßt zu der Bildergeschichte? Schreibe sie auf.

50 Pf − 40 Pf = □ Pf
40 Pf − 20 Pf = □ Pf
50 Pf − 20 Pf = □ Pf
50 Pf − 30 Pf = □ Pf
50 Pf − 10 Pf = □ Pf

2

| A | B | C |
|---|---|---|
| 30 Pf + 20 Pf = □ Pf | 40 Pf + 20 Pf = □ Pf | 90 Pf − 30 Pf = □ Pf |
| 40 Pf + 30 Pf = □ Pf | 10 Pf + 60 Pf = □ Pf | 80 Pf − 40 Pf = □ Pf |
| 10 Pf + 50 Pf = □ Pf | 20 Pf + 70 Pf = □ Pf | 70 Pf − 20 Pf = □ Pf |
| 20 Pf + 70 Pf = □ Pf | 50 Pf + 10 Pf = □ Pf | 100 Pf − 60 Pf = □ Pf |
| 50 Pf + 20 Pf = □ Pf | 30 Pf + 40 Pf = □ Pf | 90 Pf − 50 Pf = □ Pf |
| 60 Pf + 40 Pf = □ Pf | 60 Pf + 20 Pf = □ Pf | 60 Pf − 10 Pf = □ Pf |

3

| A | B | C |
|---|---|---|
| 10 Pf + 70 Pf = □ Pf | 30 Pf + □ Pf = 80 Pf | 50 Pf − 20 Pf = □ Pf |
| 20 Pf + 50 Pf = □ Pf | 20 Pf + □ Pf = 100 Pf | 80 Pf − 50 Pf = □ Pf |
| 30 Pf − 10 Pf = □ Pf | 10 Pf + □ Pf = 90 Pf | 90 Pf − 10 Pf = □ Pf |
| 40 Pf − 30 Pf = □ Pf | 60 Pf + □ Pf = 80 Pf | 100 Pf − 20 Pf = □ Pf |
| 50 Pf + 40 Pf = □ Pf | 40 Pf + □ Pf = 90 Pf | 70 Pf − 10 Pf = □ Pf |
| 60 Pf + 20 Pf = □ Pf | 50 Pf + □ Pf = 70 Pf | 80 Pf − 30 Pf = □ Pf |

4

30 + 20 − 40 + 60 − 50 + 30 + 20 − 70 = □
20 + 60 − 50 + 40 − 60 + 70 − 40 + 20 = □
10 + 80 − 30 + 20 − 70 + 30 − 20 + 50 = □
40 − 30 + 50 − 20 + 50 − 80 + 20 − 10 = □
60 − 50 + 70 − 40 + 30 − 60 + 50 − 20 = □

5 Anja hat 80 Mark. Sie kauft sich Rollschuhe für 60 Mark.
Wieviel Geld hat sie dann noch?

Anja hat dann noch □ Mark.

6 Die Mutter verteilt 70 Pfennige. Jörg erhält 30 Pfennige.
Wieviel Geld bleibt für Simone übrig?

Für Simone bleiben □ Pfennige übrig.

7 Petra will sich Schallplatten für 30 Mark kaufen. Sie hat schon 20 Mark gespart.
Wieviel Geld fehlt ihr noch?

Petra fehlen noch □ Mark.

**Wir können die Mengen bis 30 erkennen, legen und malen.**

1 Zeige die Menge 21, die Zahl 21. Lege die Menge mit Zehnern und Einern.
Zähle bis 21.
Male die Menge.
Schreibe die Zahl dazu.
Sprich: 2 Zehner und 1 Einer sind 21.
Trage die Anzahl der Zehner und Einer in das Stellenhaus ein.

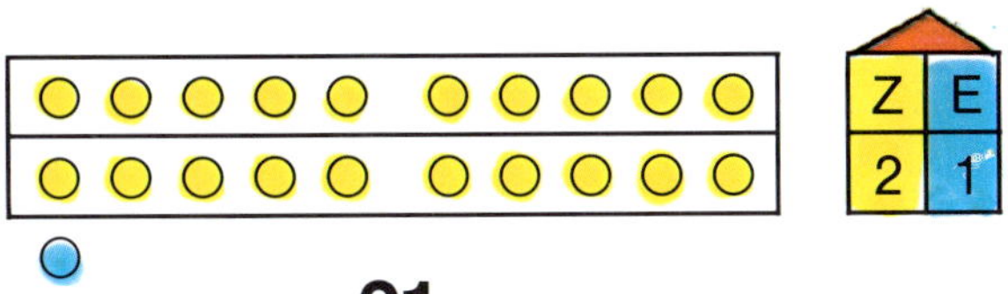


**21**

einundzwanzig

2

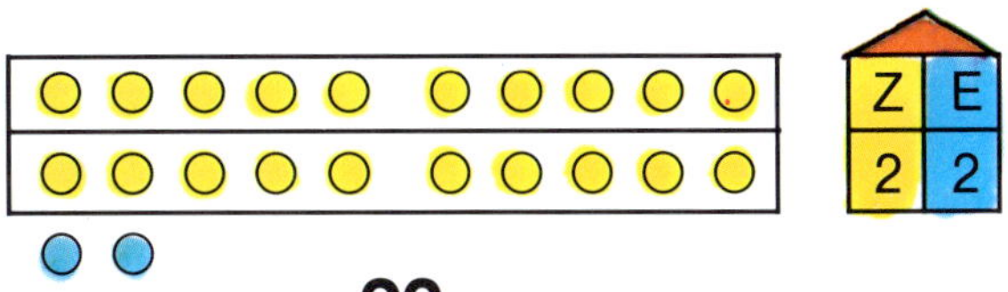


**22**

zweiundzwanzig

3

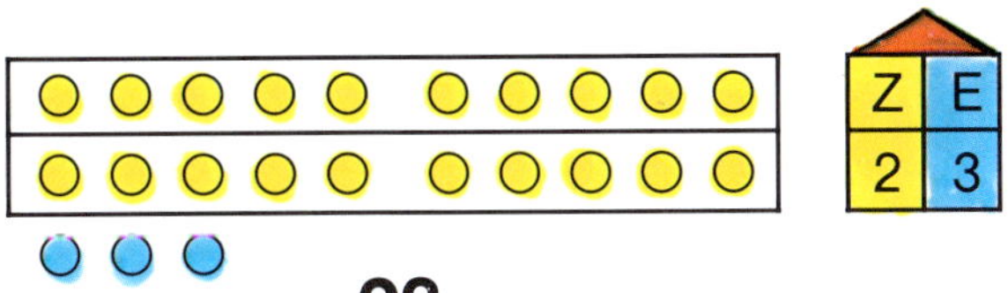


**23**

dreiundzwanzig

4

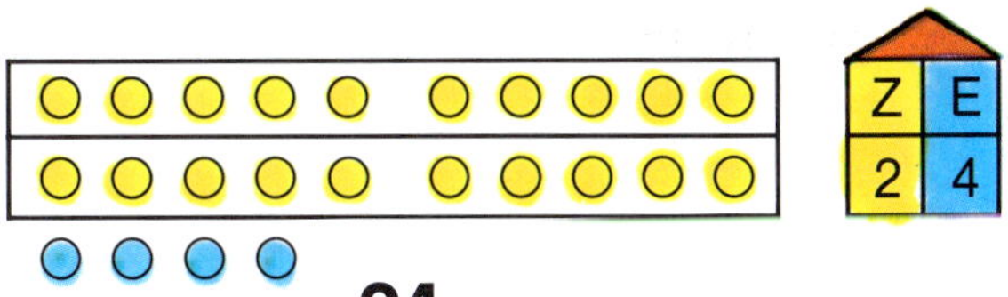


**24**

vierundzwanzig

5

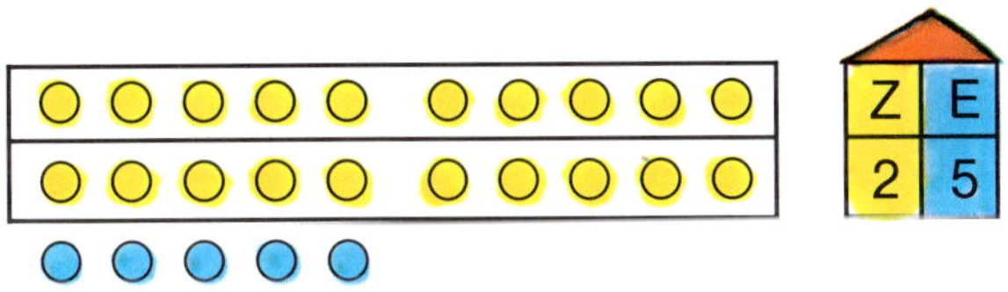


**25**

fünfundzwanzig

6

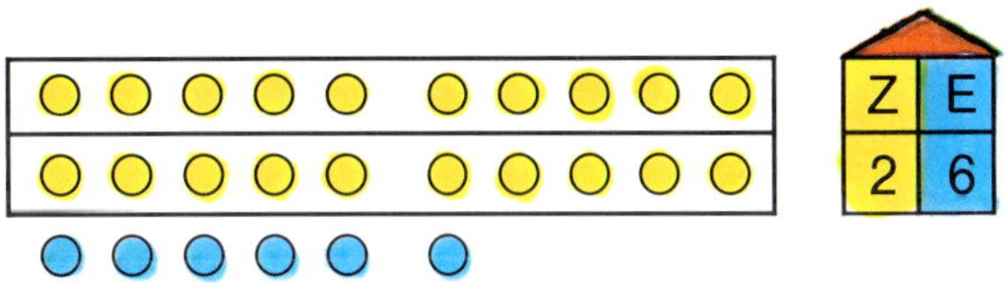


**26**

sechsundzwanzig

7

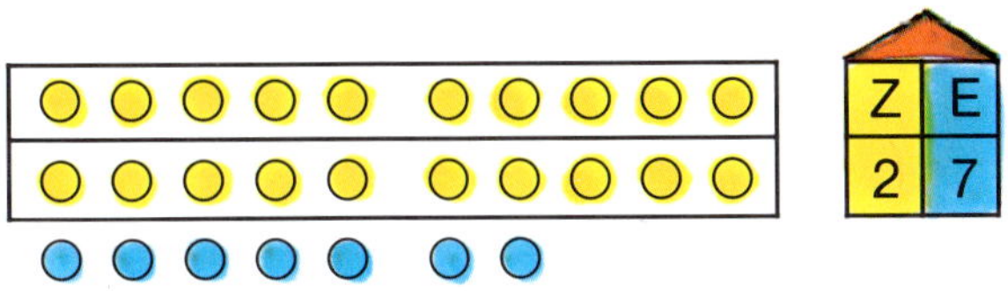


**27**

siebenundzwanzig

8

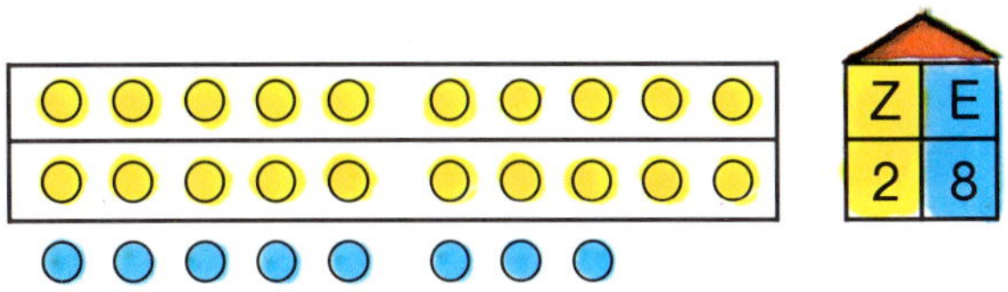


**28**

achtundzwanzig

9

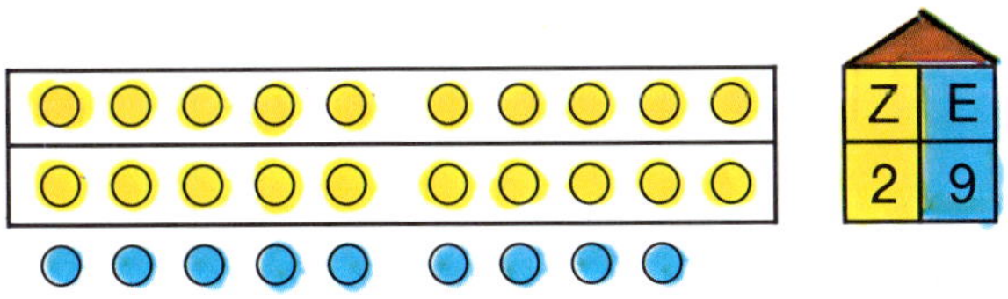


**29**

neunundzwanzig

10

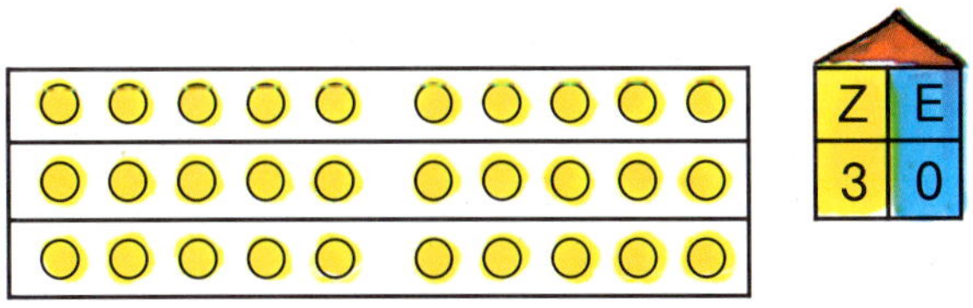


**30**

dreißig

**Wir können die Mengen bis 100 erkennen, legen und malen.**

1 Wo sind 46? Lege und male die Menge. Schreibe die Zahl dazu.
Wie viele Zehner und Einer sind es?
Trage die Anzahl der Zehner und Einer in das Stellenhaus ein.
Was ist bei den Mengen gleich, was ist verschieden?

2
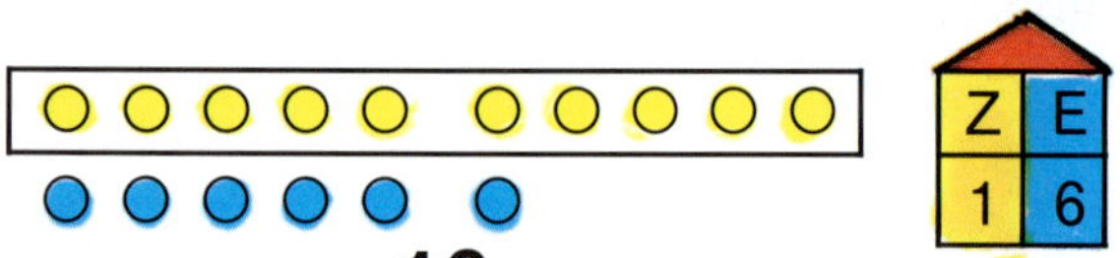

**16**

3
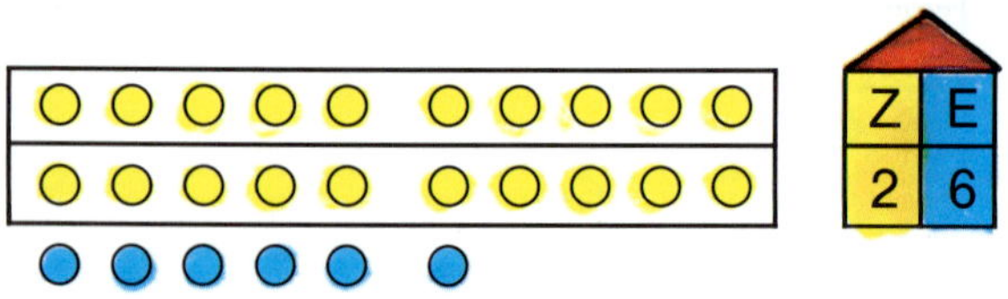

**26**

4
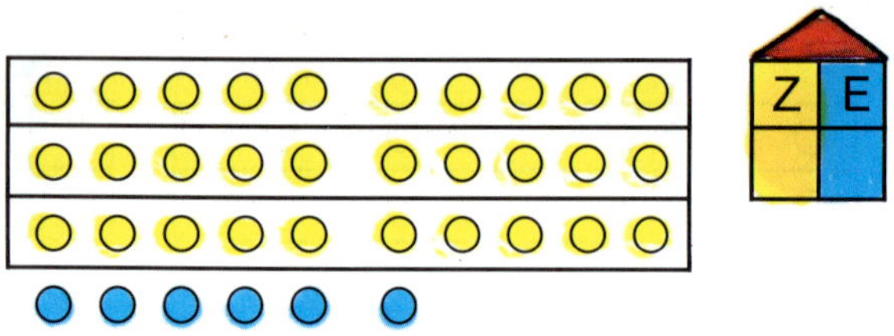

**36**

5
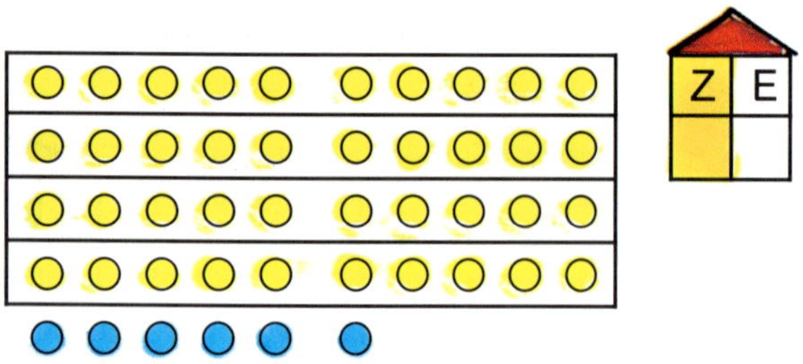

**46**

6
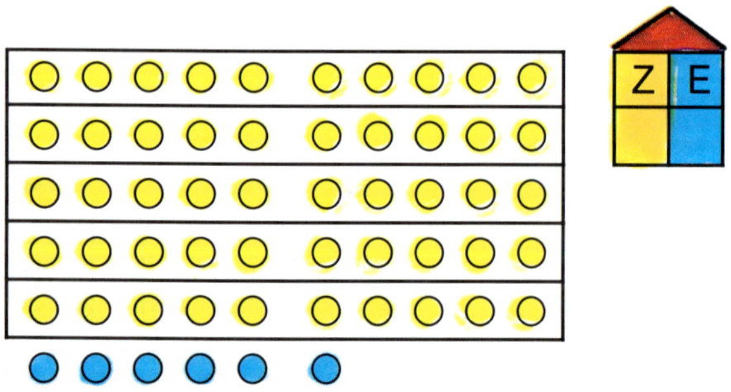

**56**

7
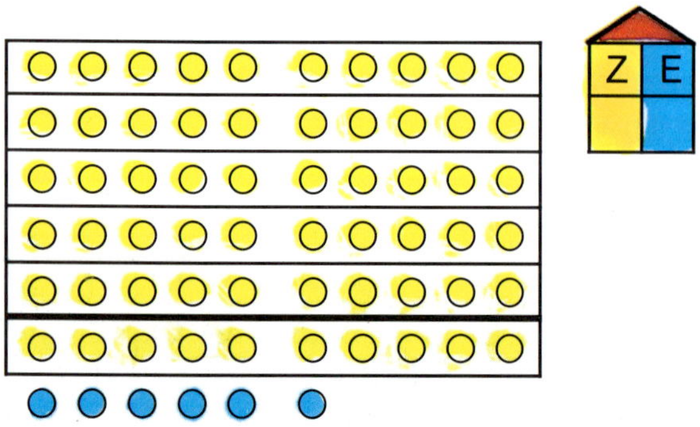

**66**

8
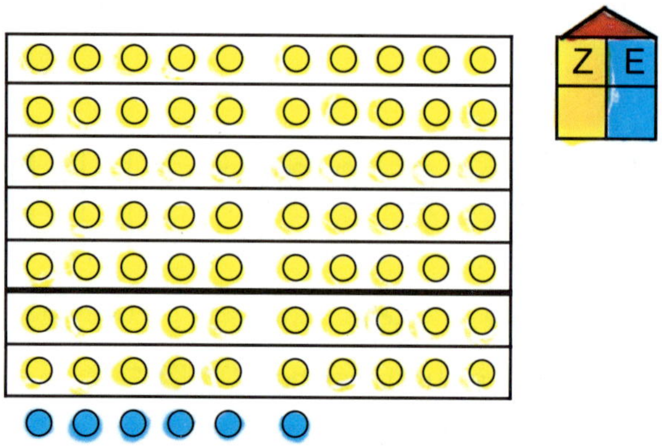

**76**

9
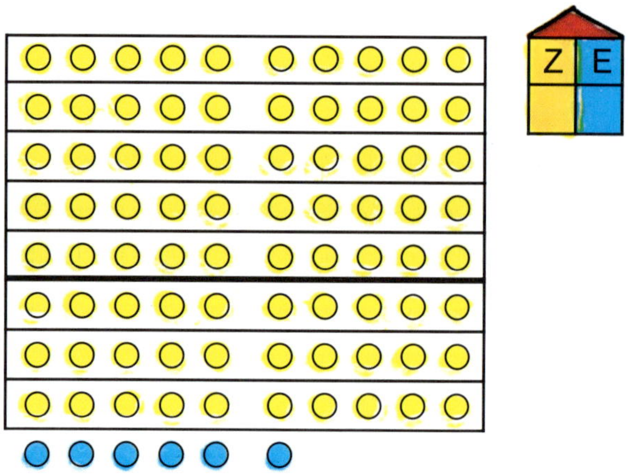

**86**

10
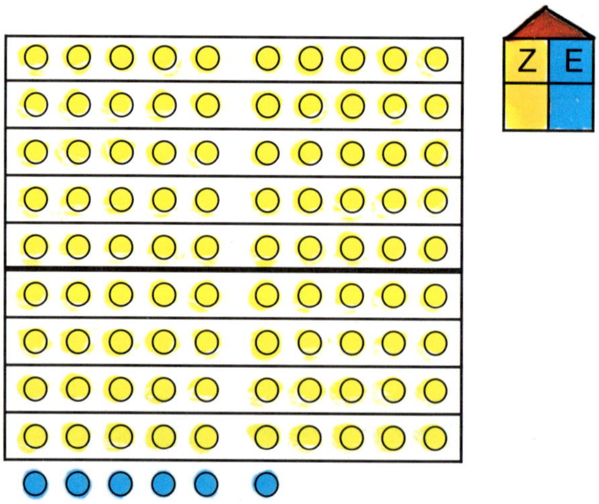

**96**

1 Male die Mengen. Zeichne die Stellenhäuser dazu.
Trage ein, wieviel Zehner und Einer es sind. Nenne die größte Menge.

A
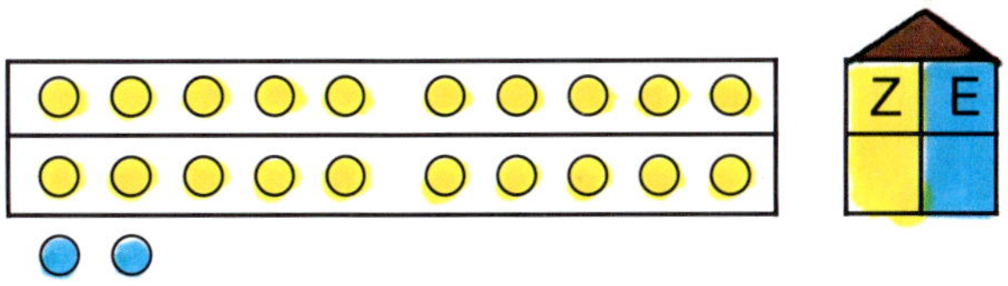


B
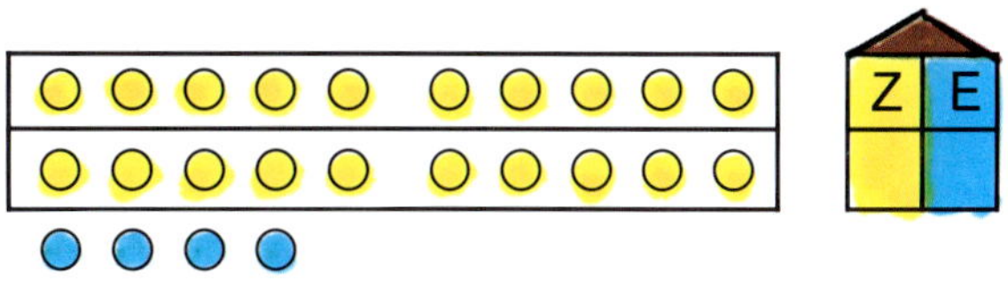


C
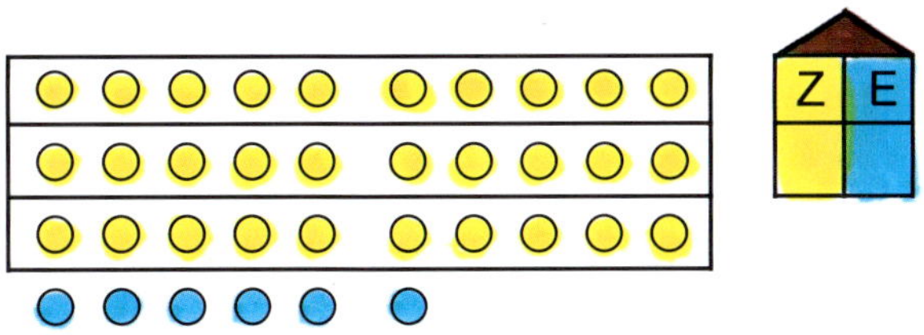


D
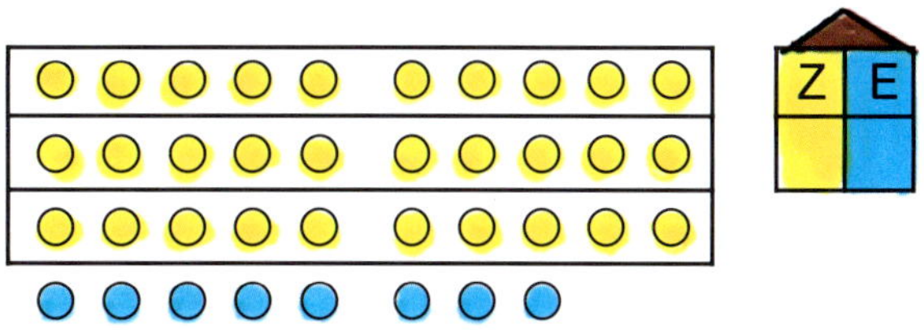


E
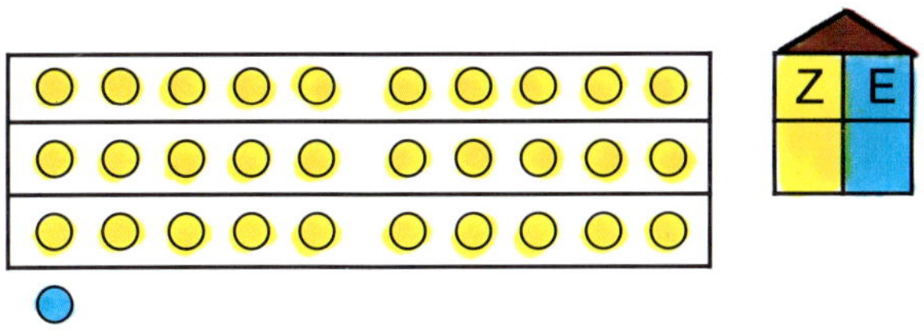


F
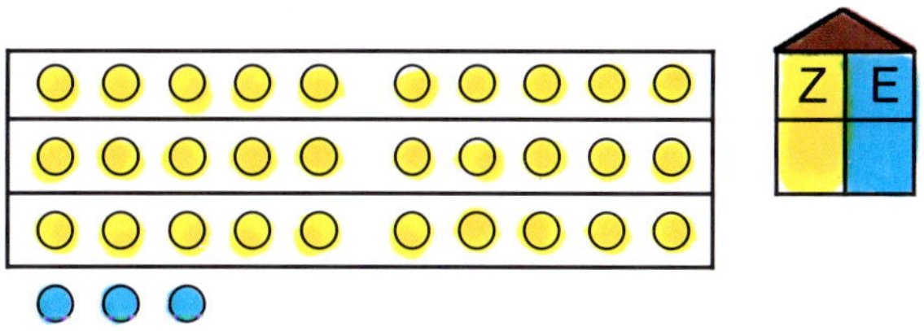


G
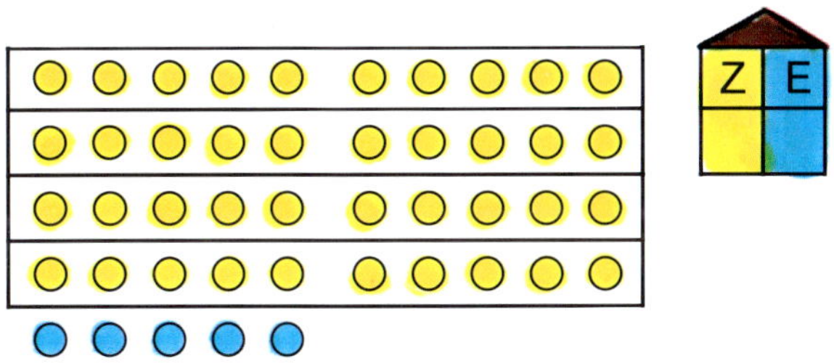


H
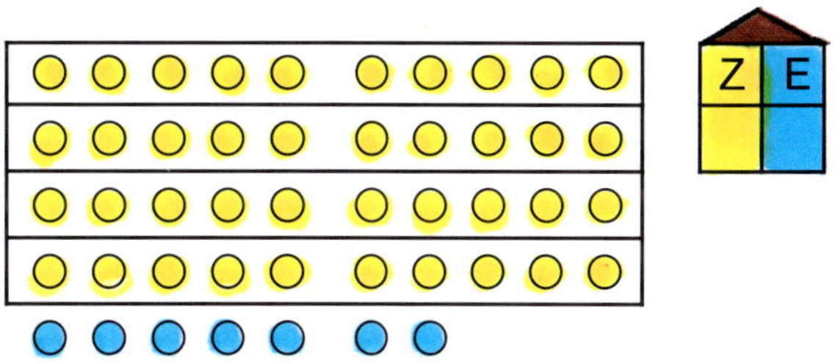


2 Die Zahlen im Stellenhaus sagen, wieviel Zehner und Einer du legen und malen sollst

A

B

C

D

E

F

G

H

I

J
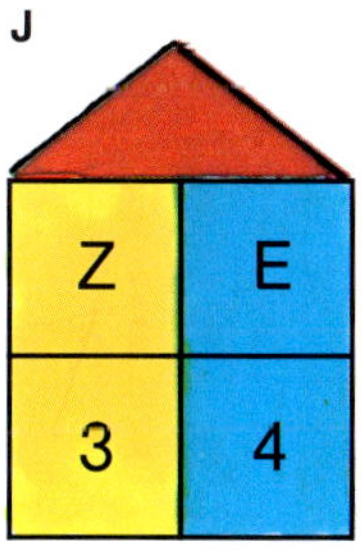

**Wir kennen die Reihenfolge der Zahlen bis 100.**

1 Lege mit Zehnerstangen und Einern die Menge 35 auf die Rechentafel, dann die Mengen 46, 52, 69, 78, 81 und 94.

2 Zähle bis 36, bis 100. Zähle von 48 bis 58, von 75 bis 100.

3 Welche Zahl folgt auf 89? Welche Zahl steht davor?

4 Ordne die folgenden Zahlen der Größe nach: 40, 49, 47, 45, 50, 41, 48, 42, 44, 43, 46, 51.

5 Lege Würfel auf den 7., 17., 27., 37., 47., 57., 67., 77., 87., 97. Platz.

6 Zähle in Zehnerschritten bis 100. Beginne bei 10.

7 So zählst du schnell bis 45:
10, 20, 30, 40, 41, 42, 43, 44, 45

Zähle schnell bis 57, bis 68.

8 Schreibe 10 Zahlen auf, die größer sind als 79, die kleiner sind als 79.

9 Zeige gleichzeitig die Zahlen 35 und 53, 91 und 19, 46 und 64, 82 und 28.

10 Sage die Zahlen der beiden letzten Reihen auswendig her.

11 Zeige die Zahlen 11, 22, 33, 44, 55, 66, 77, 88, 99.

| | | | | | | | | | |
|---|---|---|---|---|---|---|---|---|---|
| | | | | | | | | | |
| 1 | 2 | 3 | 4 | 5 | 6 | 7 | 8 | 9 | 10 |
| | | | | | | | | | |
| 11 | 12 | 13 | 14 | 15 | 16 | 17 | 18 | 19 | 20 |
| | | | | | | | | | |
| 21 | 22 | 23 | 24 | 25 | 26 | 27 | 28 | 29 | 30 |
| | | | | | | | | | |
| 31 | 32 | 33 | 34 | 35 | 36 | 37 | 38 | 39 | 40 |
| | | | | | | | | | |
| 41 | 42 | 43 | 44 | 45 | 46 | 47 | 48 | 49 | 50 |
| | | | | | | | | | |
| 51 | 52 | 53 | 54 | 55 | 56 | 57 | 58 | 59 | 60 |
| | | | | | | | | | |
| 61 | 62 | 63 | 64 | 65 | 66 | 67 | 68 | 69 | 70 |
| | | | | | | | | | |
| 71 | 72 | 73 | 74 | 75 | 76 | 77 | 78 | 79 | 80 |
| | | | | | | | | | |
| 81 | 82 | 83 | 84 | 85 | 86 | 87 | 88 | 89 | 90 |
| | | | | | | | | | |
| 91 | 92 | 93 | 94 | 95 | 96 | 97 | 98 | 99 | 100 |

1 Setze die fehlenden Nachbarzahlen ein.

| | | | | | | | | | |
|---|---|---|---|---|---|---|---|---|---|
| 31 | | 33 | | 35 | | 37 | | 39 | |

| | | | | | | | | | |
|---|---|---|---|---|---|---|---|---|---|
| | 42 | | 44 | | 46 | | 48 | | 50 |

2

| | | |
|---|---|---|
| 4 | 5 | 6 |
| 64 | 65 | 66 |

| | | |
|---|---|---|
| 5 | | 7 |
| 65 | | 67 |

| | | |
|---|---|---|
| | 7 | |
| | 87 | |

| | | |
|---|---|---|
| | | 9 |
| | | 99 |

| | | |
|---|---|---|
| 9 | | |
| 59 | | |

3

| | | |
|---|---|---|
| 22 | | 24 |

| | | |
|---|---|---|
| 49 | | 51 |

| | | |
|---|---|---|
| 59 | | 61 |

| | | |
|---|---|---|
| | 40 | |

| | | |
|---|---|---|
| | 70 | |

4 **Wir können das richtige Vergleichszeichen einsetzen.**

| | | |
|---|---|---|
| 71 | < | 72 |
| 74 | | 73 |
| 76 | | 77 |
| 75 | | 74 |
| 79 | | 80 |
| 81 | | 80 |
| 92 | | 93 |
| 45 | | 44 |
| 36 | | 35 |
| 62 | | 73 |

5 Setze passende Zahlen ein.

| | | |
|---|---|---|
| 82 | > | |
| 84 | > | |
| 86 | < | |
| 88 | < | |
| 89 | > | |
| | > | 83 |
| | < | 85 |
| | > | 87 |
| | < | 81 |
| | < | 90 |

6 **Wir können Mengen bis 100 schnell zeichnen.**

So können wir 25 malen.
Das dauert lang.

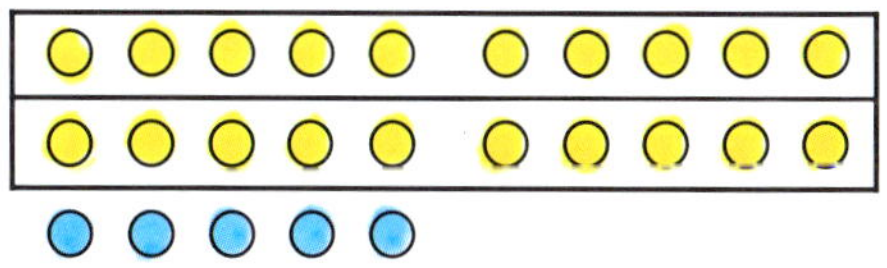

**25**

So können wir die Menge rascher malen.
Die Zehner sind nur Striche.

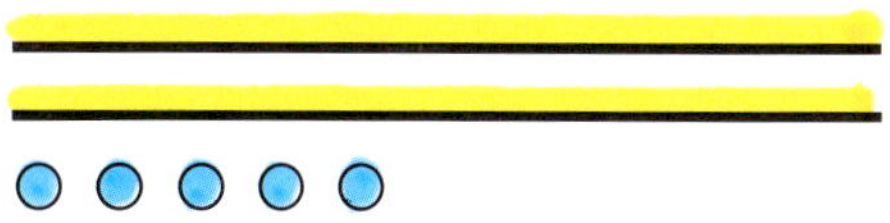

7 Male folgende Mengen: 19, 28, 37, 46, 55, 64, 73, 82, 91

8 **Wir können Zahlen nach Diktat schreiben und die Mengen dazumalen.**

Dein Nachbar nennt dir Zahlen. Wenn er zum Beispiel 36 sagt, schreibst du und malst du folgendes:

**36**

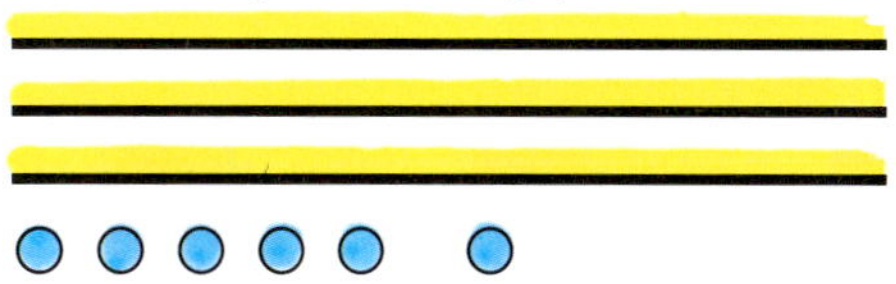

**Wir können Zahlen bis 100 in Zehner und Einer aufgliedern.**

1 Lege zuerst. Schreibe auf, wie viele Zehner und Einer es sind.

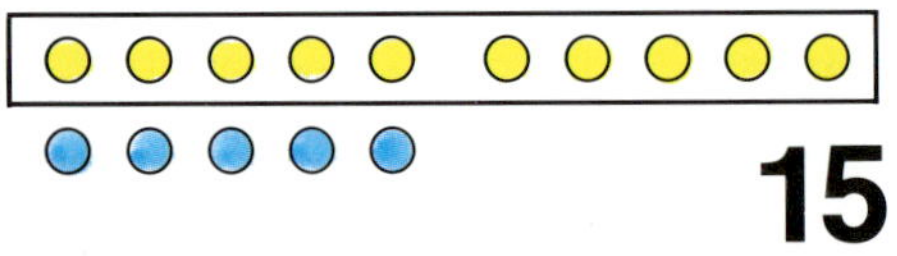

15 = 1 Zehner + 5 Einer
25 = 2 Zehner + 5 Einer
35 = ☐ Zehner + ☐ Einer
45 = ☐ Zehner + ☐ Einer
55 = ☐ Zehner + ☐ Einer
65 = ☐ Zehner + ☐ Einer
75 = ☐ Zehner + ☐ Einer
85 = ☐ Zehner + ☐ Einer
95 = ☐ Zehner + ☐ Einer

**Wir können in Zehner und Einer aufgeteilte Mengen bis 100 als Zahlen schreiben.**

2 Male. Schreibe die Zahlen dazu.

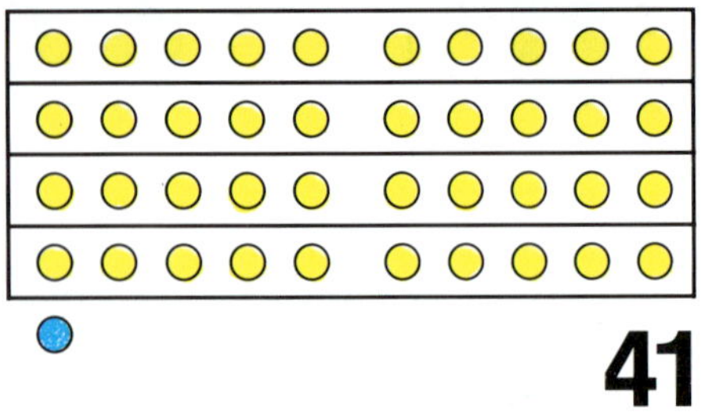


4 Zehner + 1 Einer = 41
4 Zehner + 2 Einer = ☐
4 Zehner + 3 Einer = ☐
4 Zehner + 4 Einer = ☐
4 Zehner + 5 Einer = ☐
4 Zehner + 6 Einer = ☐
4 Zehner + 7 Einer = ☐
4 Zehner + 8 Einer = ☐
4 Zehner + 9 Einer = ☐

**Wir können Zahlwörter bis 100 als Zahlen schreiben.**

3 Schreibe die Zahlwörter ab, daneben die Zahlen.

| | | |
|---|---|---|
| sechzig 60 | **sieben**undsechzig ☐ | **drei**undsiebzig ☐ |
| **drei**undsechzig ☐ | **acht**undsechzig ☐ | **fünf**undachtzig ☐ |
| **fünf**undsechzig ☐ | **neun**undsechzig ☐ | **sechs**undachtzig ☐ |
| **sechs**undsechzig ☐ | siebzig ☐ | **vier**undneunzig ☐ |

**Wir können ähnlich aussehende Zahlen unterscheiden.**

4

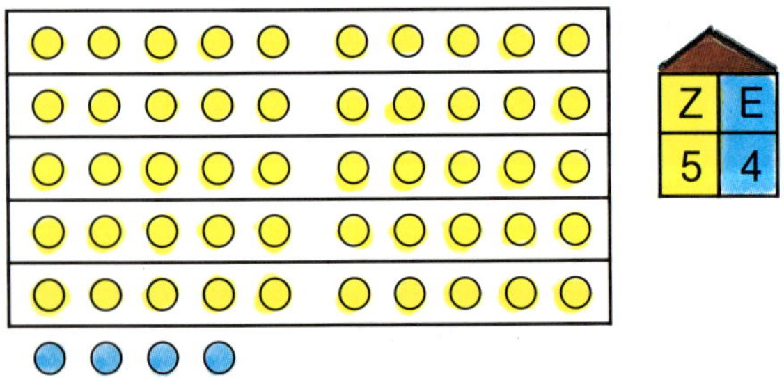


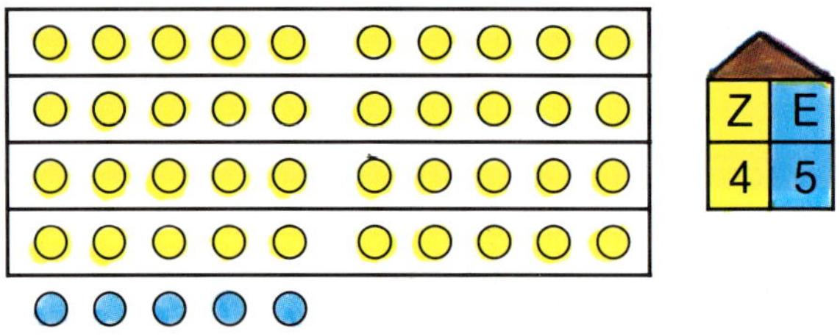


Was ist bei den Mengen verschieden?

23 / 32  35 / 53  46 / 64  57 / 75  68 / 86  79 / 97  13 / 31

ːen, daß 10 Einpfennigstücke soviel wert sind wie 1 Zehnpfennigstück.

1 em Nachbarn 1 Zehnpfennigstück.
ir dafür 10 einzelne Pfennige.

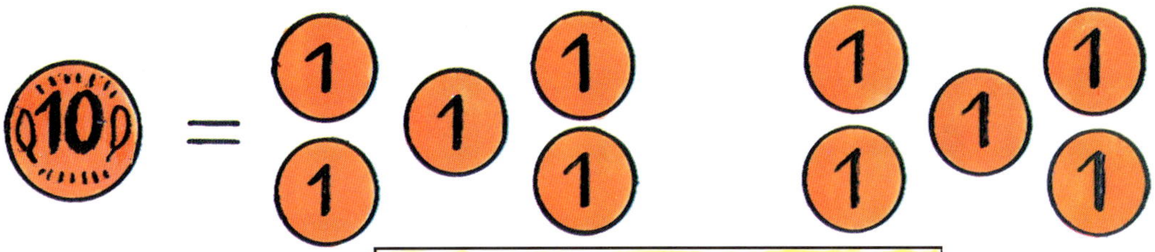

**1 Zehner = 10**

2 Trage beim Abschreiben ein, wieviel Zehnpfennigstücke es sind.

| | |
|---|---|
| A 10 Pfennige = 1 Zehner | B 60 Pfennige = ☐ Zehner |
| 20 Pfennige = ☐ Zehner | 70 Pfennige = ☐ Zehner |
| 30 Pfennige = ☐ Zehner | 80 Pfennige = ☐ Zehner |
| 40 Pfennige = ☐ Zehner | 90 Pfennige = ☐ Zehner |
| 50 Pfennige = ☐ Zehner | 100 Pfennige = ☐ Zehner |

3 Male das Geld ab. Schreibe dazu, wie viele Pfennige es sind.

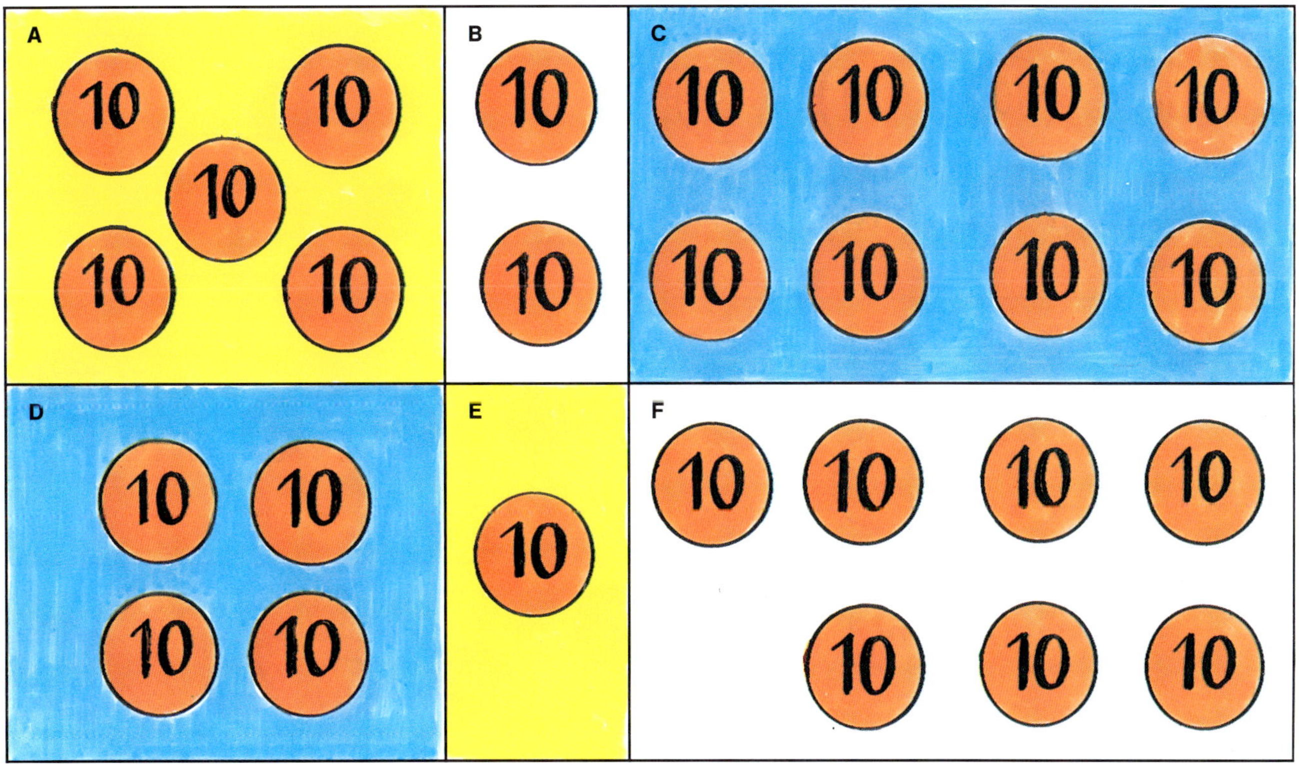


4 Trage beim Abschreiben ein, wie viele Pfennige es sind.

| | |
|---|---|
| A 1 Zehner = 10 Pfennige | B 6 Zehner = ☐ Pfennige |
| 2 Zehner = ☐ Pfennige | 7 Zehner = ☐ Pfennige |
| 3 Zehner = ☐ Pfennige | 8 Zehner = ☐ Pfennige |
| 4 Zehner = ☐ Pfennige | 9 Zehner = ☐ Pfennige |
| 5 Zehner = ☐ Pfennige | 10 Zehner = ☐ Pfennige |

**Wir können Geldbeträge bis zu 100 Pfennigen erkennen, legen und malen.**

1 Lege und male das Geld. Zeichne Stellenhäuser dazu.
Trage ein, wieviel Zehn- und Einpfennigstücke es sind.

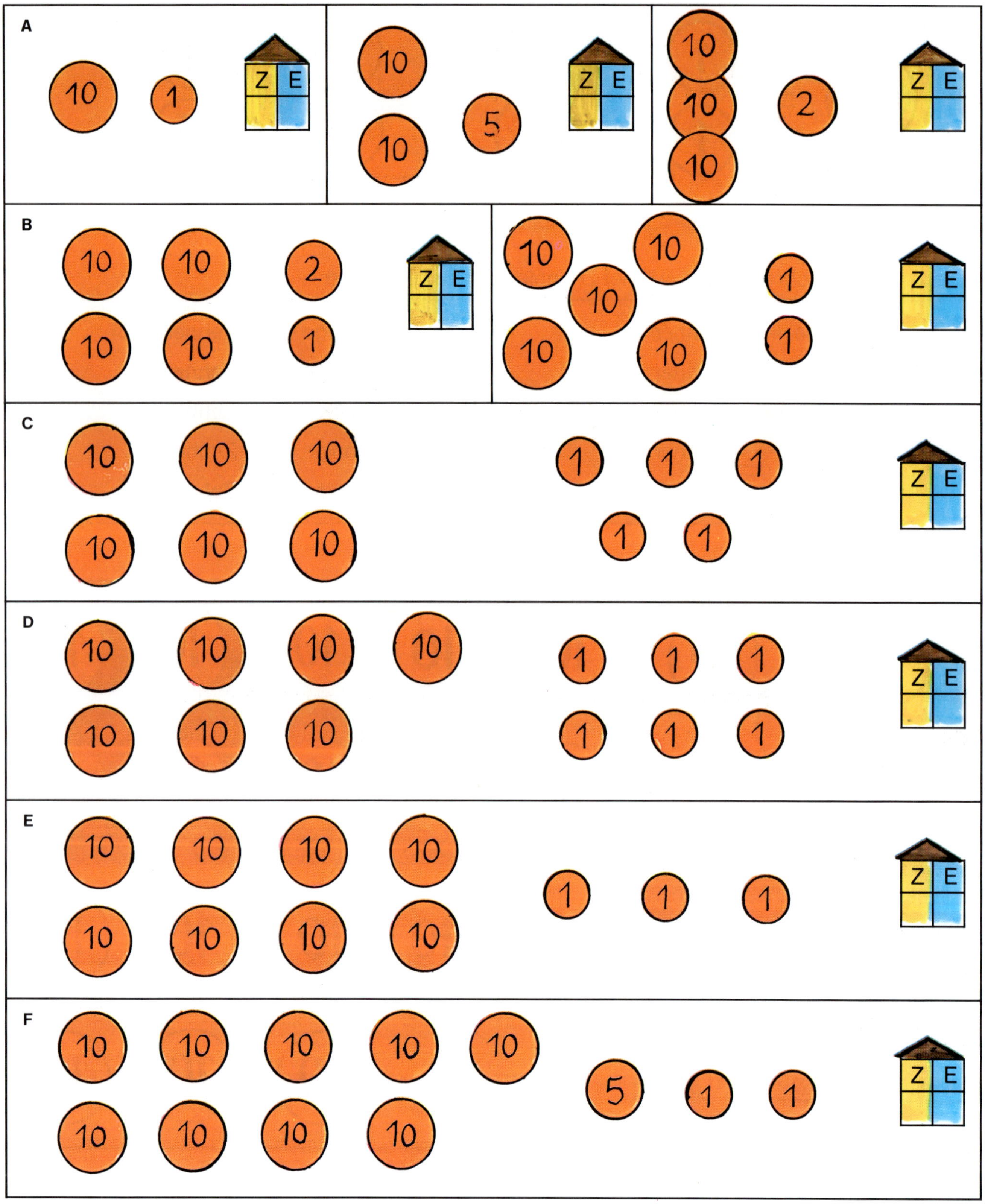


2 Lege folgende Geldmengen. Verwende Zehnpfennigstücke und Pfennige.

16 Pf, 25 Pf, 39 Pf, 42 Pf, 53 Pf, 64 Pf, 75 Pf, 86 Pf, 61 Pf, 52 Pf, 93 Pf, 21 Pf, 38 Pf, 47 Pf, 56 Pf, 62 Pf, 74 Pf, 82 Pf, 64 Pf, 59 Pf

**Wir wissen, daß 1 Mark soviel wert ist wie 10 Zehnpfennigstücke.**

1 Gib deinem Nachbarn 1 Mark. Er gibt dir dafür 10 Zehnpfennigstücke.
Male das Geld.

**1 Mark = 10 Zehnpfennigstücke**

**Wir wissen, daß 1 Fünfzigpfennigstück soviel wert ist wie 5 Zehnpfennigstücke.**

2 Gib deinem Nachbarn 1 Fünfzigpfennigstück. Er gibt dir dafür 5 Zehnpfennigstücke.
Male das Geld.

**Wir wissen, daß 1 Zweimarkstück soviel wert ist wie 2 Einmarkstücke.**

3 Gib deinem Nachbarn 1 Zweimarkstück. Er gibt dir dafür 2 Einmarkstücke.
Male das Geld.

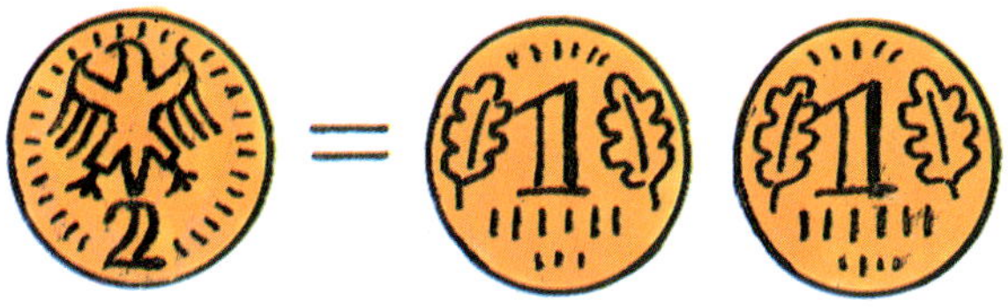


**Wir wissen, daß 1 Fünfmarkstück soviel wert ist wie 5 Einmarkstücke.**

4 Gib deinem Nachbarn 1 Fünfmarkstück. Er gibt dir dafür 5 Einmarkstücke.
Male das Geld.

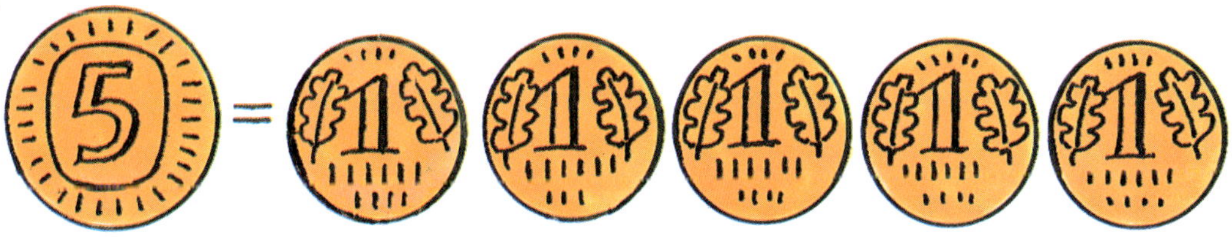


**Wir kennen das Papiergeld bis zum Hundertmarkschein.**

5 Lege mit Spielgeld. Sage dazu, wie viele Mark es sind.

## Wir können Geldbeträge tauschen.

1 Fritz will sich aus dem Automat Limo herausholen. Er benötigt dazu ein Markstück. Er hat aber nur Zehnpfennigstücke. Von seinem Freund erhält er die Mark. Wie viele Zehnpfennigstücke muß er ihm dafür geben?

Fritz muß seinem Freund für eine Mark □ Zehnpfennigstücke geben.

Spiele das Geldtauschen mit deinem Nachbarn.

2 Wechsle in 1-DM-Stücke um.

| A | B | C | D |
|---|---|---|---|
| 30 Z = 3 DM | 10 Z = □ DM | 50 Z = □ DM | 100 Z = □ DM |
| 20 Z = □ DM | 80 Z = □ DM | 90 Z = □ DM | 40 Z = □ DM |
| 60 Z = □ DM | 50 Z = □ DM | 70 Z = □ DM | 80 Z = □ DM |

3 Wechsle in 10-Pf-Stücke um.

| A | B | C | D |
|---|---|---|---|
| 5 DM = 50 Z | 7 DM = □ Z | 8 DM = □ Z | 4 DM = □ Z |
| 6 DM = □ Z | 1 DM = □ Z | 10 DM = □ Z | 2 DM = □ Z |
| 3 DM = □ Z | 9 DM = □ Z | 6 DM = □ Z | 7 DM = □ Z |

4 Wechsle in 10-Pf-Stücke um.

| A | B | C | D |
|---|---|---|---|
| 40 Pf = 4 Z | 80 Pf = □ Z | 100 Pf = □ Z | 30 Pf = □ Z |
| 10 Pf = □ Z | 60 Pf = □ Z | 90 Pf = □ Z | 70 Pf = □ Z |
| 50 Pf = □ Z | 20 Pf = □ Z | 40 Pf = □ Z | 60 Pf = □ Z |

5 Wechsle in Pfennigstücke um.

| A | B | C | D |
|---|---|---|---|
| 7 Z = 70 Pf | 5 Z = □ Pf | 10 Z = □ Pf | 8 Z = □ Pf |
| 9 Z = □ Pf | 4 Z = □ Pf | 2 Z = □ Pf | 6 Z = □ Pf |
| 1 Z = □ Pf | 3 Z = □ Pf | 7 Z = □ Pf | 9 Z = □ Pf |

6 Wechsle in 10-Pf-Stücke und 1-Pf-Stücke um.

| A | B | C | D |
|---|---|---|---|
| 16 Pf = 1 Z 6 Pf | 25 Pf = □ Z □ Pf | 37 Pf = □ Z □ Pf | 48 Pf = □ Z □ Pf |
| 82 Pf = □ Z □ Pf | 15 Pf = □ Z □ Pf | 45 Pf = □ Z □ Pf | 32 Pf = □ Z □ Pf |
| 91 Pf = □ Z □ Pf | 7 Pf = □ Z □ Pf | 63 Pf = □ Z □ Pf | 85 Pf = □ Z □ Pf |

7 Wechsle in Pfennigstücke um.

| A | B | C | D |
|---|---|---|---|
| 1 Z 2 Pf = □ Pf | 4 Z 4 Pf = □ Pf | 9 Z 6 Pf = □ Pf | 5 Z 2 Pf = □ Pf |
| 8 Z 6 Pf = □ Pf | 9 Z 1 Pf = □ Pf | 3 Z 5 Pf = □ Pf | 4 Z 8 Pf = □ Pf |
| 2 Z 6 Pf = □ Pf | 7 Z 4 Pf = □ Pf | 6 Z 4 Pf = □ Pf | 5 Z 7 Pf = □ Pf |

Lege das Geld. Schreibe die richtigen +Aufgaben.

1 

= ☐ DM

2 

= ☐ DM

3 

= ☐ DM

4 

= ☐ DM

5 

= ☐ DM

6 Lege mit Spielgeld:
10 DM, 20 DM, 30 DM, 40 DM, 50 DM, 60 DM, 70 DM, 80 DM, 90 DM, 100 DM

7 Die Mutter hat in ihrem Geldbeutel einen Zehnmarkschein, einen Zwanzigmarkschein und einen Fünfzigmarkschein.
Wieviel Geld hat sie insgesamt?

Die Mutter hat ☐ Mark im Geldbeutel.

**Wir können Geldbeträge vergleichen.**

1 Peter und Gabi leeren ihre Sparkassen aus. Wieviel [redacted] Euro hat jeder gespart?

Peter hat _____ [redacted] Euro gespart. Gabi hat _____ [redacted] Euro gespart.

Wer hat mehr gespart? _________ hat mehr gespart.

2 Male die Geldmengen ab. Schreibe dazu, wieviel Geld es ist.
Unterstreiche stets die größere Geldmenge.

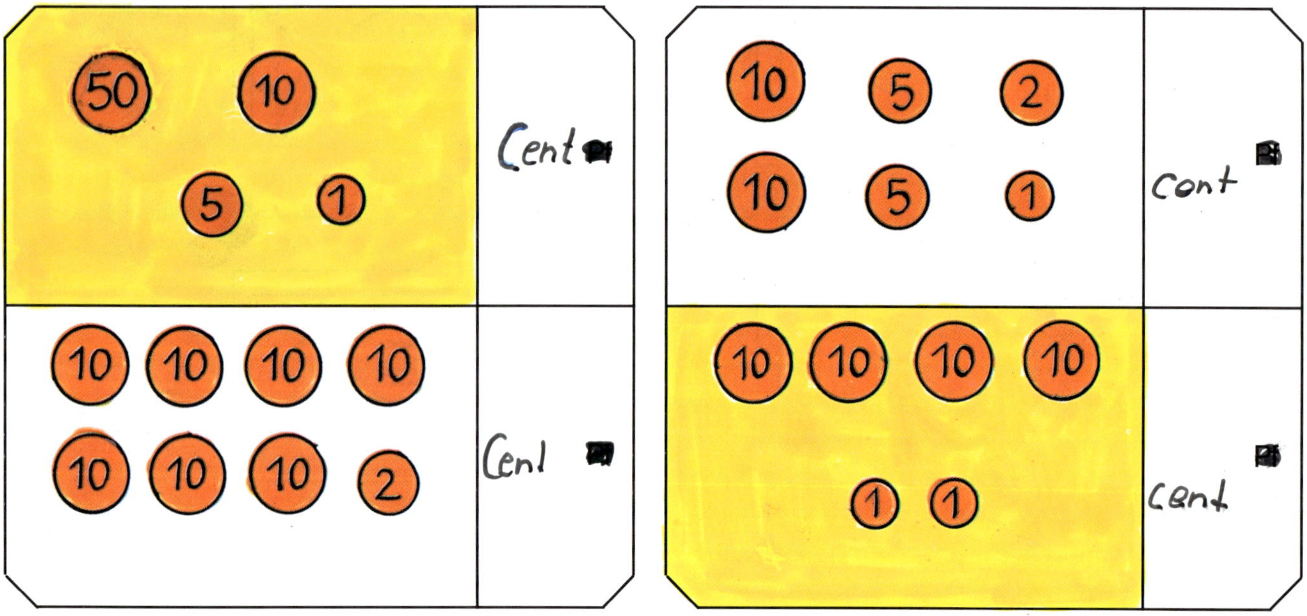


3

**Z + E = ZE, E + Z = ZE**

1 Auf dem Tisch liegen Schokoladeherzen. Irene legt noch vier dazu.
Wie viele liegen dann auf dem Tisch?

Auf dem Tisch liegen ☐ Schokoladeherzen.

**20 + 4 = ☐**

2

| A | B | C | D | E | F |
|---|---|---|---|---|---|
| 30 + 1 = | 30 + 6 = | 40 + 10 = | 40 + 5 = | 10 + 7 = | 60 + 7 = |
| 30 + 2 = | 30 + 7 = | 40 + 9 = | 40 + 4 = | 20 + 7 = | 70 + 7 = |
| 30 + 3 = | 30 + 8 = | 40 + 8 = | 40 + 3 = | 30 + 7 = | 80 + 7 = |
| 30 + 4 = | 30 + 9 = | 40 + 7 = | 40 + 2 = | 40 + 7 = | 90 + 7 = |
| 30 + 5 = | 30 + 10 = | 40 + 6 = | 40 + 1 = | 50 + 7 = | 100 + 7 = |

3 Vergleiche die beiden Aufgaben.

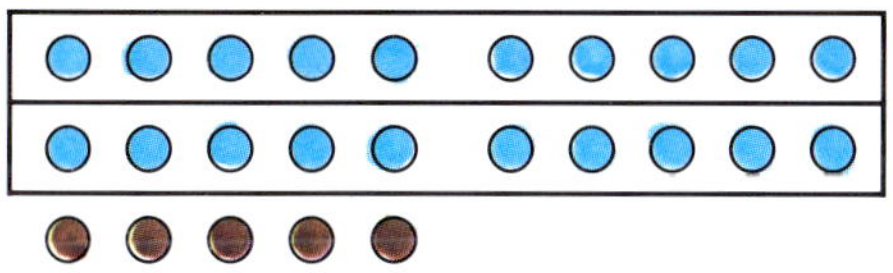

**20 + 5 = ☐**

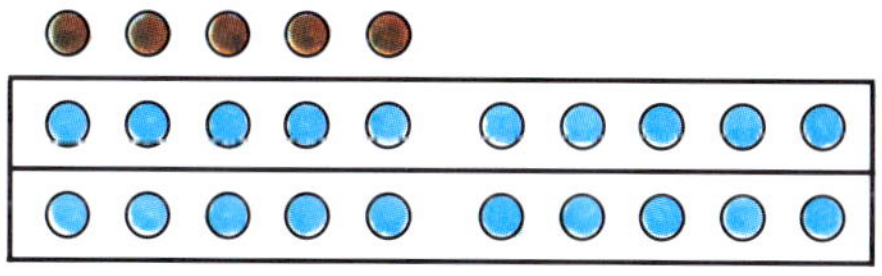

**5 + 20 = ☐**

4

| A | B | C | D | E | F |
|---|---|---|---|---|---|
| 20 + 3 = | 50 + 7 = | 80 + 9 = | 3 + 50 = | 3 + 20 = | 8 + 40 = |
| 3 + 20 = | 7 + 50 = | 90 + 8 = | 60 + 7 = | 6 + 40 = | 9 + 30 = |
| 40 + 1 = | 80 + 6 = | 50 + 7 = | 2 + 80 = | 7 + 60 = | 7 + 50 = |
| 1 + 40 = | 6 + 80 = | 7 + 50 = | 90 + 1 = | 2 + 80 = | 2 + 60 = |
| 30 + 2 = | 90 + 5 = | 8 + 90 = | 4 + 60 = | 5 + 30 = | 1 + 80 = |
| 2 + 30 = | 5 + 90 = | 9 + 80 = | 30 + 9 = | 1 + 50 = | 6 + 20 = |

5

| A | B | C | D | E | F |
|---|---|---|---|---|---|
| 1 + 40 = | 7 + 40 = | 2 + 10 = | 9 + 90 = | 3 + 30 = | 8 + 20 = |
| 2 + 40 = | 8 + 40 = | 2 + 20 = | 8 + 80 = | 2 + 20 = | 6 + 10 = |
| 3 + 40 = | 9 + 40 = | 2 + 30 = | 7 + 70 = | 1 + 10 = | 4 + 30 = |
| 4 + 40 = | 10 + 40 = | 2 + 40 = | 6 + 60 = | 3 + 50 = | 2 + 50 = |
| 5 + 40 = | 9 + 50 = | 2 + 50 = | 5 + 50 = | 7 + 70 = | 5 + 70 = |
| 6 + 40 = | 8 + 50 = | 2 + 60 = | 4 + 40 = | 9 + 90 = | 9 + 80 = |

**Z − E = ZE**

1 Im Regal stehen 30 Saftflaschen. Herr Popp nimmt 4 heraus.
Wie viele Flaschen stehen dann noch im Regal?

Im Regal sind noch □ Flaschen.

**30 − 4 = □**

2 Lege den untersten Zehner mit einzelnen Plättchen, die übrigen Zehner mit Zehnerstangen.

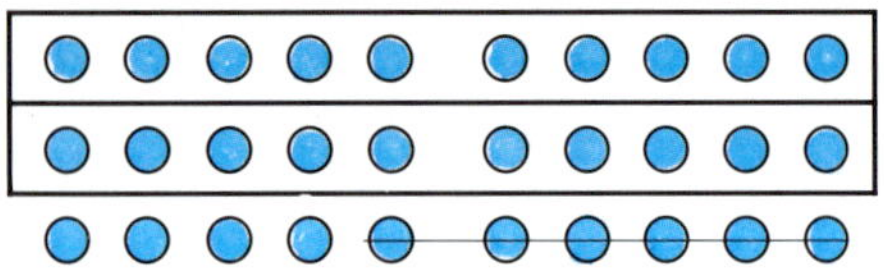

**30 − 6 = □**

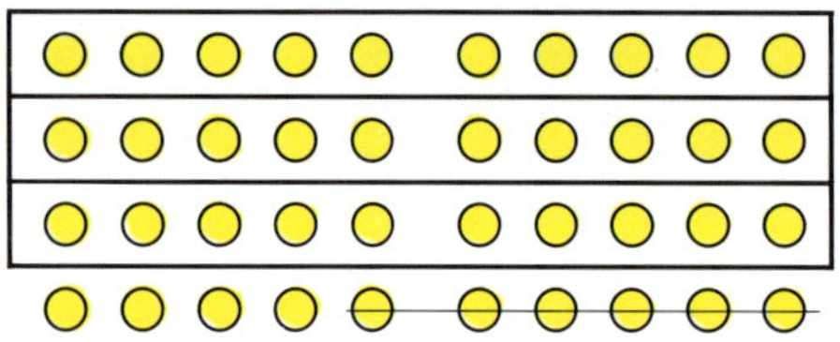

**40 − 6 = □**

3

| A | B | C | D | E | F |
|---|---|---|---|---|---|
| 10 − 1 = | 70 − 1 = | 100 − 7 = | 40 − 7 = | 30 − 2 = | 40 − 5 = |
| 20 − 1 = | 80 − 1 = | 90 − 7 = | 30 − 7 = | 50 − 4 = | 60 − 7 = |
| 30 − 1 = | 90 − 1 = | 80 − 7 = | 20 − 7 = | 10 − 6 = | 20 − 9 = |
| 40 − 1 = | 100 − 1 = | 70 − 7 = | 10 − 7 = | 70 − 8 = | 90 − 2 = |
| 50 − 1 = | 90 − 2 = | 60 − 7 = | 60 − 8 = | 100 − 1 = | 70 − 6 = |
| 60 − 1 = | 80 − 3 = | 50 − 7 = | 50 − 2 = | 80 − 3 = | 50 − 3 = |

4

| A | B | C | D | E | F |
|---|---|---|---|---|---|
| 50 − 10 = | 50 − 4 = | 100 − 1 = | 90 − 7 = | 50 − 9 = | 70 − 5 = |
| 50 − 9 = | 50 − 3 = | 90 − 2 = | 30 − 5 = | 60 − 10 = | 80 − 4 = |
| 50 − 8 = | 50 − 2 = | 80 − 3 = | 20 − 1 = | 40 − 8 = | 100 − 5 = |
| 50 − 7 = | 50 − 1 = | 70 − 4 = | 10 − 2 = | 90 − 7 = | 20 − 3 = |
| 50 − 6 = | 40 − 6 = | 60 − 5 = | 70 − 4 = | 80 − 4 = | 30 − 7 = |
| 50 − 5 = | 40 − 3 = | 50 − 6 = | 80 − 3 = | 40 − 6 = | 10 − 8 = |

5

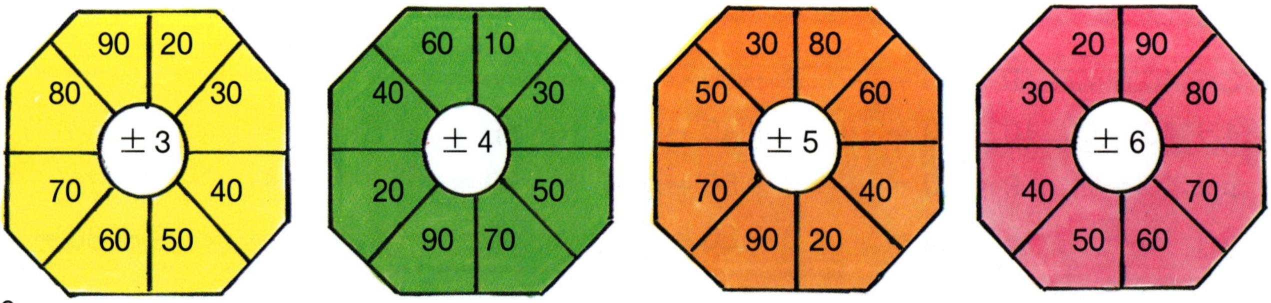

## Z = ZE + [E], Z = E + [ZE]

1 Zwei Bäckergesellen tragen 30 Hörnchen aus der Backstube.
21 Hörnchen legen sie in ein Regal, den Rest in einen Korb.
Wie viele Hörnchen sind das?

**30 = 21 + □**

Es sind □ Hörnchen.

2 Lege den untersten Zehner mit Plättchen, die übrigen Zehner mit Zehnerstangen.

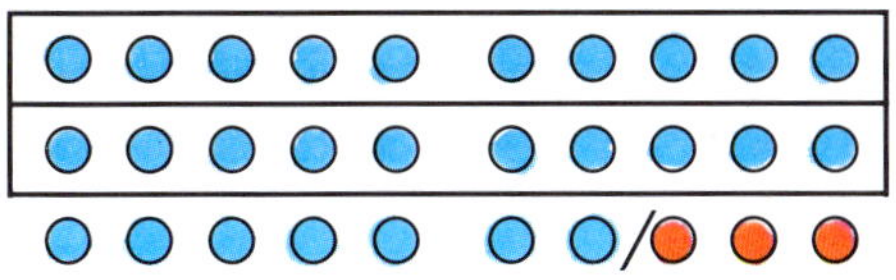

**30 = 27 + □**

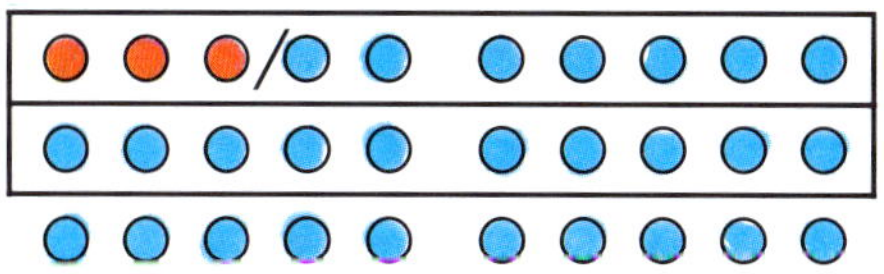

**30 = 3 + □**

3

| A | B | C | D | E | F |
|---|---|---|---|---|---|
| 30 = 29 + | 30 = 23 + | 40 = 30 + | 40 = 36 + | 10 = 5 + | 70 = 65 + |
| 30 = 28 + | 30 = 22 + | 40 = 31 + | 40 = 37 + | 20 = 15 + | 80 = 75 + |
| 30 = 27 + | 30 = 21 + | 40 = 32 + | 40 = 38 + | 30 = 25 + | 90 = 85 + |
| 30 = 26 + | 30 = 20 + | 40 = 33 + | 40 = 39 + | 40 = 35 + | 100 = 95 + |
| 30 = 25 + | 40 = 37 + | 40 = 34 + | 50 = 47 + | 50 = 45 + | 80 = 74 + |
| 30 = 24 + | 50 = 48 + | 40 = 35 + | 70 = 68 + | 60 = 55 + | 90 = 82 + |

4

| | | | | | | | | | | | | |
|---|---|---|---|---|---|---|---|---|---|---|---|---|
| 10 | 20 | 30 | 40 | 50 | = | 1 | 2 | 3 | 4 | 5 | + | □ |

5

| | | | | | | | | | | | | |
|---|---|---|---|---|---|---|---|---|---|---|---|---|
| 60 | 70 | 80 | 90 | 100 | = | 9 | 8 | 7 | 6 | 5 | + | □ |

Rechne so:
10 = 1 + 9
10 = 2 + 8
10 = 3 + 7

6

| A | B | C |
|---|---|---|
| 80 Pf = 75 Pf + □ Pf | 20 Pf = 7 Pf + □ Pf | 30 Pf = 25 Pf + □ Pf |
| 70 Pf = 66 Pf + □ Pf | 40 Pf = 3 Pf + □ Pf | 100 Pf = 6 Pf + □ Pf |
| 90 Pf = 83 Pf + □ Pf | 10 Pf = 6 Pf + □ Pf | 50 Pf = 41 Pf + □ Pf |
| 100 Pf = 92 Pf + □ Pf | 80 Pf = 8 Pf + □ Pf | 80 Pf = 7 Pf + □ Pf |
| 60 Pf = 57 Pf + □ Pf | 70 Pf = 5 Pf + □ Pf | 60 Pf = 52 Pf + □ Pf |
| 50 Pf = 48 Pf + □ Pf | 90 Pf = 2 Pf + □ Pf | 70 Pf = 9 Pf + □ Pf |

$Z = \boxed{E} + ZE, \quad Z = \boxed{ZE} + E$

1 Von 30 Kisten werden 24 auf einen Lastwagen geladen, der Rest auf einen anderen Lastwagen. Wie viele Kisten sind es?

Es sind □ Kisten.

30 = □ + 24

2

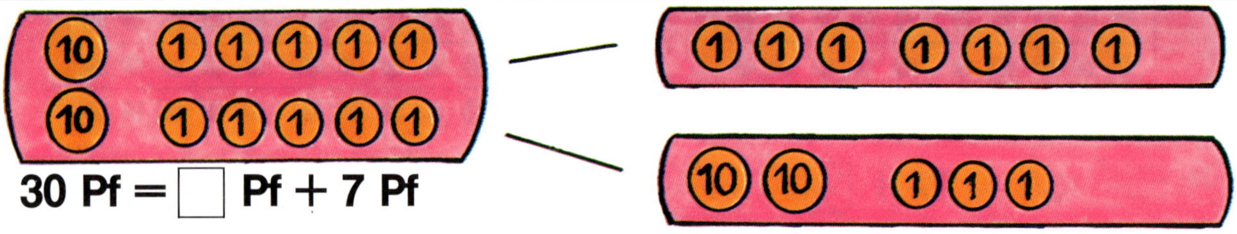

30 Pf = □ Pf + 7 Pf

3

| A | B | C | D | E | F |
|---|---|---|---|---|---|
| 10 = □ + 7 | 70 = □ + 67 | 30 = □ + 29 | 30 = □ + 23 | 80 = □ + 71 | 100 = □ + 96 |
| 20 = □ + 17 | 80 = □ + 77 | 30 = □ + 28 | 30 = □ + 22 | 70 = □ + 63 | 90 = □ + 84 |
| 30 = □ + 27 | 90 = □ + 87 | 30 = □ + 27 | 30 = □ + 21 | 100 = □ + 95 | 30 = □ + 22 |
| 40 = □ + 37 | 100 = □ + 97 | 30 = □ + 26 | 30 = □ + 20 | 90 = □ + 87 | 70 = □ + 61 |
| 50 = □ + 47 | 40 = □ + 34 | 30 = □ + 25 | 40 = □ + 37 | 70 = □ + 69 | 50 = □ + 47 |
| 60 = □ + 57 | 60 = □ + 56 | 30 = □ + 24 | 80 = □ + 75 | 80 = □ + 78 | 60 = □ + 59 |

4

| A | B | C | D | E | F |
|---|---|---|---|---|---|
| 70 = □ + 9 | 70 = □ + 3 | 10 = □ + 4 | 70 = □ + 4 | 90 = □ + 10 | 40 = □ + 7 |
| 70 = □ + 8 | 70 = □ + 2 | 20 = □ + 4 | 80 = □ + 4 | 70 = □ + 8 | 10 = □ + 3 |
| 70 = □ + 10 | 70 = □ + 1 | 30 = □ + 4 | 90 = □ + 4 | 30 = □ + 6 | 20 = □ + 5 |
| 70 = □ + 6 | 80 = □ + 9 | 40 = □ + 4 | 100 = □ + 4 | 60 = □ + 4 | 100 = □ + 1 |
| 70 = □ + 5 | 90 = □ + 6 | 50 = □ + 4 | 80 = □ + 7 | 50 = □ + 2 | 90 = □ + 6 |
| 70 = □ + 4 | 70 = □ + 4 | 60 = □ + 4 | 30 = □ + 6 | 80 = □ + 9 | 70 = □ + 8 |

5

| A | B | C |
|---|---|---|
| 40 DM = □ DM + 36 DM | 30 DM = □ DM + 5 DM | 70 DM = □ DM + 6 DM |
| 60 DM = □ DM + 51 DM | 100 DM = □ DM + 8 DM | 100 DM = □ DM + 98 DM |
| 80 DM = □ DM + 75 DM | 90 DM = □ DM + 7 DM | 90 DM = □ DM + 7 DM |
| 70 DM = □ DM + 63 DM | 70 DM = □ DM + 9 DM | 40 DM = □ DM + 36 DM |
| 90 DM = □ DM + 87 DM | 60 DM = □ DM + 1 DM | 20 DM = □ DM + 8 DM |
| 30 DM = □ DM + 28 DM | 50 DM = □ DM + 2 DM | 80 DM = □ DM + 74 DM |

Z + [E] = ZE, E + [Z] = ZE

1 Hans will auch so viele Spielzeugautos haben wie Stefan.
Wie viele fehlen ihm noch?

Hans fehlen noch □ Autos.

20 + □ = 23

2

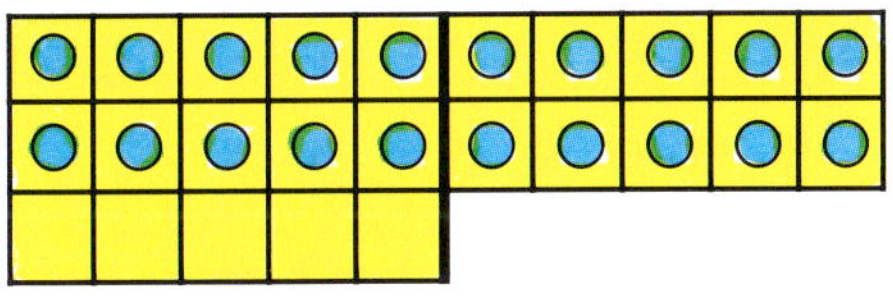

20 + □ = 25

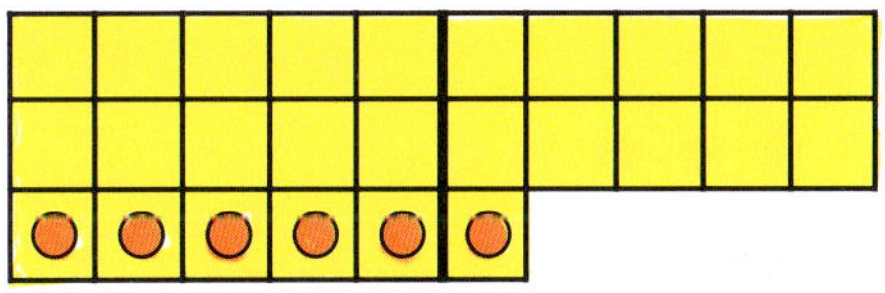

6 + □ = 26

3

| A | B | C | D | E | F |
|---|---|---|---|---|---|
| 30 + □ = 31 | 30 + □ = 37 | 10 + □ = 16 | 70 + □ = 76 | 30 + □ = 38 | 60 + □ = 64 |
| 30 + □ = 32 | 30 + □ = 38 | 20 + □ = 26 | 80 + □ = 86 | 50 + □ = 57 | 20 + □ = 26 |
| 30 + □ = 33 | 30 + □ = 39 | 30 + □ = 36 | 90 + □ = 96 | 70 + □ = 72 | 40 + □ = 45 |
| 30 + □ = 34 | 30 + □ = 40 | 40 + □ = 46 | 10 + □ = 17 | 10 + □ = 19 | 70 + □ = 78 |
| 30 + □ = 35 | 40 + □ = 42 | 50 + □ = 56 | 80 + □ = 83 | 90 + □ = 91 | 50 + □ = 53 |
| 30 + □ = 36 | 60 + □ = 67 | 60 + □ = 66 | 60 + □ = 65 | 80 + □ = 83 | 90 + □ = 97 |

4

| A | B | C | D | E | F |
|---|---|---|---|---|---|
| 6 + □ = 16 | 6 + □ = 76 | 1 + □ = 21 | 7 + □ = 27 | 2 + □ = 32 | 5 + □ = 25 |
| 6 + □ = 26 | 6 + □ = 86 | 2 + □ = 22 | 8 + □ = 28 | 4 + □ = 54 | 7 + □ = 47 |
| 6 + □ = 36 | 6 + □ = 96 | 3 + □ = 23 | 9 + □ = 29 | 6 + □ = 76 | 9 + □ = 39 |
| 6 + □ = 46 | 5 + □ = 25 | 4 + □ = 24 | 10 + □ = 30 | 8 + □ = 98 | 8 + □ = 78 |
| 6 + □ = 56 | 7 + □ = 37 | 5 + □ = 25 | 7 + □ = 47 | 1 + □ = 61 | 7 + □ = 97 |
| 6 + □ = 66 | 8 + □ = 58 | 6 + □ = 26 | 4 + □ = 64 | 3 + □ = 83 | 6 + □ = 16 |

5

| A | B | C |
|---|---|---|
| 4 E + □ Z = 24 E | 3 Z + □ E = 37 E | 8 E + □ Z = 28 E |
| 3 E + □ Z = 93 E | 4 Z + □ E = 41 E | 3 Z + □ E = 33 E |
| 5 E + □ Z = 85 E | 5 Z + □ E = 59 E | 7 E + □ Z = 47 E |
| 6 E + □ Z = 36 E | 6 Z + □ E = 66 E | 6 Z + □ E = 65 E |
| 1 E + □ Z = 71 E | 2 Z + □ E = 28 E | 5 E + □ Z = 75 E |
| 2 E + □ Z = 52 E | 5 Z + □ E = 53 E | 2 Z + □ E = 29 E |

**Z + E + E = ZE, Z + E + E = Z**

1 Im Regal stehen 20 Marmeladegläser. Herr Flips stellt noch 3 Gläser hinzu, Frau Flaps noch 2 Gläser. Wie viele Gläser stehen dann im Regal?

Im Regal stehen dann □ Gläser.

**20 + 3 + 2 = □**

2

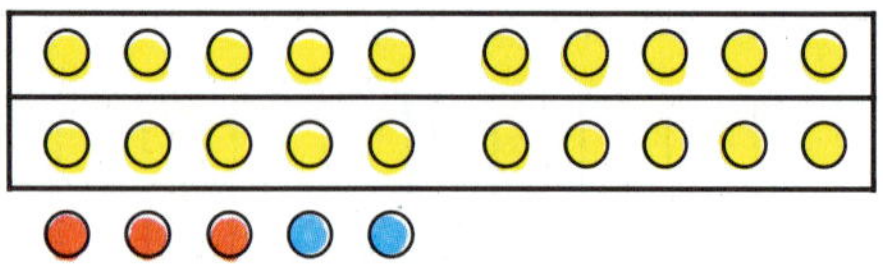

**20 + 3 + 2 = □**

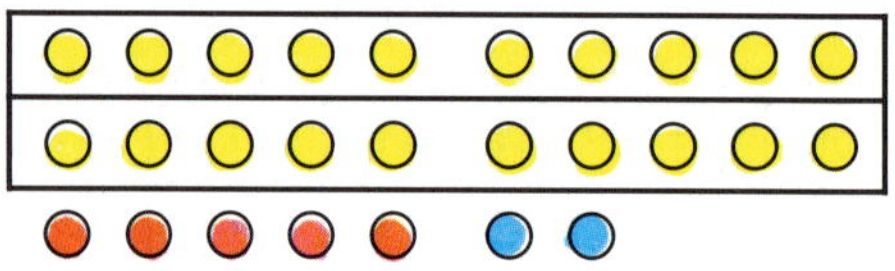

**20 + 5 + 2 = □**

3

| A | B | C | D |
|---|---|---|---|
| 20 + 4 = | 50 + 3 = | 80 + 7 = | 70 + 2 = |
| 20 + 4 + 2 = | 50 + 3 + 6 = | 80 + 7 + 1 = | 70 + 2 + 4 = |
| 30 + 5 = | 60 + 1 = | 90 + 8 = | 60 + 3 = |
| 30 + 5 + 1 = | 60 + 1 + 5 = | 90 + 8 + 2 = | 60 + 3 + 5 = |
| 40 + 6 = | 70 + 2 = | 80 + 9 = | 50 + 4 = |
| 40 + 6 + 2 = | 70 + 2 + 7 = | 80 + 9 + 1 = | 50 + 4 + 5 = |

4

| A | B | C | D |
|---|---|---|---|
| 30 + 2 + 8 = | 20 + 2 + 8 = | 40 + 4 + 6 = | 20 + 7 + 3 = |
| 60 + 7 + 3 = | 30 + 4 + 6 = | 90 + 1 + 9 = | 10 + 6 + 4 = |
| 90 + 5 + 5 = | 50 + 1 + 9 = | 70 + 2 + 8 = | 50 + 9 + 1 = |
| 80 + 6 + 4 = | 70 + 3 + 7 = | 60 + 3 + 7 = | 70 + 6 + 4 = |
| 70 + 1 + 9 = | 90 + 7 + 3 = | 30 + 5 + 5 = | 90 + 5 + 5 = |
| 50 + 3 + 7 = | 60 + 8 + 2 = | 80 + 6 + 4 = | 60 + 4 + 6 = |

5 Was ist bei den Aufgaben eines Kästchens gleich, was ist verschieden?

| A | B | C |
|---|---|---|
| 40 + 1 + 3 + 2 = □ | 60 + 5 + 2 + 1 = □ | 80 + 3 + 6 + 1 = □ |
| 40 + 1 + 2 + 3 = □ | 60 + 5 + 1 + 2 = □ | 80 + 3 + 1 + 6 = □ |
| 40 + 3 + 1 + 2 = □ | 60 + 1 + 2 + 5 = □ | 80 + 1 + 6 + 3 = □ |
| 40 + 2 + 3 + 1 = □ | 60 + 1 + 5 + 2 = □ | 80 + 1 + 3 + 6 = □ |
| 40 + 2 + 1 + 3 = □ | 60 + 2 + 1 + 5 = □ | 80 + 6 + 1 + 3 = □ |

**Z − E − E = ZE, Z − E − E = Z, Z + E − E = ZE**

1 30 Dosen stehen im Regal. Zuerst werden 3 Dosen herausgenommen, dann 2. Wie viele Dosen stehen dann noch im Regal?

Im Regal stehen dann noch ☐ Dosen.

**30 − 3 − 2 = ☐**

2

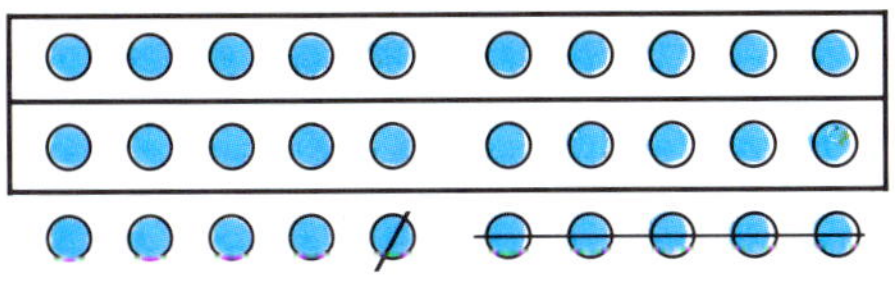

**30 − 5 − 1 = ☐**

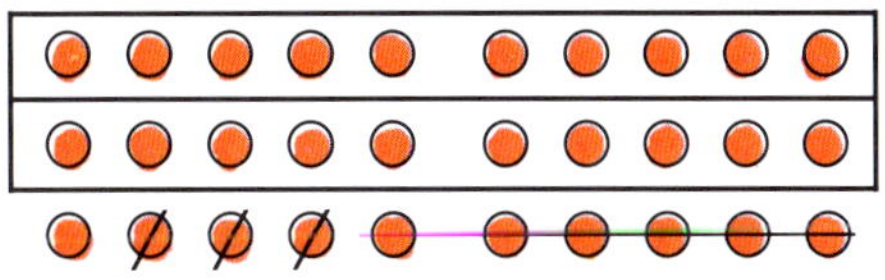

**30 − 6 − 3 = ☐**

3

| A | B | C | D |
|---|---|---|---|
| 30 − 2 = | 90 − 8 = | 60 − 5 = | 100 − 6 = |
| 30 − 2 − 6 = | 90 − 8 − 1 = | 60 − 5 − 4 = | 100 − 6 − 2 = |
| 50 − 4 = | 20 − 1 = | 80 − 7 = | 90 − 4 = |
| 50 − 4 − 3 = | 20 − 1 − 7 = | 80 − 7 − 1 = | 90 − 4 − 4 = |

4

| A | B | C | D |
|---|---|---|---|
| 70 − 2 − 6 = | 40 − 1 − 5 = | 20 − 2 − 5 = | 50 − 2 − 6 = |
| 70 − 8 = | 40 − 6 = | 20 − 7 = | 50 − 8 = |
| 70 − 3 − 4 = | 40 − 2 − 7 = | 30 − 1 − 6 = | 80 − 6 − 4 = |
| 70 − 7 = | 40 − 9 = | 30 − 7 = | 80 − 10 = |

5

| A | B | C | D |
|---|---|---|---|
| 60 − 7 − 3 = | 20 − 4 − 6 = | 80 + 2 − 1 = | 50 + 8 − 7 = |
| 30 − 6 − 4 = | 90 − 5 − 5 = | 20 + 9 − 7 = | 30 + 6 − 4 = |
| 70 − 5 − 5 = | 60 − 6 − 4 = | 90 + 8 − 6 = | 60 + 5 − 2 = |
| 80 − 4 − 6 = | 50 − 3 − 7 = | 70 + 7 − 2 = | 80 + 9 − 1 = |

6 Was ist bei den Aufgaben eines Kästchens gleich, was ist verschieden?

| A | B | C |
|---|---|---|
| 30 − 2 − 4 − 3 = | 40 − 1 − 5 − 2 = | 70 − 6 − 1 − 3 = |
| 30 − 2 − 3 − 4 = | 40 − 1 − 2 − 5 = | 70 − 6 − 3 − 1 = |
| 30 − 4 − 2 − 3 = | 40 − 5 − 2 − 1 = | 70 − 1 − 6 − 3 = |
| 30 − 3 − 2 − 4 = | 40 − 5 − 1 − 2 = | 70 − 1 − 3 − 6 = |
| 30 − 3 − 4 − 2 = | 40 − 2 − 1 − 5 = | 70 − 3 − 1 − 6 = |

# Z − [E] = ZE

**1** Wie viele Würste hat die Verkäuferin eingewickelt?

Die Verkäuferin hat □ Würste eingewickelt.

**30 − □ = 24**

**2**

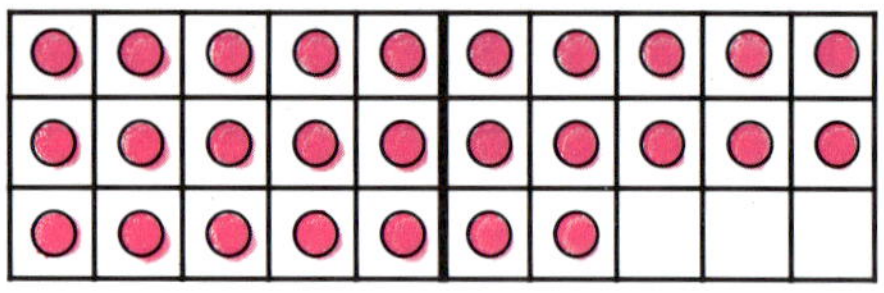

**30 − □ = 27**

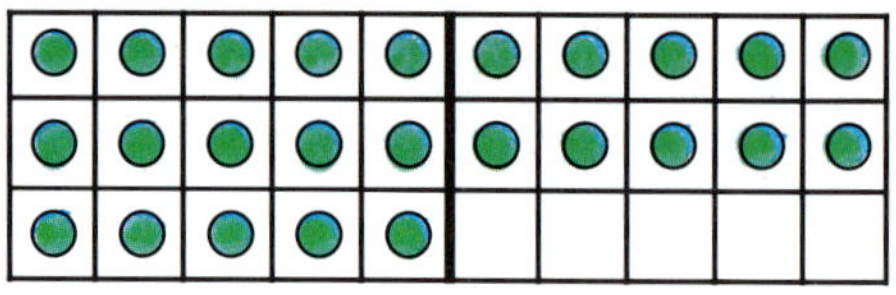

**30 − □ = 25**

**3**

| A | B | C | D | E | F |
|---|---|---|---|---|---|
| 20 − □ = 19 | 20 − □ = 13 | 10 − □ = 9 | 50 − □ = 46 | 90 − □ = 89 | 40 − □ = 31 |
| 20 − □ = 18 | 20 − □ = 12 | 20 − □ = 19 | 60 − □ = 56 | 70 − □ = 63 | 60 − □ = 55 |
| 20 − □ = 17 | 20 − □ = 11 | 30 − □ = 29 | 70 − □ = 66 | 50 − □ = 46 | 80 − □ = 72 |
| 20 − □ = 16 | 20 − □ = 10 | 40 − □ = 39 | 80 − □ = 76 | 30 − □ = 24 | 100 − □ = 97 |
| 20 − □ = 15 | 30 − □ = 28 | 50 − □ = 49 | 90 − □ = 86 | 10 − □ = 7 | 70 − □ = 69 |
| 20 − □ = 14 | 40 − □ = 36 | 60 − □ = 59 | 100 − □ = 96 | 20 − □ = 12 | 90 − □ = 83 |

**4**

| A | B | C | D | E | F |
|---|---|---|---|---|---|
| 100 − □ = 99 | 30 − □ = 20 | 70 − □ = 61 | 30 − □ = 28 | 100 − □ = 90 | 60 − □ = 58 |
| 90 − □ = 88 | 70 − □ = 62 | 50 − □ = 42 | 20 − □ = 17 | 20 − □ = 12 | 50 − □ = 41 |
| 80 − □ = 77 | 20 − □ = 13 | 60 − □ = 53 | 10 − □ = 6 | 10 − □ = 4 | 30 − □ = 23 |
| 70 − □ = 66 | 10 − □ = 8 | 80 − □ = 74 | 90 − □ = 85 | 90 − □ = 86 | 90 − □ = 85 |
| 60 − □ = 55 | 90 − □ = 89 | 100 − □ = 95 | 60 − □ = 54 | 80 − □ = 78 | 80 − □ = 72 |
| 50 − □ = 44 | 80 − □ = 76 | 20 − □ = 16 | 40 − □ = 33 | 70 − □ = 69 | 40 − □ = 36 |

**5** Die Mutter nimmt zum Einkaufen 80 Mark mit. Sie bringt 71 Mark mit nach Hause. Wieviel Geld hat sie ausgegeben?

Die Mutter hat □ Mark ausgegeben.

**6** In einem Fischgeschäft steht ein Behälter mit 40 Fischen. Am folgenden Tag sind nur noch 32 Fische im Behälter. Wie viele Fische wurden verkauft?

Es wurden □ Fische verkauft.

Rechts steht, wie du die Rechnungen aufschreiben sollst.

**1**

| | | | | | | | | | |
|---|---|---|---|---|---|---|---|---|---|
| 20 + | 2 | 4 | 6 | 8 | 9 | 7 | 5 | 3 | 1 |

Rechne so:
20 + 2 =
20 + 4 =
20 + 6 =

**2**

| | | | | | | | | | |
|---|---|---|---|---|---|---|---|---|---|
| 40 − | 1 | 3 | 5 | 7 | 9 | 8 | 6 | 4 | 2 |

40 − 1 =
40 − 3 =
40 − 5 =

**3**

| | | | | | | | | | |
|---|---|---|---|---|---|---|---|---|---|
| 6 + | 10 | 30 | 50 | 70 | 90 | 20 | 40 | 60 | 80 |

6 + 10 =
6 + 30 =
6 + 50 =

**4**

| | | | | | | | | | |
|---|---|---|---|---|---|---|---|---|---|
| 10 | 20 | 30 | + | 7 | 5 | 8 | 6 | 9 | 4 |

10 + 7 =
20 + 7 =
30 + 7 =

**5**

| | | | | | | | | | |
|---|---|---|---|---|---|---|---|---|---|
| 90 | 80 | 70 | − | 3 | 2 | 8 | 1 | 9 | 7 |

90 − 3 =
80 − 3 =
70 − 3 =

**6**

| | | | | | | | | | |
|---|---|---|---|---|---|---|---|---|---|
| 5 | 4 | 7 | + | 50 | 70 | 60 | 30 | 10 | 20 |

5 + 50 =
4 + 50 =
7 + 50 =

**7** Robert hat 40 Mark. Der Onkel schenkt ihm 5 Mark.
Wieviel Geld besitzt dann Robert?

Robert besitzt dann ☐ Mark.

**8** Hans besitzt 50 Bausteine. Sein Freund schenkt ihm 5 dazu.
Wie viele Bausteine hat er dann?

Hans hat dann ☐ Bausteine.

**9** Erika besitzt 40 Glasperlen. Sie schenkt Gabi 7 davon.
Wie viele Glasperlen besitzt sie dann noch?

Erika besitzt dann noch ☐ Glasperlen.

**10** Christian besitzt 6 alte Filzstifte. Die Mutter kauft ihm 20 neue.
Wie viele Filzstifte besitzt dann Christian?

Christian besitzt dann ☐ Filzstifte.

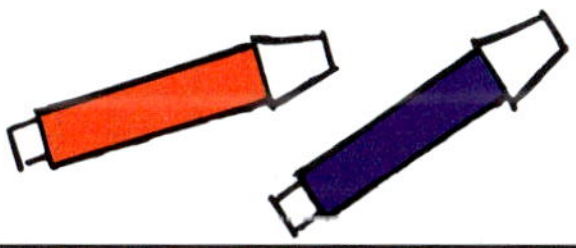

**11**

| A | B |
|---|---|
| 50 + 2 + 1 + 4 + 1 + 2 = | 90 − 2 − 1 − 3 − 2 = |
| 40 + 1 + 3 + 3 + 1 + 1 = | 60 − 4 − 2 − 1 − 3 = |
| 60 + 4 + 3 − 5 − 2 + 3 = | 80 − 9 + 5 − 4 + 3 = |
| 90 + 7 − 5 + 6 − 4 + 2 = | 100 − 8 + 6 − 5 + 3 = |

## ZE + Z = ZE

1 In der Ladenkasse sind 65 Mark. Ein Herr bezahlt 10 Mark für ein Buch.
Wieviel Geld ist dann in der Ladenkasse?

In der Ladenkasse sind dann ☐ Mark.

**65 DM + 10 DM = ☐ DM**

2 Lege mit Zehnern und Einern. Lege die Zehner oben dazu.

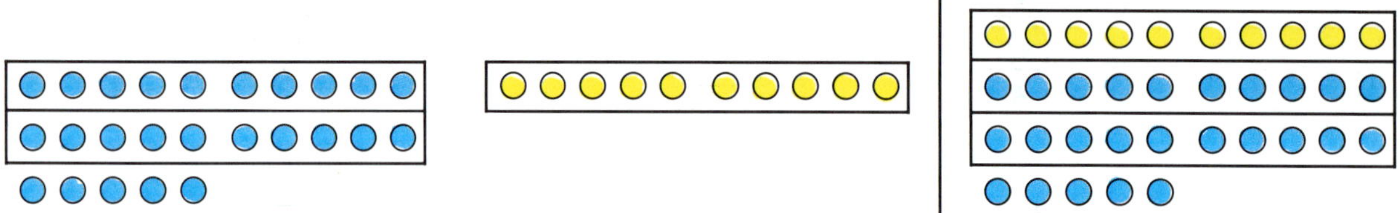

**25 + 10 = ☐**

3

| A | B | C | D | E | F |
|---|---|---|---|---|---|
| 21 + 10 = | 14 + 10 = | 36 + 20 = | 28 + 10 = | 71 + 10 = | 89 + 10 = |
| 22 + 10 = | 14 + 20 = | 22 + 40 = | 84 + 10 = | 42 + 20 = | 28 + 70 = |
| 23 + 10 = | 14 + 30 = | 11 + 70 = | 12 + 50 = | 36 + 50 = | 17 + 60 = |
| 24 + 10 = | 14 + 40 = | 83 + 10 = | 36 + 40 = | 67 + 10 = | 66 + 20 = |
| 25 + 10 = | 14 + 50 = | 75 + 20 = | 63 + 20 = | 13 + 80 = | 35 + 30 = |
| 26 + 10 = | 14 + 60 = | 67 + 10 = | 51 + 40 = | 24 + 60 = | 74 + 10 = |
| 27 + 10 = | 14 + 70 = | 59 + 30 = | 47 + 30 = | 58 + 10 = | 43 + 40 = |

4 Male die Bildergeschichte. Schreibe die richtige Rechnung dazu.

5

| A | B | C | D | E | F |
|---|---|---|---|---|---|
| 16 + 50 = | 11 + 10 = | 52 + 30 = | 64 + 20 = | 36 + 50 = | 71 + 20 = |
| 23 + 10 = | 22 + 20 = | 41 + 20 = | 27 + 40 = | 46 + 40 = | 25 + 30 = |
| 41 + 30 = | 33 + 30 = | 73 + 10 = | 19 + 60 = | 56 + 30 = | 36 + 40 = |
| 52 + 20 = | 44 + 40 = | 85 + 10 = | 33 + 20 = | 66 + 20 = | 42 + 30 = |

**ZE − Z = [ZE], ZE − Z = [E]**

1 Auf dem Block sind 35 Briefmarken. Der Beamte gibt Stefan 10 Briefmarken.
Wie viele sind noch auf dem Block?

Auf dem Block sind noch ☐ Briefmarken.

**35 − 10 = ☐**

2

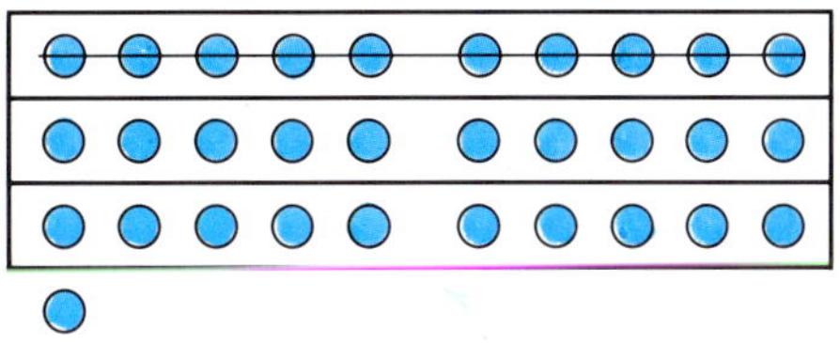

**31 − 10 = ☐**

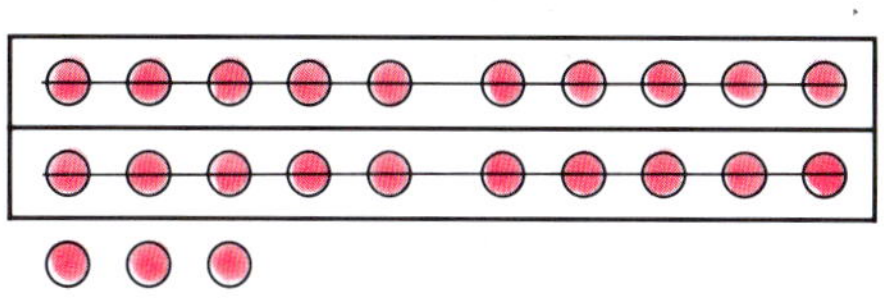

**23 − 20 = ☐**

3 Lege mit Zehnern und Einern. Nimm die Zehner oben weg.

| A | B | C | D | E | F |
|---|---|---|---|---|---|
| 39 − 10 = | 45 − 20 = | 71 − 40 = | 61 − 20 = | 74 − 50 = | 61 − 40 = |
| 48 − 20 = | 37 − 10 = | 19 − 10 = | 72 − 30 = | 62 − 20 = | 46 − 10 = |
| 57 − 30 = | 69 − 40 = | 34 − 20 = | 84 − 50 = | 96 − 60 = | 38 − 20 = |
| 66 − 40 = | 83 − 30 = | 46 − 10 = | 33 − 10 = | 38 − 10 = | 54 − 10 = |
| 75 − 50 = | 91 − 40 = | 78 − 40 = | 45 − 30 = | 43 − 10 = | 73 − 60 = |
| 84 − 60 = | 26 − 10 = | 62 − 30 = | 56 − 10 = | 55 − 40 = | 81 − 30 = |

4

| A | B | C | D | E | F |
|---|---|---|---|---|---|
| 11 − 10 = | 23 − 20 = | 53 − 50 = | 99 − 60 = | 87 − 80 = | 99 − 90 = |
| 21 − 20 = | 46 − 40 = | 81 − 80 = | 82 − 50 = | 21 − 20 = | 12 − 10 = |
| 31 − 30 = | 74 − 70 = | 25 − 20 = | 78 − 40 = | 69 − 60 = | 55 − 50 = |
| 41 − 40 = | 82 − 80 = | 39 − 30 = | 66 − 10 = | 32 − 30 = | 34 − 30 = |
| 51 − 50 = | 21 − 20 = | 97 − 90 = | 51 − 30 = | 78 − 70 = | 76 − 70 = |
| 61 − 60 = | 97 − 90 = | 72 − 70 = | 43 − 10 = | 96 − 90 = | 23 − 20 = |

5 Rechne so: 95 − 10 = ☐, 95 − 20 = ☐, 95 − 30 = ☐

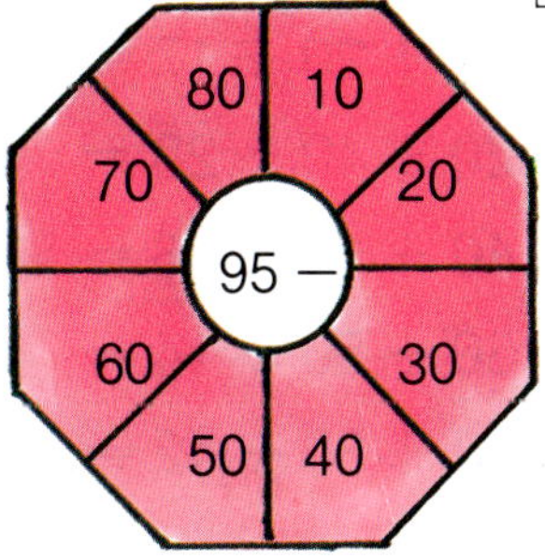


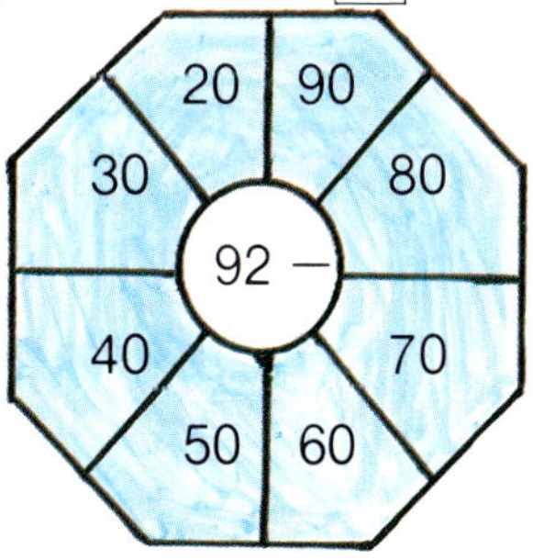


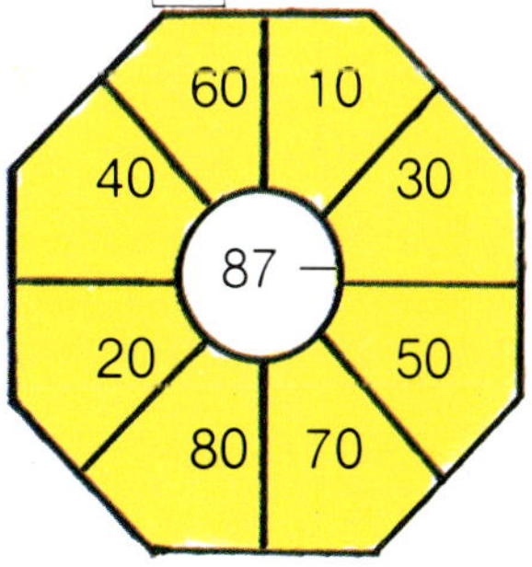


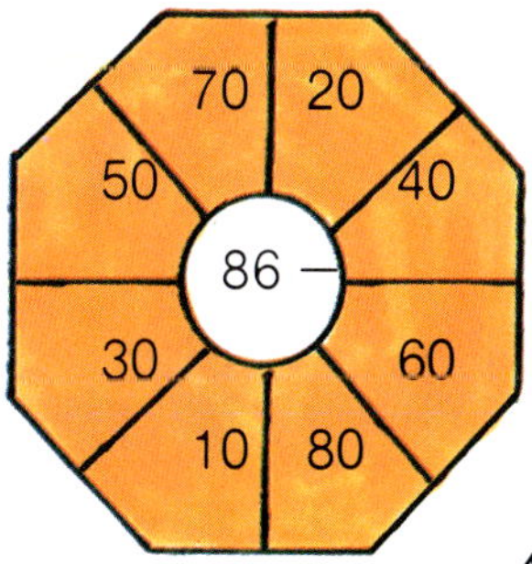

## ZE + Z + Z = ZE

1 Lege die Aufgabe genauso.

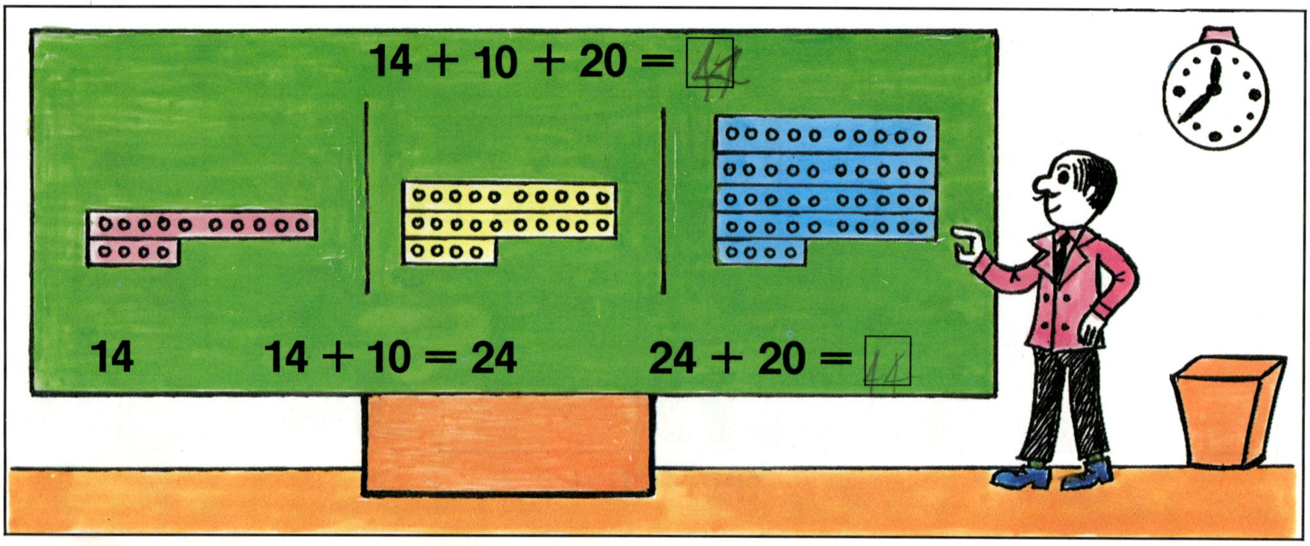


2

| A | B | C | D |
|---|---|---|---|
| 31 + 20 + 10 = | 27 + 50 + 20 = | 61 + 10 + 20 = | 26 + 30 + 10 = |
| 42 + 30 + 20 = | 38 + 10 + 40 = | 58 + 20 + 10 = | 48 + 10 + 20 = |
| 53 + 10 + 20 = | 45 + 20 + 30 = | 49 + 30 + 10 = | 64 + 20 + 10 = |
| 64 + 10 + 10 = | 54 + 10 + 10 = | 37 + 20 + 40 = | 12 + 10 + 40 = |
| 25 + 40 + 10 = | 33 + 40 + 10 = | 25 + 10 + 60 = | 39 + 20 + 20 = |
| 36 + 20 + 40 = | 22 + 40 + 30 = | 13 + 50 + 20 = | 57 + 10 + 30 = |

3 Male das Geld. Schreibe die richtigen +Aufgaben dazu.

4

5

| A | B | C | D |
|---|---|---|---|
| 30 + 30 + 15 = | 20 + 40 + 27 = | 60 + 10 + 16 = | 50 + 20 + 17 = |
| 10 + 50 + 16 = | 10 + 30 + 58 = | 20 + 40 + 24 = | 20 + 40 + 29 = |
| 20 + 30 + 22 = | 30 + 30 + 19 = | 30 + 20 + 42 = | 40 + 10 + 36 = |
| 60 + 10 + 21 = | 50 + 10 + 26 = | 10 + 70 + 13 = | 30 + 50 + 14 = |
| 40 + 20 + 33 = | 40 + 20 + 35 = | 40 + 10 + 27 = | 10 + 30 + 42 = |

**ZE − Z − Z = ZE, ZE + Z − Z = ZE**

1 Zuerst nimmt Helga eine Schachtel voll Negerküsse aus dem Regal, dann Petra.
Wie viele Negerküsse sind danach noch im Regal?

Im Regal sind danach noch ☐ Negerküsse.

**35 − 10 − 10 = ☐**

2

**38 − 10 − 20 = ☐**

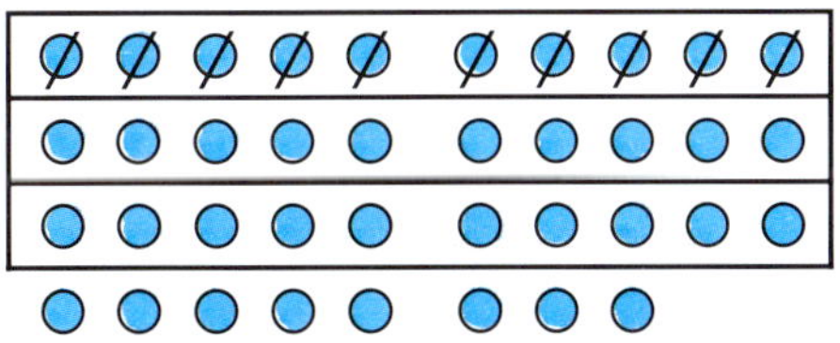

**38 − 10 = 28**

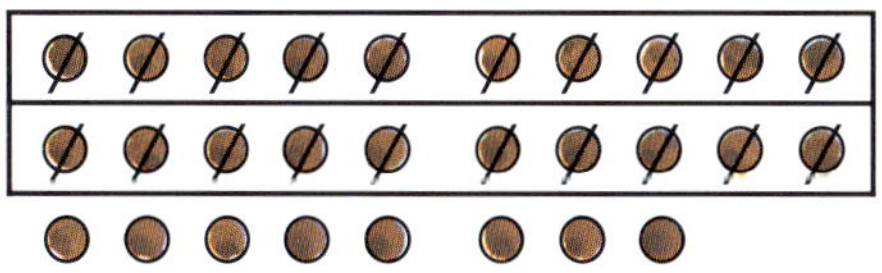

**28 − 20 = ☐**

3

| A | B | C | D |
|---|---|---|---|
| 94 − 50 − 30 = | 45 − 20 − 10 = | 63 − 10 − 30 = | 91 − 60 − 30 = |
| 86 − 10 − 30 = | 53 − 10 − 40 = | 85 − 40 − 40 = | 79 − 40 − 30 = |
| 78 − 40 − 10 = | 67 − 20 − 30 = | 68 − 10 − 20 = | 57 − 10 − 40 = |
| 62 − 20 − 20 = | 79 − 10 − 30 = | 46 − 20 − 10 = | 73 − 20 − 50 = |
| 63 − 10 − 30 = | 82 − 20 − 40 = | 84 − 70 − 10 = | 96 − 50 − 40 = |
| 41 − 10 − 10 = | 94 − 50 − 10 = | 62 − 30 − 20 = | 78 − 10 − 60 = |

4

| A | B | C | D |
|---|---|---|---|
| 92 − 50 + 20 = | 49 − 20 + 50 = | 16 + 70 − 60 = | 23 + 50 − 70 = |
| 78 − 40 + 30 = | 99 − 70 + 60 = | 27 + 60 − 50 = | 42 + 30 − 70 = |
| 84 − 60 + 20 = | 85 − 50 + 40 = | 38 + 20 − 20 = | 17 + 80 − 90 = |
| 56 − 10 + 20 = | 57 − 10 + 20 = | 49 + 30 − 30 = | 39 + 20 − 40 = |
| 35 − 20 + 70 = | 43 − 30 + 70 = | 55 + 40 − 80 = | 55 + 30 − 60 = |
| 63 − 60 + 80 = | 72 − 60 + 80 = | 64 + 10 − 40 = | 51 + 10 − 60 = |

5

| | | |
|---|---|---|
| 22 Pf + 30 Pf + 40 Pf = ☐ Pf | 86 Pf − 20 Pf − 40 Pf = ☐ Pf | 34 Pf + 40 Pf − 10 Pf = ☐ Pf |
| 19 Pf + 40 Pf + 30 Pf = ☐ Pf | 93 Pf − 40 Pf − 30 Pf = ☐ Pf | 26 Pf + 50 Pf − 60 Pf = ☐ Pf |
| 37 Pf + 20 Pf + 40 Pf = ☐ Pf | 81 Pf − 10 Pf − 40 Pf = ☐ Pf | 15 Pf + 70 Pf − 50 Pf = ☐ Pf |
| 56 Pf + 30 Pf + 10 Pf = ☐ Pf | 72 Pf − 50 Pf − 10 Pf = ☐ Pf | 93 Pf − 30 Pf + 20 Pf = ☐ Pf |
| 48 Pf + 10 Pf + 30 Pf = ☐ Pf | 94 Pf − 30 Pf − 50 Pf = ☐ Pf | 72 Pf − 20 Pf + 30 Pf = ☐ Pf |
| 25 Pf + 50 Pf + 20 Pf = ☐ Pf | 65 Pf − 10 Pf − 20 Pf = ☐ Pf | 87 Pf − 50 Pf + 40 Pf = ☐ Pf |

**ZE = Z + ZE , ZE = E + ZE**

1 Zerlege genauso.

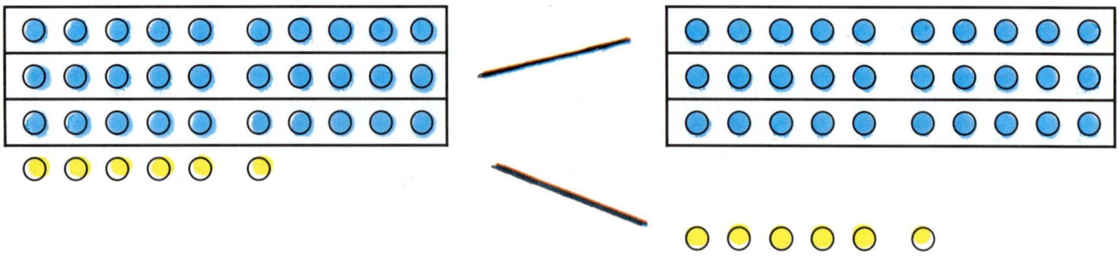

$36 = 30 + \square$

2

| A | B | C | D | E | F |
|---|---|---|---|---|---|
| $47 = 30 + \square$ | $91 = 60 + \square$ | $32 = 10 + \square$ | $72 = 70 + \square$ | $36 = 30 + \square$ | $62 = 60 + \square$ |
| $86 = 50 + \square$ | $82 = 40 + \square$ | $54 = 20 + \square$ | $65 = 60 + \square$ | $94 = 90 + \square$ | $56 = 50 + \square$ |
| $92 = 60 + \square$ | $73 = 20 + \square$ | $75 = 30 + \square$ | $43 = 40 + \square$ | $79 = 70 + \square$ | $33 = 30 + \square$ |
| $78 = 10 + \square$ | $64 = 30 + \square$ | $97 = 40 + \square$ | $57 = 50 + \square$ | $28 = 20 + \square$ | $41 = 40 + \square$ |
| $69 = 20 + \square$ | $55 = 10 + \square$ | $68 = 20 + \square$ | $81 = 80 + \square$ | $85 = 80 + \square$ | $87 = 80 + \square$ |
| $34 = 10 + \square$ | $46 = 20 + \square$ | $23 = 10 + \square$ | $26 = 20 + \square$ | $43 = 40 + \square$ | $79 = 70 + \square$ |

3

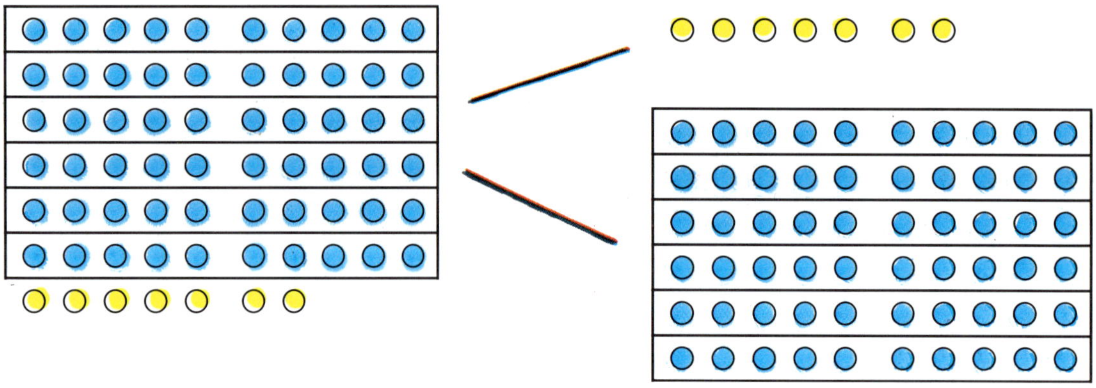

$67 = 7 + \square$

4

| A | B | C | D | E | F |
|---|---|---|---|---|---|
| $36 = 6 + \square$ | $73 = 3 + \square$ | $62 = 2 + \square$ | $91 = 1 + \square$ | $22 = 2 + \square$ | $93 = 3 + \square$ |
| $29 = 9 + \square$ | $84 = 4 + \square$ | $46 = 6 + \square$ | $74 = 4 + \square$ | $33 = 3 + \square$ | $85 = 80 + \square$ |
| $42 = 2 + \square$ | $96 = 6 + \square$ | $23 = 3 + \square$ | $56 = 6 + \square$ | $44 = 4 + \square$ | $76 = 6 + \square$ |
| $55 = 5 + \square$ | $42 = 2 + \square$ | $85 = 5 + \square$ | $43 = 3 + \square$ | $55 = 5 + \square$ | $67 = 7 + \square$ |
| $63 = 3 + \square$ | $58 = 8 + \square$ | $32 = 2 + \square$ | $62 = 2 + \square$ | $66 = 6 + \square$ | $54 = 50 + \square$ |
| $81 = 1 + \square$ | $37 = 7 + \square$ | $51 = 1 + \square$ | $35 = 5 + \square$ | $77 = 7 + \square$ | $42 = 2 + \square$ |

5

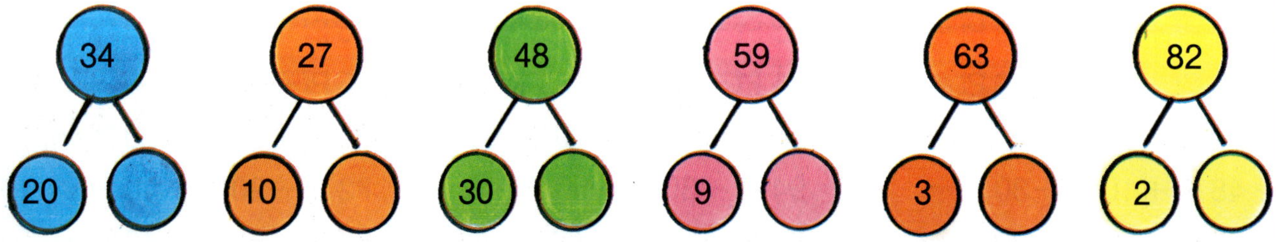

## ZE + Z = ZE

1 Von 38 Zaunlatten hat Helmut bereits 18 mit Farbe angestrichen.
Wie viele Latten muß er noch anstreichen!

Helmut muß noch □ Latten anstreichen.

**18 + □ = 38**

2

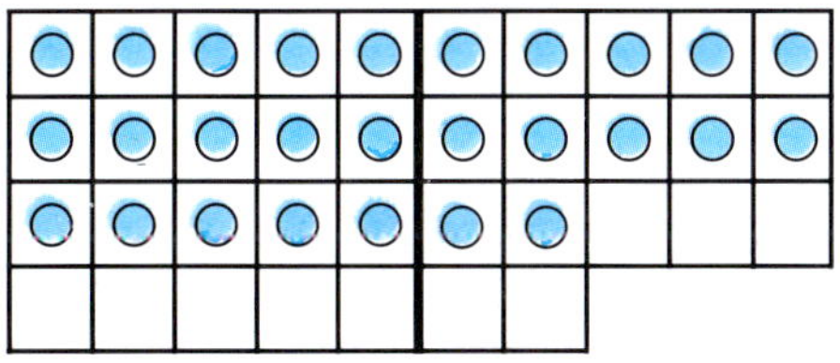

**27 + □ = 37**

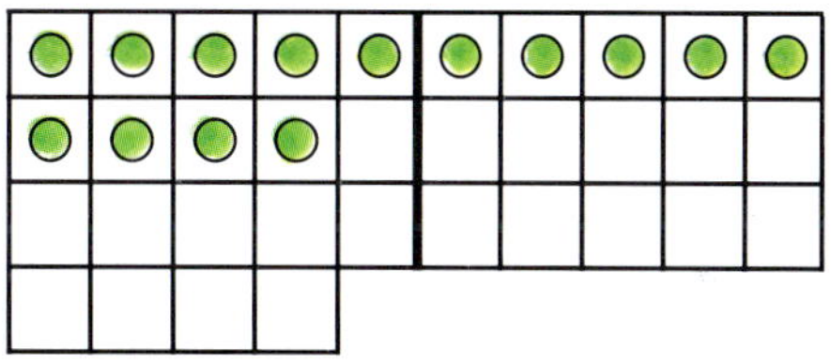

**14 + □ = 34**

3

| A | B | C | D | E | F |
|---|---|---|---|---|---|
| 79 + □ = 89 | 43 + □ = 53 | 82 + □ = 92 | 21 + □ = 61 | 34 + □ = 74 | 17 + □ = 87 |
| 69 + □ = 89 | 54 + □ = 64 | 31 + □ = 41 | 32 + □ = 72 | 71 + □ = 91 | 19 + □ = 29 |
| 59 + □ = 89 | 62 + □ = 82 | 53 + □ = 63 | 15 + □ = 35 | 27 + □ = 67 | 21 + □ = 41 |
| 49 + □ = 89 | 85 + □ = 95 | 75 + □ = 95 | 17 + □ = 87 | 46 + □ = 56 | 24 + □ = 64 |
| 39 + □ = 89 | 21 + □ = 71 | 67 + □ = 97 | 36 + □ = 96 | 52 + □ = 92 | 23 + □ = 53 |
| 29 + □ = 89 | 76 + □ = 96 | 49 + □ = 89 | 48 + □ = 68 | 39 + □ = 89 | 16 + □ = 76 |

4

| A | B | C | D | E | F |
|---|---|---|---|---|---|
| 71 + □ = 91 | 24 + □ = 34 | 76 + □ = 96 | 25 + □ = 75 | 11 + □ = 71 | 31 + □ = 81 |
| 72 + □ = 92 | 28 + □ = 58 | 83 + □ = 93 | 31 + □ = 61 | 22 + □ = 62 | 35 + □ = 95 |
| 73 + □ = 93 | 26 + □ = 46 | 44 + □ = 74 | 42 + □ = 62 | 31 + □ = 51 | 42 + □ = 62 |
| 74 + □ = 94 | 27 + □ = 77 | 52 + □ = 82 | 17 + □ = 77 | 12 + □ = 92 | 46 + □ = 86 |
| 75 + □ = 95 | 29 + □ = 69 | 61 + □ = 91 | 26 + □ = 76 | 24 + □ = 84 | 53 + □ = 73 |
| 76 + □ = 96 | 23 + □ = 53 | 12 + □ = 82 | 31 + □ = 81 | 18 + □ = 78 | 58 + □ = 98 |

5

| + □ | |
|---|---|
| 31 | 41 |
| 31 | 51 |
| 31 | 61 |
| 31 | 71 |
| 31 | 81 |

Rechne so:
31 + □ = 41
31 + □ = 51
31 + □ = 61

| + □ | |
|---|---|
| 21 | 31 |
| 32 | 82 |
| 43 | 73 |
| 54 | 64 |
| 65 | 95 |

| + □ | |
|---|---|
| 25 | 35 |
| 26 | 46 |
| 27 | 57 |
| 28 | 68 |
| 29 | 79 |

| + □ | |
|---|---|
| 42 | 52 |
| 42 | 62 |
| 42 | 72 |
| 42 | 82 |
| 42 | 92 |

| + □ | |
|---|---|
| 41 | 51 |
| 35 | 65 |
| 76 | 96 |
| 83 | 93 |
| 24 | 74 |

1

| + | | + | | + | | − | | − | | − | |
|---|---|---|---|---|---|---|---|---|---|---|---|
| 24 | 30 | 71 | 10 | 29 | 50 | 93 | 60 | 51 | 20 | 69 | 40 |
| 27 | 40 | 63 | 20 | 18 | 70 | 82 | 50 | 35 | 10 | 28 | 10 |
| 29 | 10 | 35 | 30 | 27 | 60 | 76 | 30 | 69 | 50 | 77 | 20 |
| 28 | 50 | 47 | 50 | 36 | 20 | 64 | 20 | 87 | 60 | 86 | 60 |
| 26 | 70 | 29 | 70 | 45 | 30 | 58 | 40 | 78 | 30 | 51 | 30 |
| 25 | 40 | 12 | 60 | 54 | 10 | 49 | 10 | 92 | 20 | 42 | 10 |
| 32 | 60 | 54 | 20 | 63 | 20 | 57 | 40 | 46 | 40 | 93 | 70 |
| 21 | 40 | 28 | 30 | 72 | 10 | 65 | 30 | 64 | 60 | 34 | 20 |
| 23 | 50 | 88 | 10 | 81 | 10 | 91 | 60 | 53 | 10 | 85 | 50 |

Rechne so: 24 + 30 = ☐

27 + 40 = ☐

29 + 10 = ☐

2

Welche +Aufgabe paßt zum Bild? Schreibe sie auf.

3

Auf dem Parkplatz stehen 25 Fahrzeuge. 5 Autos kommen hinzu.
Wie viele Fahrzeuge stehen dann auf dem Parkplatz?

Auf dem Parkplatz stehen dann ☐ Fahrzeuge.

4

Peter hat 36 Filzstifte. Er kauft sich 4 dazu.
Wie viele Filzstifte besitzt er dann?

Peter besitzt dann ☐ Filzstifte.

5

Um 8 Uhr sind in einer Schule 94 Kinder.
Nach der 5. Stunde verlassen 40 Kinder die Schule.
Wie viele Kinder sind danach noch in der Schule?

In der Schule sind noch ☐ Kinder.

6

**A**

35 + 10 + 30 + 20 − 10 − 40 =

42 + 50 − 20 + 10 − 60 + 30 =

73 − 60 + 40 + 20 − 30 + 40 =

**B**

31 + 30 + 30 − 50 − 20 − 10 =

78 − 50 − 10 + 30 + 20 − 50 =

96 − 80 + 40 + 30 − 60 − 10 =

## ZE + E = ZE, ZE + E = Z

1 Im Pausenhof sind Kinder. Es kommen noch einige hinzu.
Wie viele Kinder sind dann im Pausenhof?

Im Pausenhof sind dann □ Kinder.

2 So kannst du die Aufgabe legen. So kannst du sie rasch zeichnen.

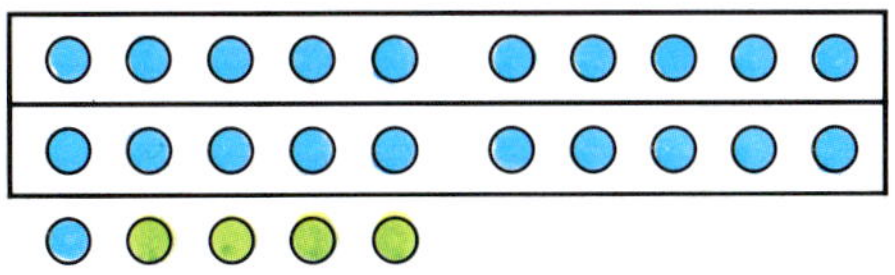

**21 + 4 = □**

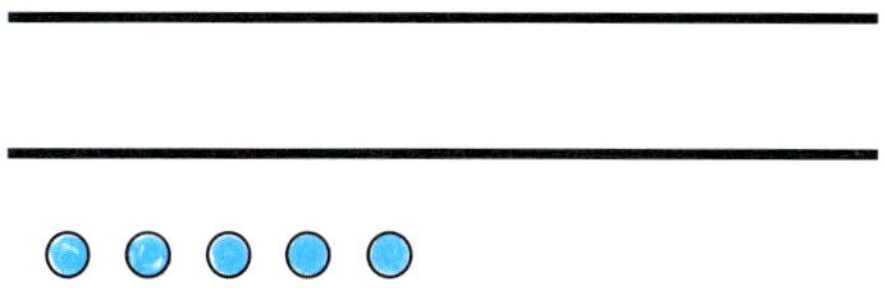

**21 + 4 = □**

3

| A | B | C | D | E | F |
|---|---|---|---|---|---|
| 31 + 1 = | 31 + 7 = | 41 + 4 = | 59 + 1 = | 62 + 5 = | 83 + 6 = |
| 31 + 2 = | 31 + 8 = | 42 + 4 = | 57 + 2 = | 64 + 4 = | 72 + 4 = |
| 31 + 3 = | 31 + 9 = | 43 + 4 = | 55 + 3 = | 61 + 3 = | 57 + 1 = |
| 31 + 4 = | 31 + 10 = | 44 + 4 = | 53 + 4 = | 76 + 1 = | 41 + 8 = |
| 31 + 5 = | 24 + 3 = | 45 + 4 = | 51 + 5 = | 78 + 2 = | 68 + 1 = |
| 31 + 6 = | 23 + 2 = | 46 + 4 = | 56 + 2 = | 74 + 1 = | 23 + 4 = |

4

| A | B | C | D | E | F |
|---|---|---|---|---|---|
| 9 + 1 = | 7 + 1 = | 6 + 2 = | 39 + 1 = | 27 + 1 = | 43 + 4 = |
| 19 + 1 = | 27 + 1 = | 36 + 2 = | 48 + 2 = | 41 + 7 = | 57 + 2 = |
| 3 + 5 = | 5 + 3 = | 4 + 3 = | 57 + 3 = | 65 + 3 = | 81 + 6 = |
| 23 + 5 = | 45 + 3 = | 54 + 3 = | 66 + 4 = | 84 + 2 = | 95 + 3 = |
| 7 + 2 = | 6 + 3 = | 2 + 5 = | 75 + 5 = | 92 + 6 = | 64 + 2 = |
| 47 + 2 = | 36 + 3 = | 62 + 5 = | 84 + 6 = | 76 + 4 = | 29 + 1 = |

5

| | | | | | | | | | | | | | | | |
|---|---|---|---|---|---|---|---|---|---|---|---|---|---|---|---|
| 11 | 21 | 31 | 41 | 51 | 61 | 71 | 81 | 91 | + | 9 | 8 | 7 | 6 | 5 | 4 |

6

| | | | | | | | | | | | | | | | |
|---|---|---|---|---|---|---|---|---|---|---|---|---|---|---|---|
| 92 | 82 | 72 | 62 | 52 | 42 | 32 | 22 | 12 | + | 8 | 7 | 6 | 5 | 4 | 3 |

7

| | | | | | | | | | | | | | | | |
|---|---|---|---|---|---|---|---|---|---|---|---|---|---|---|---|
| 13 | 23 | 33 | 43 | 53 | 63 | 73 | 83 | 93 | + | 1 | 2 | 3 | 4 | 5 | 6 |

## ZE − E = ZE

1 Auf den Leitungsdrähten sitzen Vögel. Einige fliegen weg.
Wie viele sitzen noch auf den Drähten?

Auf den Drähten sitzen noch ☐ Vögel.

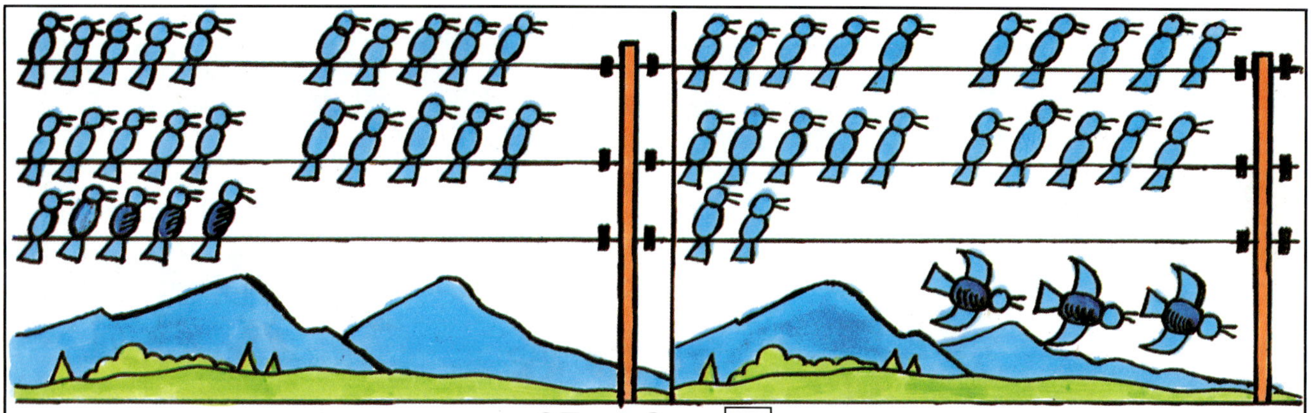

25 − 3 = ☐

2

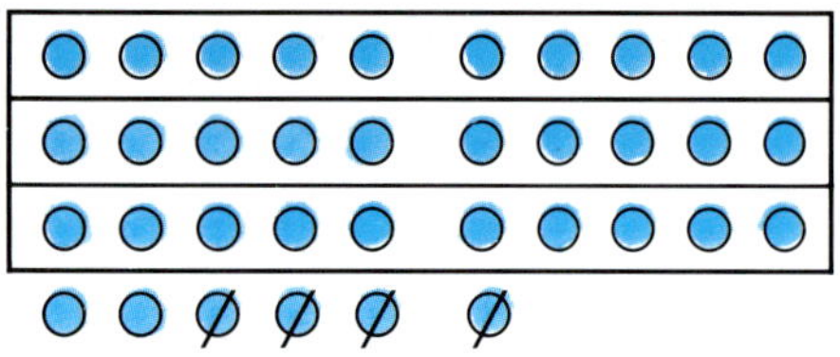

36 − 4 = ☐

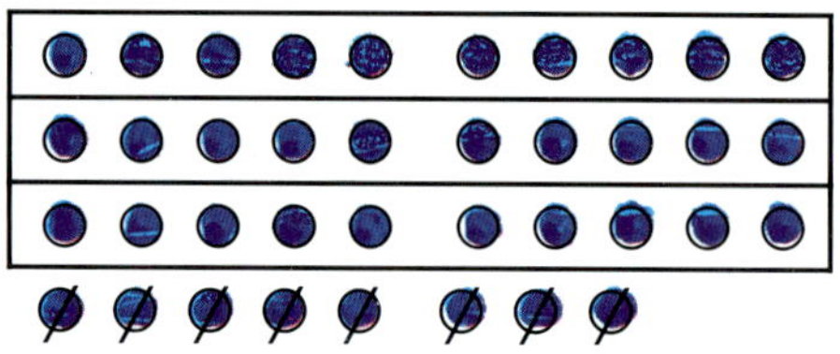

38 − 8 = ☐

3

| A | B | C | D | E | F |
|---|---|---|---|---|---|
| 6 − 4 = | 7 − 1 = | 2 − 1 = | 3 − 2 = | 6 − 5 = | 8 − 5 = |
| 56 − 4 = | 47 − 1 = | 52 − 1 = | 83 − 2 = | 46 − 5 = | 48 − 5 = |
| 8 − 3 = | 9 − 5 = | 7 − 6 = | 6 − 4 = | 8 − 2 = | 7 − 2 = |
| 18 − 3 = | 69 − 5 = | 27 − 6 = | 76 − 4 = | 48 − 2 = | 37 − 2 = |
| 9 − 2 = | 8 − 6 = | 9 − 4 = | 9 − 8 = | 7 − 3 = | 9 − 6 = |
| 49 − 2 = | 28 − 6 = | 89 − 4 = | 99 − 8 = | 27 − 3 = | 79 − 6 = |

4

| A | B | C | D | E | F |
|---|---|---|---|---|---|
| 48 − 3 = | 87 − 6 = | 16 − 4 = | 37 − 6 = | 42 − 1 = | 66 − 6 = |
| 36 − 1 = | 56 − 2 = | 26 − 4 = | 53 − 1 = | 28 − 6 = | 99 − 9 = |
| 79 − 6 = | 95 − 1 = | 36 − 4 = | 76 − 5 = | 69 − 7 = | 33 − 3 = |
| 67 − 4 = | 64 − 3 = | 46 − 4 = | 98 − 7 = | 87 − 1 = | 44 − 4 = |
| 55 − 2 = | 73 − 2 = | 56 − 4 = | 84 − 2 = | 54 − 2 = | 88 − 8 = |
| 82 − 1 = | 48 − 7 = | 66 − 4 = | 22 − 1 = | 45 − 3 = | 77 − 7 = |

5

| A | B | C | D | E | F |
|---|---|---|---|---|---|
| 21 − 1 = | 27 − 7 = | 92 − 1 = | 67 − 3 = | 58 − 3 = | 65 − 1 = |
| 22 − 2 = | 28 − 8 = | 54 − 3 = | 45 − 2 = | 85 − 1 = | 65 − 2 = |
| 23 − 3 = | 29 − 9 = | 73 − 2 = | 34 − 1 = | 64 − 2 = | 65 − 3 = |
| 24 − 4 = | 30 − 10 = | 61 − 1 = | 28 − 6 = | 46 − 6 = | 65 − 4 = |
| 25 − 5 = | 25 − 2 = | 85 − 4 = | 49 − 4 = | 73 − 1 = | 65 − 5 = |
| 26 − 6 = | 46 − 3 = | 34 − 1 = | 23 − 2 = | 37 − 6 = | 64 − 2 = |

**ZE + E + E = ZE**

1 Im Hafen liegen Boote. Es laufen noch welche in den Hafen ein.
Wie viele Boote sind dann im Hafen?

Im Hafen sind dann ☐ Boote.

$21 + 3 + 1 =$ ☐

2

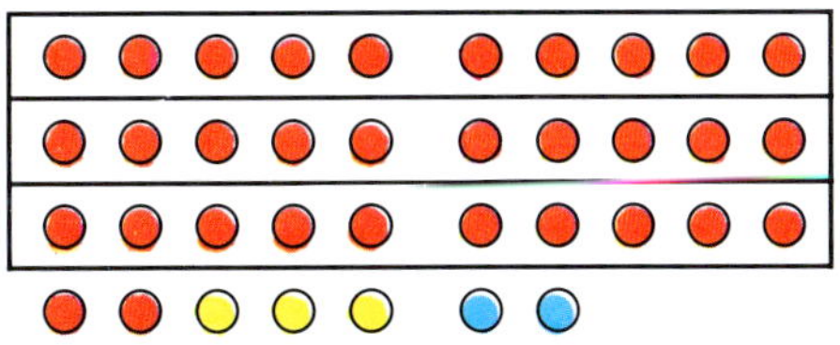

$32 + 3 + 2 =$ ☐

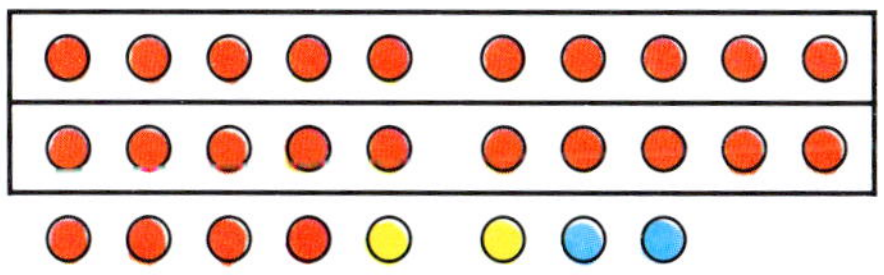

$24 + 2 + 2 =$ ☐

3

| A | B | C | D |
|---|---|---|---|
| $42 + 4 + 3 =$ | $82 + 3 + 2 =$ | $41 + 3 + 2 =$ | $71 + 3 + 4 =$ |
| $56 + 1 + 2 =$ | $94 + 2 + 1 =$ | $32 + 1 + 5 =$ | $62 + 4 + 3 =$ |
| $61 + 3 + 4 =$ | $76 + 1 + 1 =$ | $73 + 2 + 4 =$ | $51 + 5 + 2 =$ |
| $73 + 2 + 1 =$ | $54 + 2 + 2 =$ | $24 + 1 + 2 =$ | $43 + 2 + 1 =$ |
| $84 + 3 + 1 =$ | $63 + 2 + 4 =$ | $65 + 1 + 2 =$ | $31 + 3 + 1 =$ |
| $95 + 1 + 2 =$ | $37 + 1 + 1 =$ | $56 + 2 + 1 =$ | $24 + 1 + 3 =$ |

4 Male die Zehner und Einer. Schreibe die +Aufgabe dazu.

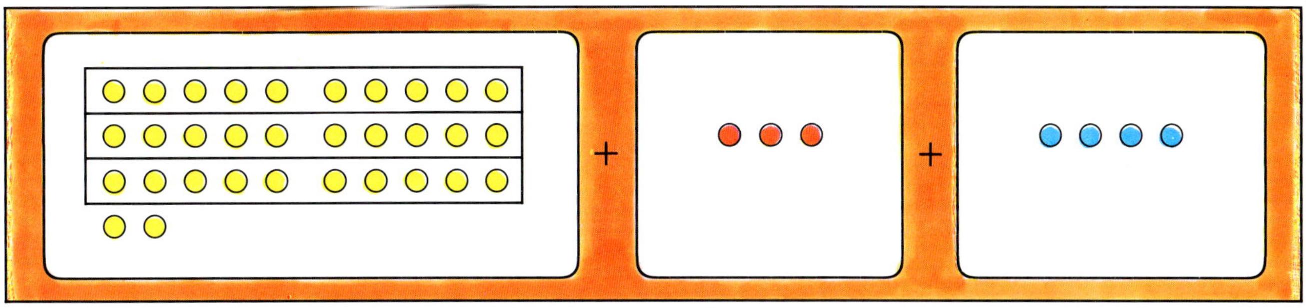

5

| A | B | C | D |
|---|---|---|---|
| $36 + 3 + 1 =$ | $21 + 3 + 6 =$ | $32 + 3 + 5 =$ | $21 + 2 + 7 =$ |
| $73 + 4 + 3 =$ | $12 + 2 + 6 =$ | $11 + 1 + 8 =$ | $12 + 1 + 4 =$ |
| $51 + 5 + 4 =$ | $33 + 1 + 6 =$ | $43 + 2 + 5 =$ | $33 + 3 + 4 =$ |
| $46 + 2 + 2 =$ | $44 + 3 + 2 =$ | $24 + 1 + 4 =$ | $41 + 1 + 5 =$ |
| $24 + 3 + 3 =$ | $75 + 4 + 1 =$ | $52 + 1 + 7 =$ | $72 + 2 + 6 =$ |
| $87 + 1 + 2 =$ | $66 + 2 + 2 =$ | $61 + 3 + 6 =$ | $93 + 1 + 5 =$ |

**ZE − E − E = ZE**

1 Im Bus sind Leute. An der Haltestelle steigen einige aus.
Wie viele Leute sind noch im Bus?

Im Bus sind noch ☐ Leute.

**24 − 1 − 3 = ☐**

2

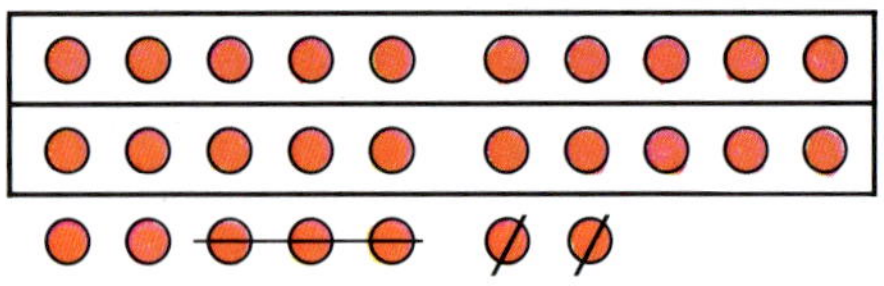

**27 − 2 − 3 = ☐**

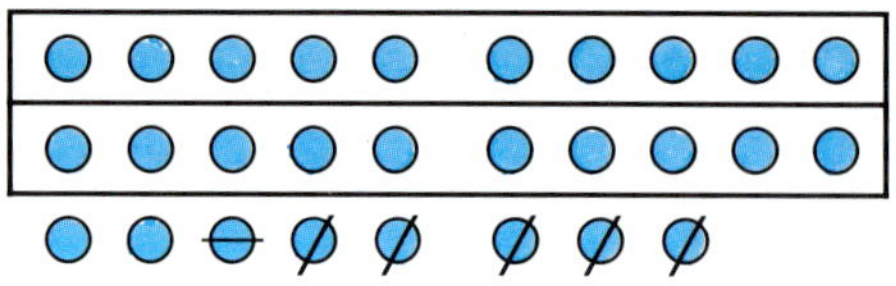

**28 − 5 − 1 = ☐**

3

| A | B | C | D |
|---|---|---|---|
| 35 − 3 − 2 = | 88 − 4 − 4 = | 78 − 3 − 5 = | 39 − 6 − 1 = |
| 46 − 1 − 5 = | 97 − 3 − 4 = | 96 − 2 − 1 = | 57 − 6 − 1 = |
| 58 − 5 − 3 = | 76 − 2 − 4 = | 67 − 3 − 4 = | 68 − 2 − 3 = |
| 67 − 2 − 5 = | 69 − 1 − 8 = | 39 − 8 − 1 = | 87 − 1 − 6 = |
| 78 − 3 − 5 = | 57 − 2 − 5 = | 47 − 2 − 2 = | 79 − 1 − 4 = |
| 89 − 5 − 4 = | 48 − 1 − 7 = | 88 − 3 − 4 = | 58 − 2 − 5 = |

4

| A | B | C | D |
|---|---|---|---|
| 67 − 3 − 1 = | 39 − 2 − 6 = | 48 − 3 − 5 = | 59 − 3 − 2 = |
| 43 − 1 − 2 = | 68 − 3 − 1 = | 37 − 1 − 4 = | 98 − 4 − 1 = |
| 25 − 2 − 1 = | 97 − 4 − 2 = | 69 − 2 − 3 = | 77 − 1 − 2 = |
| 74 − 1 − 1 = | 76 − 1 − 3 = | 26 − 1 − 3 = | 68 − 1 − 6 = |
| 88 − 3 − 3 = | 89 − 1 − 6 = | 89 − 6 − 3 = | 99 − 8 − 1 = |
| 79 − 4 − 2 = | 25 − 2 − 1 = | 75 − 1 − 2 = | 46 − 0 − 2 = |

5

| A | B | C |
|---|---|---|
| 68 Pf − 2 Pf − 3 Pf = ☐ Pf | 31 Pf + 2 Pf + 2 Pf = ☐ Pf | 78 Pf − 3 Pf − 4 Pf = ☐ Pf |
| 71 Pf + 3 Pf − 2 Pf = ☐ Pf | 27 Pf − 4 Pf − 3 Pf = ☐ Pf | 21 Pf + 4 Pf + 3 Pf = ☐ Pf |
| 99 Pf − 4 Pf − 3 Pf = ☐ Pf | 52 Pf + 3 Pf + 1 Pf = ☐ Pf | 49 Pf − 5 Pf − 2 Pf = ☐ Pf |
| 76 Pf + 2 Pf + 2 Pf = ☐ Pf | 66 Pf − 5 Pf − 1 Pf = ☐ Pf | 32 Pf + 6 Pf + 1 Pf = ☐ Pf |
| 53 Pf + 5 Pf − 1 Pf = ☐ Pf | 74 Pf − 2 Pf − 1 Pf = ☐ Pf | 57 Pf − 2 Pf − 4 Pf = ☐ Pf |
| 69 Pf − 4 Pf − 2 Pf = ☐ Pf | 98 Pf + 1 Pf + 1 Pf = ☐ Pf | 83 Pf + 1 Pf + 4 Pf = ☐ Pf |

**ZE − E + E = ZE**

**1** Im Zug waren 26 Personen. An einer Haltestelle sind 4 Personen ausgestiegen, 2 eingestiegen. Wieviel Personen sind noch im Zug?

Im Zug sind noch ☐ Personen.

**26 − 4 + 2 = ☐**

**2**

A
28 − 5 + 2 =
39 − 6 + 4 =
47 − 3 + 5 =
56 − 1 + 4 =
68 − 7 + 6 =
79 − 4 + 5 =

B
97 − 3 + 2 =
88 − 5 + 6 =
79 − 1 + 2 =
68 − 1 + 2 =
57 − 2 + 4 =
46 − 3 + 2 =

C
89 − 8 + 6 =
66 − 5 + 4 =
57 − 3 + 2 =
48 − 6 + 5 =
37 − 4 + 6 =
29 − 7 + 5 =

D
68 − 6 + 3 =
27 − 5 + 2 =
39 − 8 + 6 =
46 − 4 + 5 =
78 − 7 + 8 =
59 − 6 + 4 =

**3**

A
37 − 1 + 3 =
48 − 4 + 2 =
69 − 3 + 3 =
88 − 2 + 2 =
97 − 5 + 7 =
79 − 6 + 5 =

B
59 − 6 + 4 =
38 − 5 + 5 =
27 − 1 + 2 =
69 − 1 + 2 =
48 − 2 + 3 =
67 − 3 + 2 =

C
68 − 6 + 4 =
77 − 5 + 3 =
99 − 4 + 4 =
48 − 8 + 9 =
29 − 3 + 2 =
37 − 5 + 6 =

D
76 − 3 + 2 =
45 − 4 + 8 =
63 − 2 + 9 =
59 − 7 + 7 =
28 − 6 + 6 =
37 − 4 + 2 =

**4**

39 − 1 − 3 − 4 + 2 + 3 =
27 − 2 − 4 − 1 + 5 + 1 =
48 − 2 − 3 + 4 + 3 + 6 =
59 − 4 − 5 + 3 + 2 + 1 =

**5**

A
31 + 6 − 1 =
42 + 7 − 3 =
33 + 3 − 4 =
24 + 5 − 6 =
15 + 2 − 2 =

B
32 + 6 − 5 =
53 + 3 − 2 =
75 + 4 − 7 =
96 + 2 − 3 =
21 + 7 − 4 =

C
44 + 3 − 6 =
67 + 2 − 8 =
86 + 1 − 4 =
38 + 1 − 2 =
25 + 3 − 3 =

D
53 + 6 − 4 =
62 + 4 − 3 =
85 + 2 − 5 =
74 + 3 − 6 =
21 + 7 − 4 =

**6**

A
62 DM + 6 DM − 4 DM = ☐ DM
31 DM + 7 DM − 5 DM = ☐ DM
43 DM + 5 DM − 6 DM = ☐ DM
24 DM − 3 DM + 8 DM = ☐ DM
55 DM − 2 DM + 5 DM = ☐ DM

B
49 DM − 6 DM + 7 DM = ☐ DM
78 DM − 4 DM + 5 DM = ☐ DM
37 DM − 3 DM + 2 DM = ☐ DM
51 DM + 5 DM − 3 DM = ☐ DM
22 DM + 7 DM − 8 DM = ☐ DM

**ZE = E + [ZE], ZE = [E] + ZE**

1 Lege mit Zehnerstreifen und Einern.
Schiebe 4 Einer nach rechts, dann siehst du, wieviel links übrigbleibt.

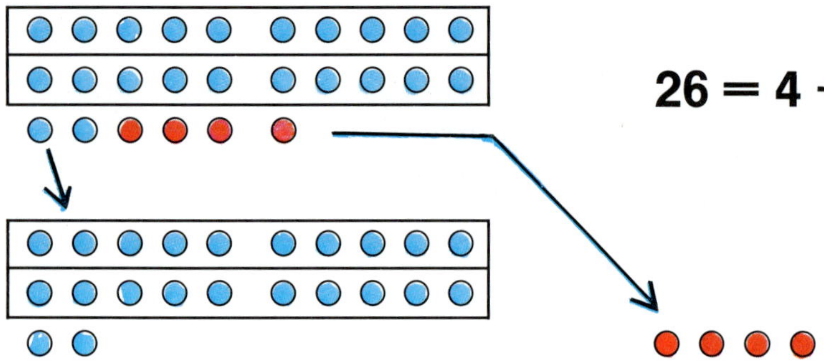

**26 = 4 + □**

2

| A | B | C | D | E | F |
|---|---|---|---|---|---|
| 31 = 1 + □ | 49 = 9 + □ | 75 = 2 + □ | 38 = 3 + □ | 57 = 5 + □ | 37 = 6 + □ |
| 32 = 1 + □ | 49 = 8 + □ | 83 = 1 + □ | 46 = 2 + □ | 64 = 2 + □ | 75 = 1 + □ |
| 33 = 1 + □ | 49 = 7 + □ | 68 = 6 + □ | 57 = 6 + □ | 73 = 1 + □ | 26 = 4 + □ |
| 34 = 1 + □ | 49 = 6 + □ | 97 = 3 + □ | 79 = 5 + □ | 88 = 7 + □ | 87 = 5 + □ |
| 35 = 1 + □ | 49 = 5 + □ | 46 = 2 + □ | 25 = 2 + □ | 99 = 6 + □ | 69 = 8 + □ |
| 36 = 1 + □ | 49 = 4 + □ | 39 = 5 + □ | 64 = 1 + □ | 46 = 6 + □ | 54 = 3 + □ |

3

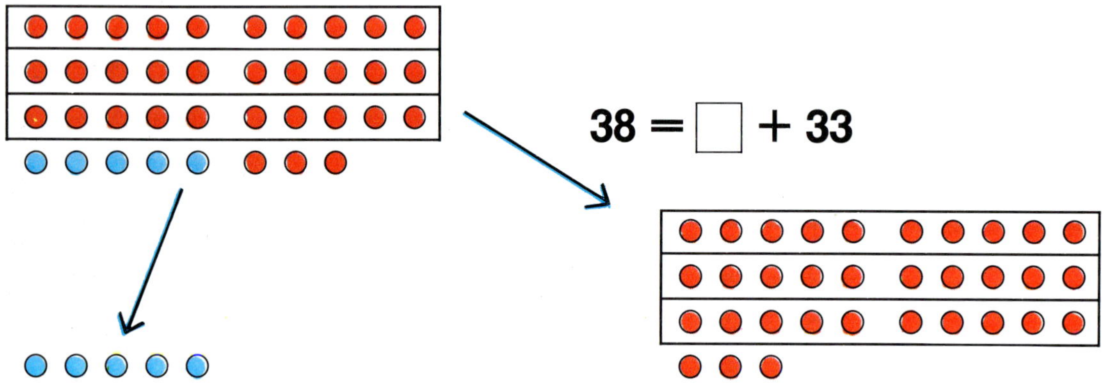

**38 = □ + 33**

4

| A | B | C | D | E | F |
|---|---|---|---|---|---|
| 39 = □ + 31 | 74 = □ + 71 | 68 = □ + 66 | 79 = □ + 73 | 56 = □ + 51 | 57 = □ + 50 |
| 46 = □ + 44 | 87 = □ + 83 | 95 = □ + 92 | 68 = □ + 62 | 87 = □ + 83 | 57 = □ + 51 |
| 58 = □ + 53 | 63 = □ + 62 | 46 = □ + 43 | 57 = □ + 51 | 29 = □ + 21 | 57 = □ + 52 |
| 92 = □ + 91 | 58 = □ + 55 | 77 = □ + 71 | 46 = □ + 42 | 98 = □ + 96 | 57 = □ + 53 |
| 63 = □ + 62 | 99 = □ + 92 | 83 = □ + 82 | 35 = □ + 31 | 65 = □ + 61 | 57 = □ + 54 |
| 85 = □ + 80 | 45 = □ + 43 | 59 = □ + 54 | 24 = □ + 23 | 74 = □ + 72 | 57 = □ + 55 |

5

| A | B | C | D | E | F |
|---|---|---|---|---|---|
| 38 = 7 + □ | 59 = 7 + □ | 67 = 2 + □ | 83 = □ + 81 | 96 = □ + 91 | 55 = □ + 52 |
| 38 − 7 = □ | 59 − 7 = □ | 67 − 3 = □ | 83 − □ = 81 | 89 = □ + 83 | 64 = □ + 62 |
| 43 = 2 + □ | 67 = 5 + □ | 48 = 4 + □ | 97 = □ + 92 | 68 = □ + 62 | 38 = □ + 34 |
| 43 − 2 = □ | 67 − 5 = □ | 48 − 5 = □ | 97 − □ = 92 | 47 = □ + 41 | 29 = □ + 26 |
| 67 = 5 + □ | 48 = 6 + □ | 39 = 7 + □ | 76 = □ + 71 | 55 = □ + 52 | 77 = □ + 72 |
| 67 − 5 = □ | 48 − 6 = □ | 39 − 8 = □ | 76 − □ = 71 | 74 = □ + 71 | 86 = □ + 81 |

**ZE + E = Z, ZE + E = ZE**

1 Sonja soll 30 Dosen in das Regal stellen. 25 hat sie schon hineingestellt. Wie viele Dosen fehlen noch?

Es fehlen noch □ Dosen.

25 + □ = 30

2

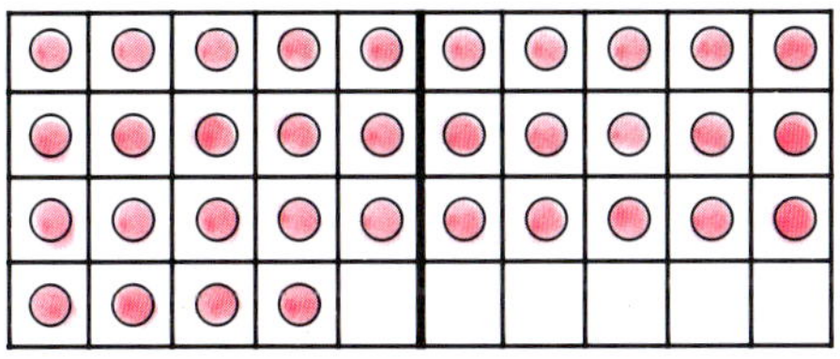

34 + □ = 40

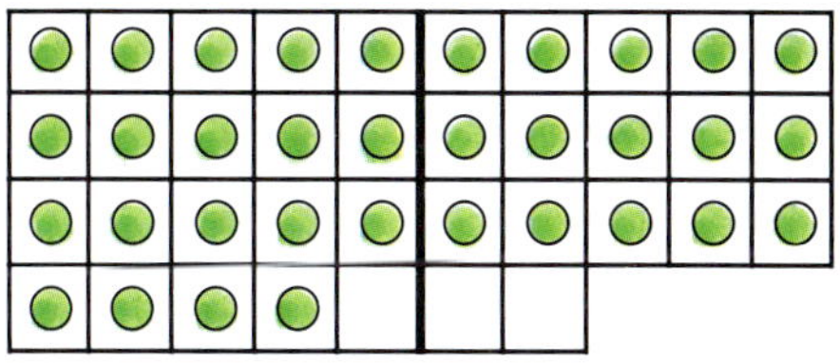

34 + □ = 37

3

| A | B | C | D | E | F |
|---|---|---|---|---|---|
| 30 + □ = 40 | 36 + □ = 40 | 34 + □ = 40 | 77 + □ = 80 | 26 + □ = 30 | 69 + □ = 70 |
| 31 + □ = 40 | 37 + □ = 40 | 42 + □ = 50 | 83 + □ = 90 | 35 + □ = 40 | 48 + □ = 50 |
| 32 + □ = 40 | 38 + □ = 40 | 56 + □ = 60 | 95 + □ = 100 | 53 + □ = 60 | 86 + □ = 90 |
| 33 + □ = 40 | 39 + □ = 40 | 68 + □ = 70 | 84 + □ = 90 | 72 + □ = 80 | 75 + □ = 80 |
| 34 + □ = 40 | 40 + □ = 40 | 79 + □ = 80 | 76 + □ = 80 | 91 + □ = 100 | 34 + □ = 40 |
| 35 + □ = 40 | 28 + □ = 30 | 95 + □ = 100 | 38 + □ = 40 | 62 + □ = 70 | 27 + □ = 30 |

4

| A | B | C | D | E | F |
|---|---|---|---|---|---|
| 61 + □ = 62 | 61 + □ = 68 | 33 + □ = 37 | 81 + □ = 87 | 72 + □ = 79 | 81 + □ = 88 |
| 61 + □ = 63 | 61 + □ = 69 | 42 + □ = 48 | 93 + □ = 98 | 63 + □ = 68 | 43 + □ = 47 |
| 61 + □ = 64 | 61 + □ = 70 | 24 + □ = 29 | 65 + □ = 69 | 31 + □ = 35 | 94 + □ = 96 |
| 61 + □ = 65 | 38 + □ = 40 | 55 + □ = 58 | 57 + □ = 57 | 24 + □ = 27 | 62 + □ = 67 |
| 61 + □ = 66 | 34 + □ = 36 | 76 + □ = 79 | 48 + □ = 49 | 55 + □ = 58 | 76 + □ = 79 |
| 61 + □ = 67 | 32 + □ = 38 | 81 + □ = 86 | 73 + □ = 77 | 43 + □ = 47 | 52 + □ = 56 |

5

| A | B | C |
|---|---|---|
| 24 DM + □ DM = 29 DM | 61 DM + □ DM = 68 DM | 82 DM + □ DM = 89 DM |
| 35 DM + □ DM = 38 DM | 43 DM + □ DM = 49 DM | 64 DM + □ DM = 68 DM |
| 34 DM + □ DM = 37 DM | 95 DM + □ DM = 97 DM | 36 DM + □ DM = 38 DM |
| 52 DM + □ DM = 58 DM | 72 DM + □ DM = 78 DM | 23 DM + □ DM = 26 DM |
| 76 DM + □ DM = 79 DM | 34 DM + □ DM = 39 DM | 12 DM + □ DM = 19 DM |
| 83 DM + □ DM = 87 DM | 56 DM + □ DM = 57 DM | 75 DM + □ DM = 78 DM |

**Z + ZE = ZE**

1 Petra will wissen, wie viele Blumen in den beiden Beeten blühen.
In den Beeten blühen ☐ Blumen.

**20 + 26 = ☐**

2

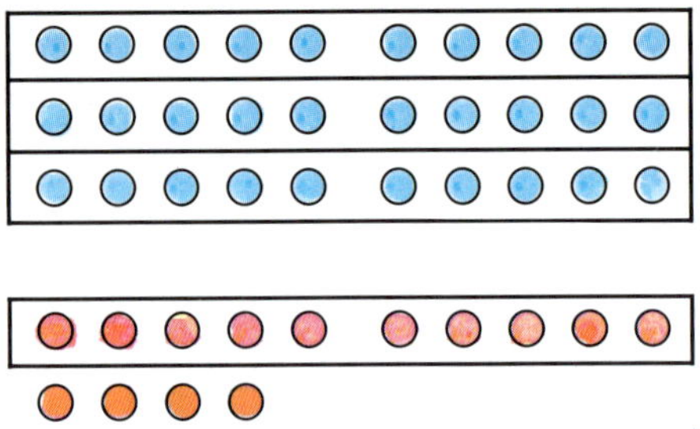

**30 + 14 = ☐**

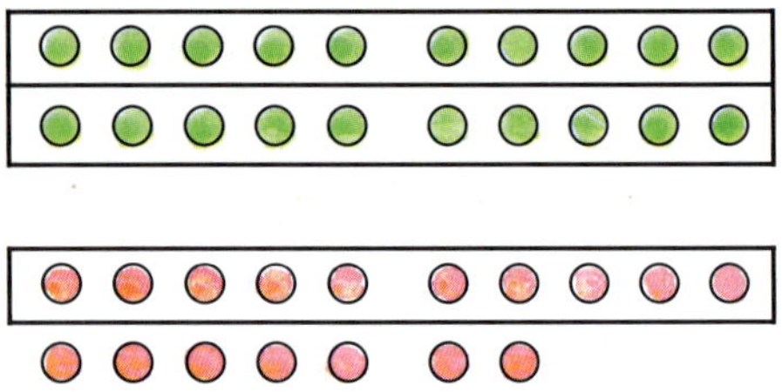

**20 + 17 = ☐**

3

| A | B | C | D | E | F |
|---|---|---|---|---|---|
| 10 + 15 = | 70 + 15 = | 20 + 21 = | 20 + 27 = | 30 + 17 = | 20 + 43 = |
| 20 + 15 = | 80 + 15 = | 20 + 22 = | 20 + 28 = | 50 + 29 = | 40 + 51 = |
| 30 + 15 = | 40 + 11 = | 20 + 23 = | 20 + 29 = | 40 + 45 = | 80 + 12 = |
| 40 + 15 = | 30 + 17 = | 20 + 24 = | 20 + 30 = | 20 + 33 = | 70 + 18 = |
| 50 + 15 = | 20 + 28 = | 20 + 25 = | 30 + 17 = | 10 + 51 = | 60 + 23 = |
| 60 + 15 = | 10 + 32 = | 20 + 26 = | 40 + 32 = | 60 + 26 = | 30 + 65 = |

4

| A | B | C | D | E | F |
|---|---|---|---|---|---|
| 30 + 42 = | 30 + 41 = | 10 + 37 = | 30 + 42 = | 50 + 13 = | 70 + 17 = |
| 20 + 71 = | 40 + 23 = | 40 + 28 = | 40 + 13 = | 10 + 41 = | 60 + 18 = |
| 10 + 69 = | 20 + 75 = | 20 + 59 = | 20 + 64 = | 30 + 22 = | 50 + 39 = |
| 40 + 32 = | 10 + 67 = | 30 + 13 = | 50 + 21 = | 40 + 54 = | 40 + 26 = |
| 60 + 25 = | 30 + 59 = | 60 + 23 = | 60 + 17 = | 70 + 16 = | 30 + 25 = |
| 50 + 36 = | 50 + 28 = | 50 + 26 = | 10 + 52 = | 20 + 68 = | 20 + 44 = |

5 Male das Geld.
Schreibe die richtige +Aufgabe dazu.

**Z – ZE = [ZE], Z – ZE = [E]**

1 Im Kühlschrank sind 30 Eier. Die Mutter nimmt 12 heraus. Wieviel Eier sind noch im Kühlschrank?

Im Kühlschrank sind noch ☐ Eier.

**30 – 12 = ☐**

2

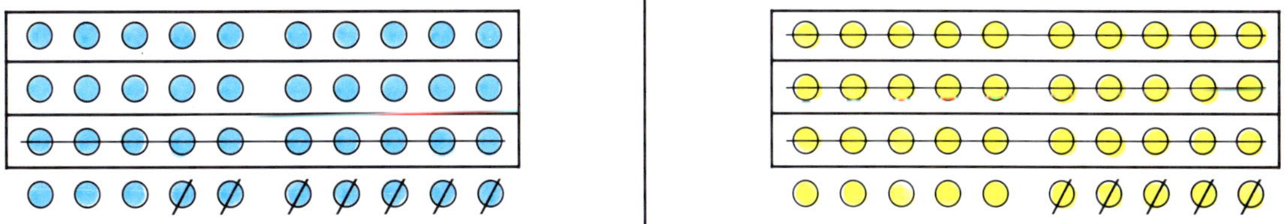

**40 – 17 = ☐**  **40 – 35 = ☐**

3

| A | B | C | D | E | F |
|---|---|---|---|---|---|
| 20 – 12 = | 30 – 13 = | 100 – 25 = | 90 – 34 = | 80 – 64 = | 60 – 32 = |
| 30 – 12 = | 60 – 15 = | 70 – 24 = | 80 – 31 = | 90 – 72 = | 50 – 11 = |
| 40 – 12 = | 90 – 12 = | 50 – 25 = | 100 – 38 = | 70 – 31 = | 30 – 24 = |
| 50 – 12 = | 70 – 11 = | 30 – 11 = | 70 69 = | 90 – 29 = | 40 – 13 = |
| 60 – 12 = | 80 – 17 = | 40 – 23 = | 60 – 53 = | 100 – 44 = | 70 – 47 = |

4

| A | B | C | D | E | F |
|---|---|---|---|---|---|
| 100 – 10 = | 100 – 15 = | 100 – 24 = | 50 – 24 = | 80 – 31 = | 70 – 35 = |
| 100 – 11 = | 100 – 16 = | 90 – 34 = | 40 – 24 = | 60 – 24 = | 50 – 18 = |
| 100 – 12 = | 100 – 17 = | 80 – 74 = | 30 – 24 = | 50 – 43 = | 80 – 79 = |
| 100 – 13 = | 100 – 18 = | 70 – 64 = | 80 – 31 = | 100 – 87 = | 90 – 62 = |
| 100 – 14 = | 100 – 19 = | 60 – 24 = | 70 – 42 = | 90 – 62 = | 100 – 23 = |

5

**Z = ZE + [ZE], Z = [ZE] + ZE**

1 Zerlege genauso.

**30 = 14 + □**

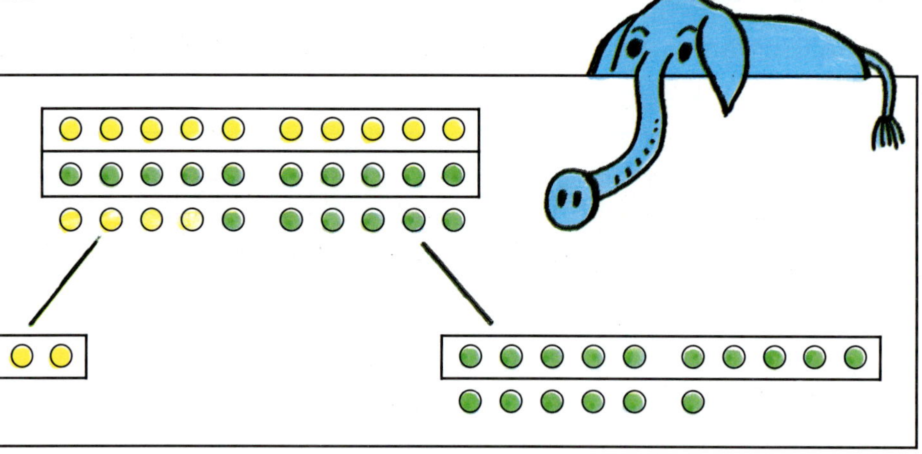

2

| A | B | C | D | E | F |
|---|---|---|---|---|---|
| 30 = 11 + □ | 30 = 17 + □ | 50 = 27 + □ | 50 = □ + 20 | 60 = □ + 17 | 70 = □ + 31 |
| 30 = 12 + □ | 30 = 18 + □ | 70 = 16 + □ | 50 = □ + 21 | 90 = □ + 39 | 60 = □ + 23 |
| 30 = 13 + □ | 30 = 19 + □ | 80 = 35 + □ | 50 = □ + 22 | 40 = □ + 11 | 80 = □ + 55 |
| 30 = 14 + □ | 30 = 20 + □ | 30 = 13 + □ | 50 = □ + 23 | 30 = □ + 18 | 90 = □ + 67 |
| 30 = 15 + □ | 60 = 27 + □ | 40 = 22 + □ | 50 = □ + 24 | 80 = □ + 64 | 50 = □ + 19 |
| 30 = 16 + □ | 90 = 63 + □ | 60 = 48 + □ | 50 = □ + 25 | 50 = □ + 15 | 40 = □ + 28 |

**ZE = E + [ZE], ZE = [E] + ZE**

3

**26 = 4 + □**

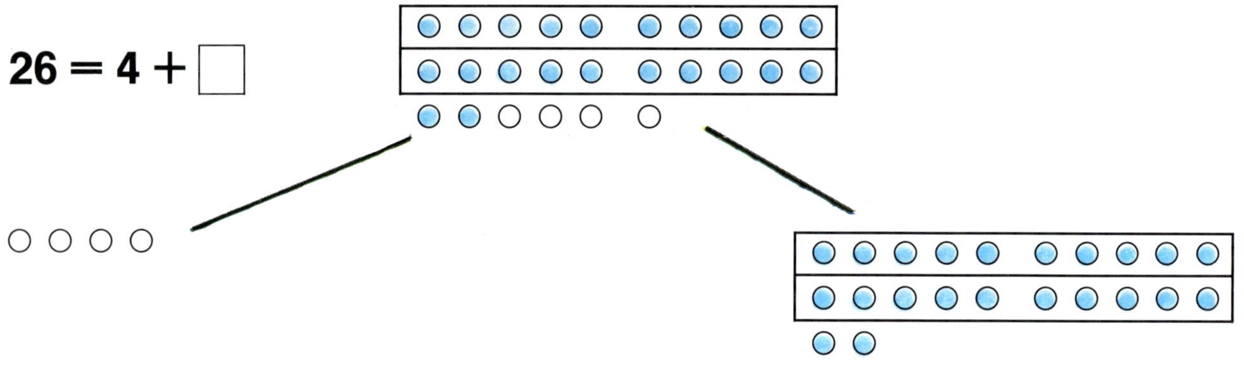

4

| A | B | C | D | E | F |
|---|---|---|---|---|---|
| 48 = 1 + □ | 48 = 6 + □ | 59 = 3 + □ | 50 = 1 + □ | 45 = 1 + □ | 63 = 1 + □ |
| 48 = 2 + □ | 48 = 7 + □ | 67 = 2 + □ | 49 = 1 + □ | 44 = 1 + □ | 75 = 1 + □ |
| 48 = 3 + □ | 48 = 8 + □ | 82 = 1 + □ | 48 = 1 + □ | 43 = 1 + □ | 97 = 6 + □ |
| 48 = 4 + □ | 59 = 8 + □ | 95 = 4 + □ | 47 = 1 + □ | 42 = 1 + □ | 89 = 7 + □ |
| 48 = 5 + □ | 67 = 3 + □ | 43 = 1 + □ | 46 = 1 + □ | 41 = 1 + □ | 42 = 1 + □ |

5

| A | B | C | D | E | F |
|---|---|---|---|---|---|
| 39 = □ + 31 | 39 = □ + 36 | 86 = □ + 82 | 79 = □ + 72 | 74 = □ + 72 | 57 = □ + 52 |
| 39 = □ + 32 | 39 = □ + 37 | 79 = □ + 74 | 78 = □ + 72 | 73 = □ + 72 | 48 = □ + 43 |
| 39 = □ + 33 | 39 = □ + 38 | 68 = □ + 63 | 77 = □ + 72 | 72 = □ + 72 | 75 = □ + 71 |
| 39 = □ + 34 | 48 = □ + 42 | 97 = □ + 91 | 76 = □ + 72 | 58 = □ + 54 | 89 = □ + 86 |
| 39 = □ + 35 | 47 = □ + 41 | 45 = □ + 42 | 75 = □ + 72 | 63 = □ + 61 | 96 = □ + 92 |

## Z + ZE = ZE

1 Der Vater will eine Bohrmaschine kaufen. Sie kostet 85 Mark.
Wieviel Mark fehlen?

Dem Vater fehlen □ Mark.

**40 DM + □ DM = 85 DM**

2

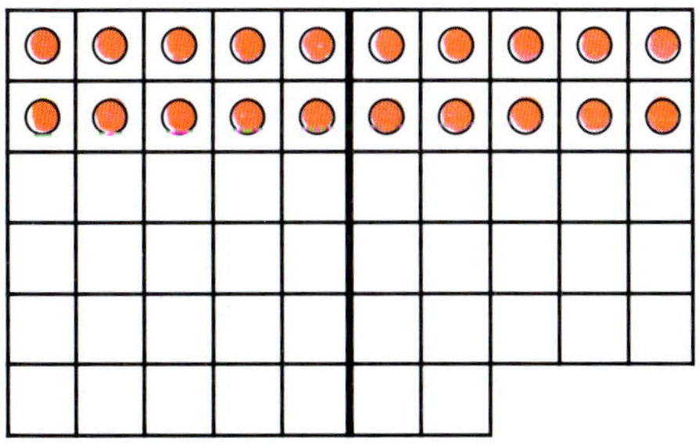

**20 + □ = 57**

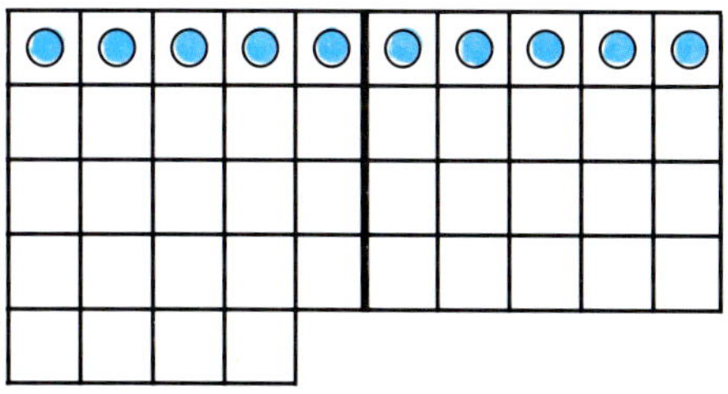

**10 + □ = 44**

3

| A | B | C | D | F | F |
|---|---|---|---|---|---|
| 40 + □ = 51 | 40 + □ = 57 | 30 + □ = 58 | 40 + □ = 67 | 50 + □ = 77 | 70 + □ = 86 |
| 40 + □ = 52 | 40 + □ = 58 | 50 + □ = 61 | 60 + □ = 89 | 70 + □ = 93 | 20 + □ = 41 |
| 40 + □ = 53 | 40 + □ = 59 | 60 + □ = 72 | 80 + □ = 93 | 60 + □ = 81 | 10 + □ = 52 |
| 40 + □ = 54 | 40 + □ = 60 | 70 + □ = 94 | 20 + □ = 96 | 30 + □ = 94 | 60 + □ = 93 |
| 40 + □ = 55 | 70 + □ = 83 | 40 + □ = 83 | 70 + □ = 78 | 20 + □ = 53 | 50 + □ = 75 |
| 40 + □ = 56 | 30 + □ = 42 | 20 + □ = 65 | 50 + □ = 84 | 40 + □ = 45 | 30 + □ = 87 |

4

| A | B | C | D | E | F |
|---|---|---|---|---|---|
| 70 + □ = 98 | 30 + □ = 79 | 10 + □ = 60 | 50 + □ = 83 | 10 + □ = 81 | 20 + □ = 42 |
| 20 + □ = 63 | 20 + □ = 68 | 20 + □ = 51 | 30 + □ = 69 | 80 + □ = 92 | 10 + □ = 63 |
| 10 + □ = 52 | 10 + □ = 94 | 30 + □ = 62 | 10 + □ = 71 | 70 + □ = 83 | 30 + □ = 71 |
| 30 + □ = 71 | 30 + □ = 82 | 40 + □ = 57 | 60 + □ = 82 | 60 + □ = 94 | 50 + □ = 82 |
| 40 + □ = 69 | 40 + □ = 61 | 50 + □ = 73 | 20 + □ = 53 | 30 + □ = 85 | 70 + □ = 91 |
| 50 + □ = 84 | 50 + □ = 72 | 60 + □ = 91 | 40 + □ = 96 | 40 + □ = 96 | 40 + □ = 62 |

5 Gabi will sich einen Fotoapparat kaufen. Er kostet 99 Mark.
Gabi hat schon 60 Mark gespart. Wieviel Geld fehlt ihr noch?

Gabi fehlen noch □ Mark.

**Wir wissen, daß ein Tag 24 Stunden hat.**

1 Der Tag beginnt um 0 Uhr. Er endet um 24 Uhr. Das sind 24 Stunden.

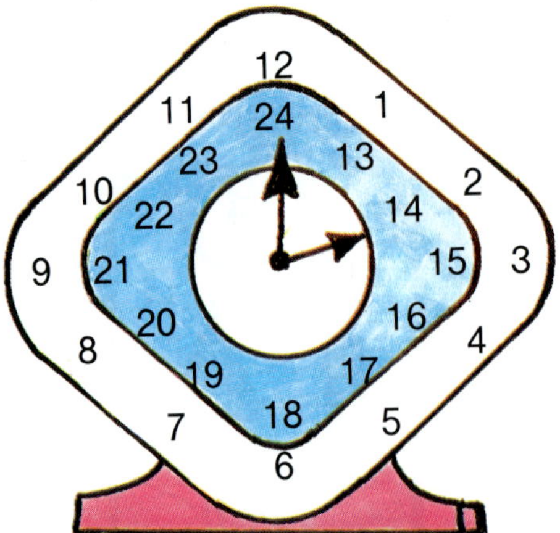


**1 Tag = 24 Stunden**

2

| Peter schläft. | Er steht auf. | Er ist in der Schule. |
|---|---|---|
| 0 1 2 3 4 5 6 | 7 | 8 9 10 11 12 13 |

3

| Er spielt. | Er sieht fern. | Er geht zu Bett und schläft. |
|---|---|---|
| 14 15 16 | 17 18 19 | 20 21 22 23 24 |

**Wir können die Uhrzeit ablesen.**

4 Stelle an der Übungsuhr diese Zeiten ein.
Male die Uhren ab. Schreibe darunter, wieviel Uhr es ist.

A

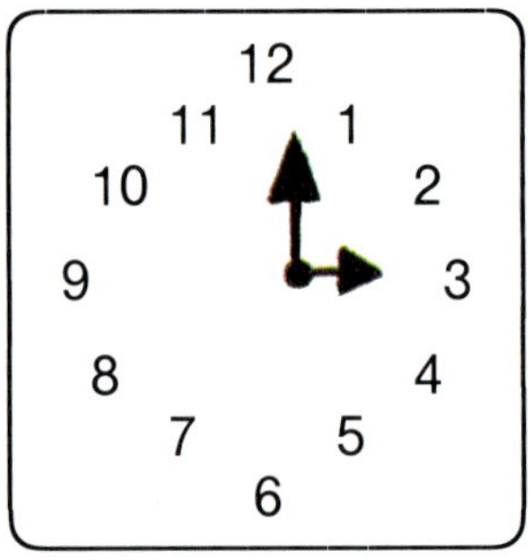

B

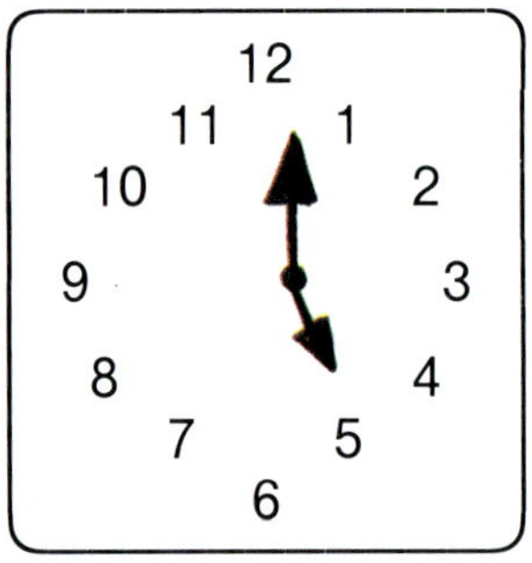

C

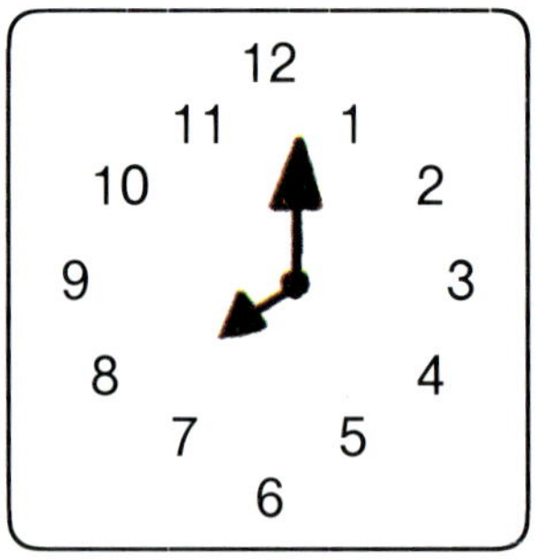

D

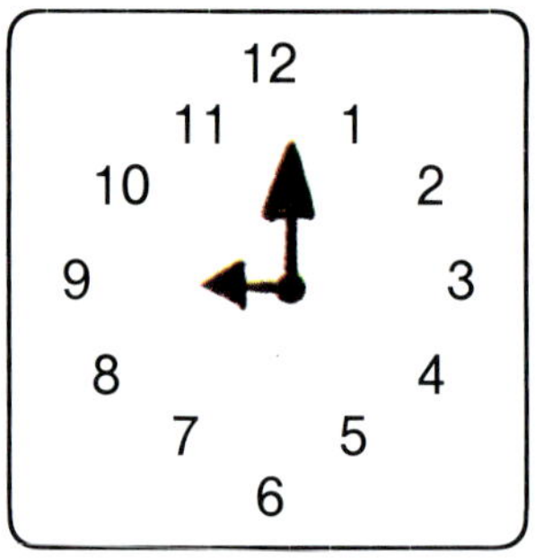

E

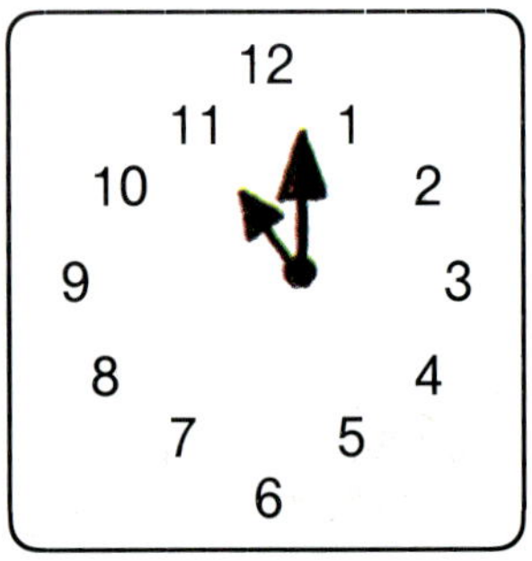

F

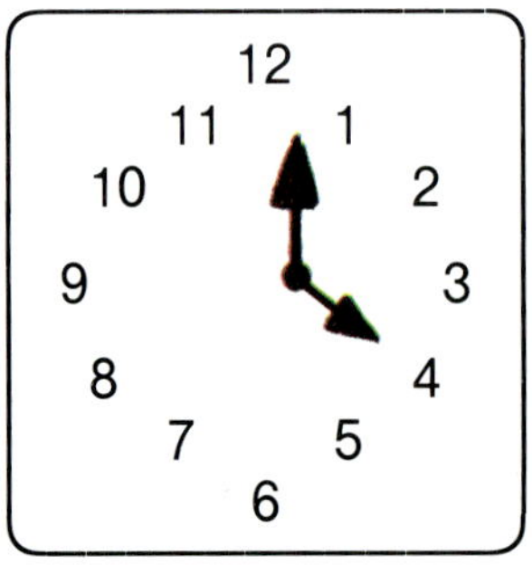

G

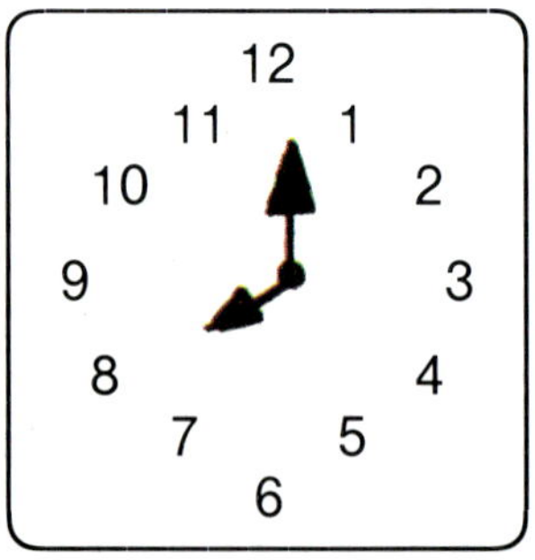

H

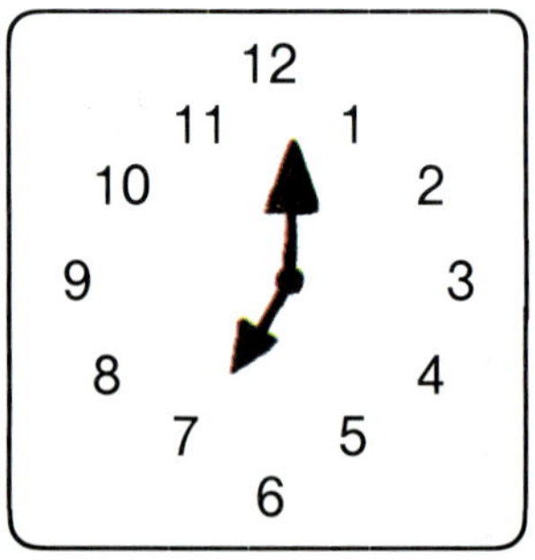

**Wir wissen, daß eine Stunde 60 Minuten hat,**
**daß eine halbe Stunde 30 Minuten hat,**
**daß eine Viertelstunde 15 Minuten hat.**

1

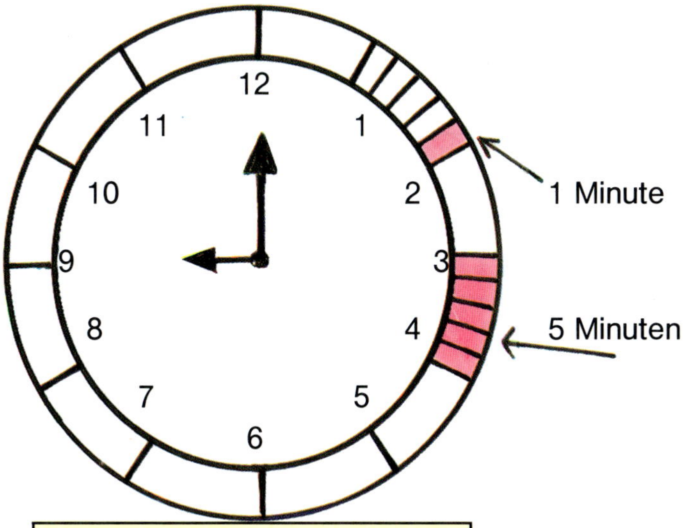


1 Stunde = 60 Minuten

2

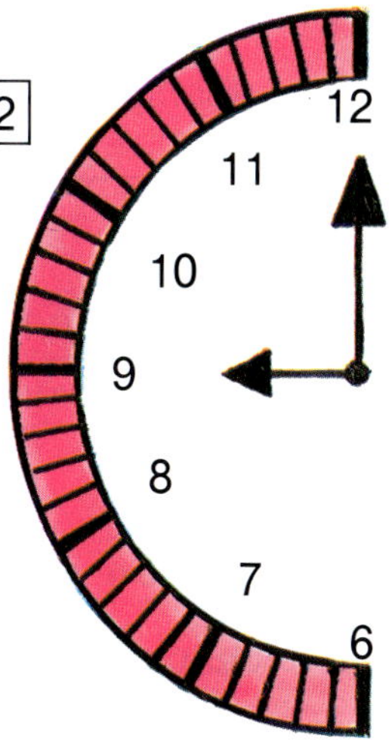


1 halbe Stunde = 30 Minuten

3

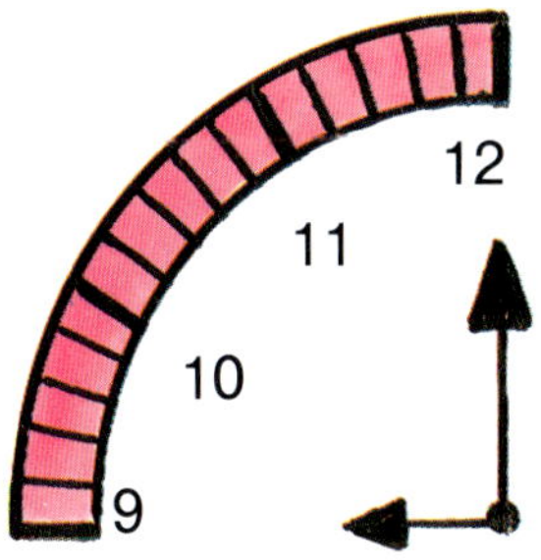


1 viertel Stunde = 15 Minuten

4

Der Schulbus fährt um 7 Uhr 15 ab. Er kommt um 7 Uhr 45 bei der Schule an.
Wie lange ist Hans mit dem Schulbus gefahren?

Hans ist ☐ Minuten gefahren.

5 **Wir können einen Busfahrplan lesen.**

Wann fährt der 1. Bus in Kirchensittenbach ab?

Der 1. Bus fährt in Kirchensittenbach um ☐ Uhr ab.

Wie lange fährt der Bus von Kühnhofen bis Hersbruck?

Der Bus fährt von Kühnhofen bis Hersbruck ☐ Minuten.

Verkehr nur werktags

| | | | | | |
|---|---|---|---|---|---|
| Algersdorf | 5.52 | | 8.25 | 14.15 | 18.30 |
| Hohenstein | 5.54 | | 8.27 | 14.17 | 18.32 |
| Kirchensittenbach | 5.59 | 7.25 | 8.32 | 14.22 | 18.37 |
| Kleedorf | 6.03 | 7.33 | 8.36 | 14.27 | 18.41 |
| Kühnhofen | 6.07 | 7.37 | 8.40 | 14.31 | 18.45 |
| Hersbruck | 6.12 | 7.45 | 8.45 | 14.35 | 18.50 |

**Wir wissen, daß eine Woche 7 Tage hat.**

1 Nenne die Wochentage. Wie viele sind es?

| | | | | | | |
|---|---|---|---|---|---|---|
| Montag | Dienstag | Mittwoch | Donnerstag | Freitag | Samstag | Sonntag |

1 Woche = 7 Tage

2 Wochen = ☐ Tage

**Wir wissen, daß ein Jahr 12 Monate hat.**

2 Nenne die Monate eines Jahres. Wie viele sind es?

| | | | |
|---|---|---|---|
| Januar | Februar | März | April |
| Mai | Juni | Juli | August |
| September | Oktober | November | Dezember |

1 Jahr = 12 Monate

2 Jahre = ☐ Monate

1 halbes Jahr = ☐ Monate

**Wir kennen verschiedene Kalender.**

3 Auf dem Monatskalender sind 2 Geburtstage angekreuzt.
Wann hat Gabi Geburtstag, wann Stefan?

Gabi hat am ☐ Geburtstag. Stefan hat am ☐ Geburtstag.

| September | | | | | |
|---|---|---|---|---|---|
| 1. Mo | 6. Sa | 11. Do | 16. Di | 21. So | 26. Fr |
| 2. Di | 7. So | 12. Fr | 17. Mi | 22. Mo × S | 27. Sa |
| 3. Mi | 8. Mo | 13. Sa × G | 18. Do | 23. Di | 28. So |
| 4. Do | 9. Di | 14. So | 19. Fr | 24. Mi | 29. Mo |
| 5. Fr | 10. Mi | 15. Mo | 20. Sa | 25. Do | 30. Di |

4 Welchen Monat zeigt der Abreißkalender?

Der Abreißkalender zeigt den Monat ____________

## ZE + E = ZE, mit Zehnerüberschreitung

**1** Wir wiederholen zuerst Ergänzungsaufgaben.

| A | B | C | D | E | F |
|---|---|---|---|---|---|
| 1 + □ = 10 | 42 + □ = 50 | 91 + □ = 100 | 42 + □ = 50 | 64 + □ = 70 | 46 + □ = 50 |
| 12 + □ = 20 | 54 + □ = 60 | 74 + □ = 80 | 15 + □ = 20 | 77 + □ = 80 | 93 + □ = 100 |
| 17 + □ = 20 | 76 + □ = 80 | 26 + □ = 30 | 97 + □ = 100 | 22 + □ = 30 | 89 + □ = 90 |
| 23 + □ = 30 | 69 + □ = 70 | 33 + □ = 40 | 89 + □ = 90 | 35 + □ = 40 | 58 + □ = 60 |
| 32 + □ = 40 | 83 + □ = 90 | 58 + □ = 60 | 48 + □ = 50 | 11 + □ = 20 | 14 + □ = 20 |

**2** Die Verkehrsbühne ist da. 17 Kinder haben bereits Platz genommen.
Es kommen noch 5 Kinder. 3 haben noch in der 2. Reihe Platz, die anderen setzen sich in die 3. Reihe.
Wie viele Kinder schauen insgesamt zu?

Es schauen □ Kinder zu.

Wir legen und zeichnen.

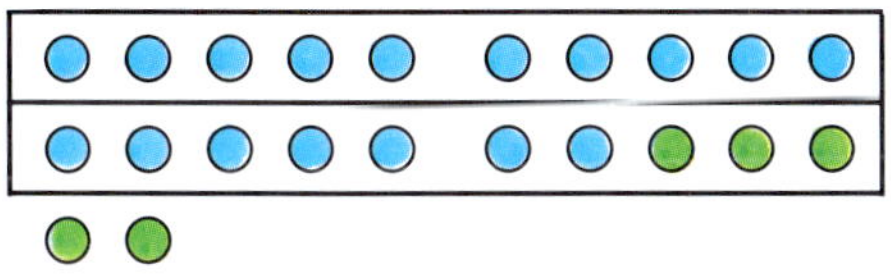

Wir rechnen.

17 + 5 = □

17 + 3 = 20
20 + 2 = 22

17 + 5 = 22

**3**

| A | B | C |
|---|---|---|
| 25 + 5 + 1 = | 46 + 4 + 5 = | 65 + 5 + 2 = |
| 25 + 6 = | 46 + 9 = | 65 + 7 = |
| 23 + 7 + 1 = | 57 + 3 + 5 = | 82 + 8 + 1 = |
| 23 + 8 = | 57 + 8 = | 82 + 9 = |
| 38 + 2 + 3 = | 69 + 1 + 4 = | 37 + 3 + 1 = |
| 38 + 5 = | 69 + 5 = | 37 + 4 = |

**4**

| A | B | C | D | E | F |
|---|---|---|---|---|---|
| 25 + 5 = | 34 + 6 = | 43 + 9 = | 27 + 4 = | 44 + 7 = | 56 + 9 = |
| 25 + 6 = | 35 + 6 = | 54 + 7 = | 86 + 6 = | 37 + 9 = | 28 + 7 = |
| 25 + 7 = | 36 + 6 = | 65 + 9 = | 65 + 8 = | 28 + 5 = | 37 + 7 = |
| 25 + 8 = | 37 + 6 = | 42 + 9 = | 74 + 9 = | 78 + 6 = | 69 + 3 = |
| 25 + 9 = | 38 + 6 = | 58 + 4 = | 58 + 8 = | 56 + 8 = | 72 + 9 = |
| 25 + 10 = | 39 + 6 = | 67 + 5 = | 49 + 2 = | 63 + 8 = | 44 + 8 = |

## ZE − E = ZE, mit Zehnerunterschreitung

1 Wir wiederholen zuerst.

| A | B | C | D | E | F |
|---|---|---|---|---|---|
| 12 − □ = 10 | 47 − □ = 40 | 51 − □ = 50 | 98 − □ = 90 | 45 − □ = 40 | 71 − □ = 70 |
| 15 − □ = 10 | 38 − □ = 30 | 13 − □ = 10 | 86 − □ = 80 | 34 − □ = 30 | 93 − □ = 90 |
| 21 − □ = 20 | 51 − □ = 50 | 35 − □ = 30 | 74 − □ = 70 | 28 − □ = 20 | 62 − □ = 60 |
| 23 − □ = 20 | 24 − □ = 20 | 47 − □ = 40 | 62 − □ = 60 | 46 − □ = 40 | 57 − □ = 50 |
| 34 − □ = 30 | 69 − □ = 60 | 89 − □ = 80 | 57 − □ = 50 | 66 − □ = 60 | 84 − □ = 80 |

2 Beim Puppentheater schauten 22 Kinder zu. 5 verließen vorzeitig die Vorstellung.
Zuerst gingen 2 Kinder, dann 3.
Wie viele Kinder sind jetzt noch im Puppentheater?

Im Puppentheater sind noch □ Kinder.

Wir legen und zeichnen.

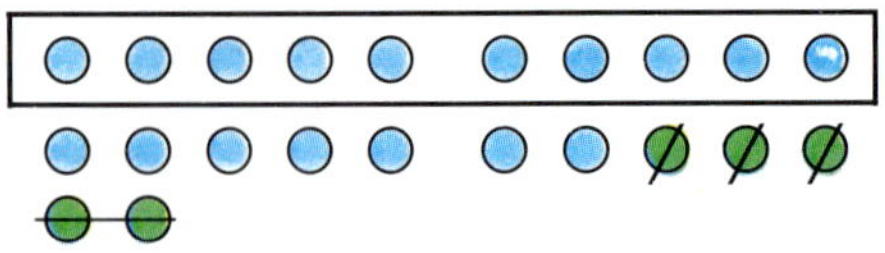

Wir rechnen.

22 − 5 = □

22 − 2 = 20
20 − 3 = 17

22 − 5 = 17

3

| A | B | C |
|---|---|---|
| 25 − 5 − 1 = | 68 − 8 − 1 = | 81 − 1 − 3 = |
| 25 − 6 = | 68 − 9 = | 81 − 4 = |
| 34 − 4 − 3 = | 75 − 5 − 3 = | 62 − 2 − 6 = |
| 34 − 7 = | 75 − 8 = | 62 − 8 = |
| 53 − 3 − 2 = | 97 − 7 − 1 = | 46 − 6 − 3 = |
| 53 − 5 = | 97 − 8 = | 46 − 9 = |

4

| A | B | C | D | E | F |
|---|---|---|---|---|---|
| 25 − 5 = | 30 − 6 = | 24 − 6 = | 34 − 5 = | 57 − 7 = | 62 − 5 = |
| 25 − 6 = | 31 − 6 = | 36 − 8 = | 46 − 8 = | 31 − 8 = | 34 − 7 = |
| 25 − 7 = | 32 − 6 = | 28 − 9 = | 27 − 9 = | 24 − 8 = | 26 − 8 = |
| 25 − 8 = | 33 − 6 = | 33 − 5 = | 53 − 4 = | 63 − 7 = | 48 − 9 = |
| 25 − 9 = | 34 − 6 = | 42 − 4 = | 62 − 6 = | 78 − 4 = | 51 − 6 = |
| 25 − 10 = | 35 − 6 = | 26 − 6 = | 41 − 3 = | 82 − 3 = | 73 − 4 = |

1 Wir wiederholen.

| A | B | C | D | E | F |
|---|---|---|---|---|---|
| 28 + 4 = | 34 + 8 = | 27 + 9 = | 53 + 7 = | 46 + 9 = | 68 + 2 = |
| 39 + 7 = | 45 + 6 = | 39 + 5 = | 46 + 5 = | 68 + 9 = | 68 + 3 = |
| 46 + 8 = | 67 + 9 = | 64 + 7 = | 78 + 9 = | 37 + 4 = | 68 + 4 = |
| 57 + 6 = | 83 + 8 = | 58 + 4 = | 29 + 3 = | 25 + 7 = | 68 + 5 = |
| 64 + 8 = | 52 + 9 = | 65 + 8 = | 43 + 8 = | 84 + 8 = | 68 + 6 = |
| 28 + 7 = | 77 + 5 = | 83 + 9 = | 64 + 7 = | 72 + 9 = | 68 + 7 = |

2

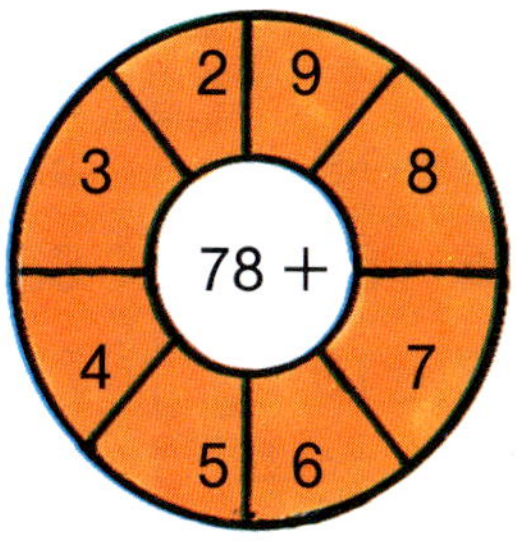

3

| A | B | C | D | E | F |
|---|---|---|---|---|---|
| 53 − 9 = | 45 − 6 = | 81 − 7 = | 45 − 6 = | 46 − 8 = | 53 − 3 = |
| 62 − 5 = | 84 − 5 = | 52 − 5 = | 32 − 9 = | 52 − 6 = | 53 − 4 = |
| 71 − 8 = | 93 − 7 = | 64 − 6 = | 51 − 8 = | 84 − 9 = | 53 − 5 = |
| 84 − 9 = | 72 − 4 = | 73 − 4 = | 64 − 7 = | 72 − 7 = | 53 − 6 = |
| 95 − 6 = | 61 − 8 = | 25 − 7 = | 87 − 9 = | 61 − 5 = | 53 − 7 = |
| 46 − 7 = | 45 − 9 = | 36 − 8 = | 98 − 8 = | 35 − 8 = | 53 − 8 = |

4

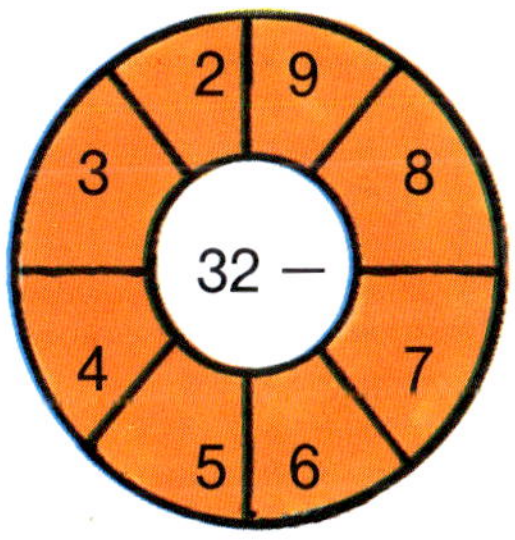


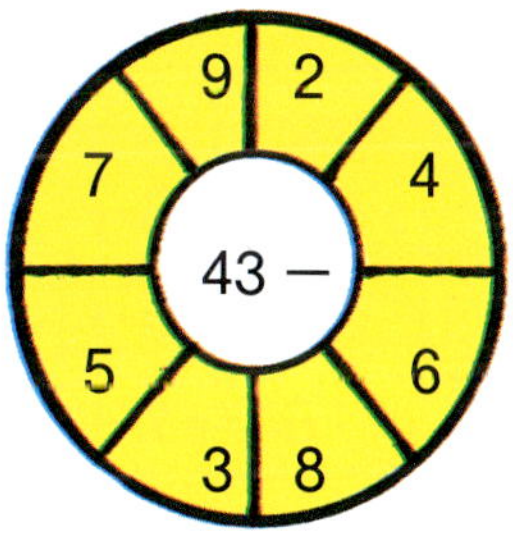

5

| A | B | C | D | E | F |
|---|---|---|---|---|---|
| 21 + 9 = | 34 + 7 = | 63 + 8 = | 24 − 9 = | 53 − 7 = | 72 − 7 = |
| 32 − 5 = | 83 − 6 = | 24 − 6 = | 32 + 9 = | 46 + 5 = | 87 + 4 = |
| 46 + 7 = | 36 + 9 = | 57 + 5 = | 43 − 5 = | 22 − 8 = | 64 − 8 = |
| 64 − 5 = | 31 − 8 = | 43 − 6 = | 76 + 8 = | 85 + 6 = | 84 + 9 = |
| 37 + 7 = | 43 + 8 = | 64 + 7 = | 32 − 3 = | 66 − 8 = | 75 − 7 = |
| 53 − 8 = | 84 − 6 = | 81 − 6 = | 64 + 7 = | 53 + 9 = | 86 + 6 = |

6

| | | | | | | | | | | | | | | |
|---|---|---|---|---|---|---|---|---|---|---|---|---|---|---|
| 49 | 48 | 47 | 46 | 59 | 58 | 57 | + | 3 | 4 | 5 | 6 | 7 | 8 | 9 |

7

| | | | | | | | | | | | | | | |
|---|---|---|---|---|---|---|---|---|---|---|---|---|---|---|
| 61 | 62 | 63 | 64 | 65 | 66 | 67 | − | 3 | 4 | 5 | 6 | 7 | 8 | 9 |

## ZE = ZE + [E], ZE = E + [ZE]

**1** Zerlege genauso.

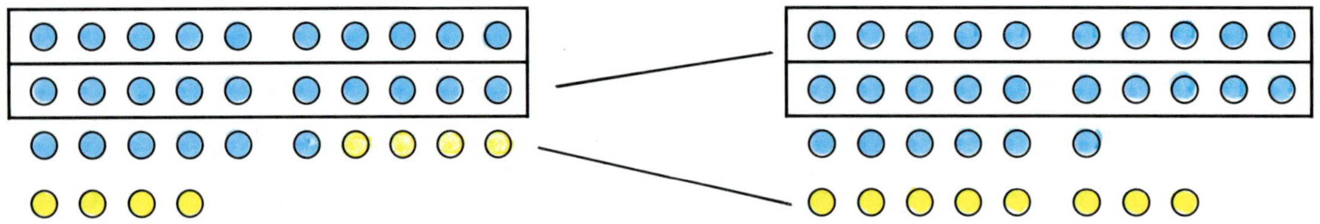

**34 = 26 + □**

**2**

| A | B | C | D | E | F |
|---|---|---|---|---|---|
| 31 = 29 + □ | 21 = 17 + □ | 33 = 25 + □ | 24 = 19 + □ | 51 = 44 + □ | 36 = 28 + □ |
| 31 = 28 + □ | 22 = 17 + □ | 25 = 19 + □ | 36 = 27 + □ | 63 = 56 + □ | 54 = 47 + □ |
| 31 = 27 + □ | 23 = 17 + □ | 42 = 38 + □ | 28 = 19 + □ | 75 = 68 + □ | 23 = 19 + □ |
| 31 = 26 + □ | 24 = 17 + □ | 54 = 46 + □ | 47 = 38 + □ | 87 = 79 + □ | 85 = 77 + □ |
| 31 = 25 + □ | 25 = 17 + □ | 66 = 59 + □ | 33 = 25 + □ | 92 = 83 + □ | 62 = 58 + □ |
| 31 = 24 + □ | 26 = 17 + □ | 41 = 37 + □ | 56 = 47 + □ | 84 = 76 + □ | 77 = 69 + □ |

**3**

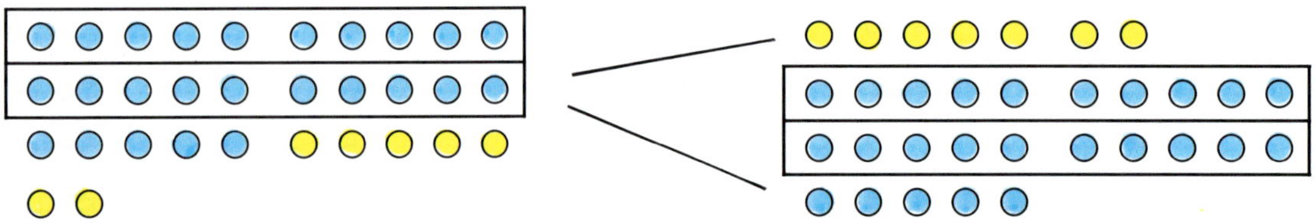

**32 = 7 + □**

**4**

| A | B | C | D | E | F |
|---|---|---|---|---|---|
| 23 = 9 + □ | 34 = 7 + □ | 23 = 8 + □ | 32 = 3 + □ | 63 = 5 + □ | 36 = 8 + □ |
| 35 = 7 + □ | 47 = 8 + □ | 52 = 5 + □ | 64 = 5 + □ | 45 = 7 + □ | 57 = 9 + □ |
| 42 = 6 + □ | 58 = 9 + □ | 64 = 7 + □ | 26 = 8 + □ | 66 = 9 + □ | 81 = 2 + □ |
| 47 = 8 + □ | 32 = 6 + □ | 47 = 9 + □ | 55 = 7 + □ | 78 = 9 + □ | 92 = 5 + □ |
| 36 = 7 + □ | 45 = 7 + □ | 36 = 8 + □ | 73 = 4 + □ | 32 = 4 + □ | 73 = 4 + □ |
| 48 = 9 + □ | 63 = 4 + □ | 51 = 3 + □ | 61 = 2 + □ | 94 = 6 + □ | 65 = 6 + □ |

**5**

| = | | = | | = | | = | | = | | = | |
|---|---|---|---|---|---|---|---|---|---|---|---|
| 32 | 25+ | 48 | 39+ | 56 | 47+ | 63 | 8+ | 75 | 9+ | 96 | 7+ |
| 46 | 37+ | 54 | 45+ | 43 | 35+ | 62 | 3+ | 86 | 7+ | 82 | 5+ |
| 53 | 49+ | 63 | 56+ | 61 | 54+ | 71 | 9+ | 94 | 6+ | 43 | 7+ |
| 87 | 78+ | 72 | 67+ | 82 | 63+ | 84 | 6+ | 32 | 8+ | 65 | 8+ |

**6**

| A | B | C | D | E | F |
|---|---|---|---|---|---|
| 13 = 6 + □ | 14 = 8 + □ | 15 = 9 + □ | 16 = 8 + □ | 17 = 8 + □ | 18 = 9 + □ |
| 23 = 6 + □ | 24 = 8 + □ | 25 = 9 + □ | 26 = 8 + □ | 27 = 8 + □ | 28 = 9 + □ |
| bis | bis | bis | bis | bis | bis |
| 93 = 6 + □ | 94 = 8 + □ | 95 = 9 + □ | 96 = 8 + □ | 97 = 8 + □ | 98 = 9 + □ |

## ZE + E = ZE

1 In einem Wald sind 22 Bäume dürr geworden. 19 davon wurden bereits gefällt.
Wie viele müssen noch gefällt werden?

Es müssen noch □ Bäume gefällt werden.

**19 + □ = 22**

2

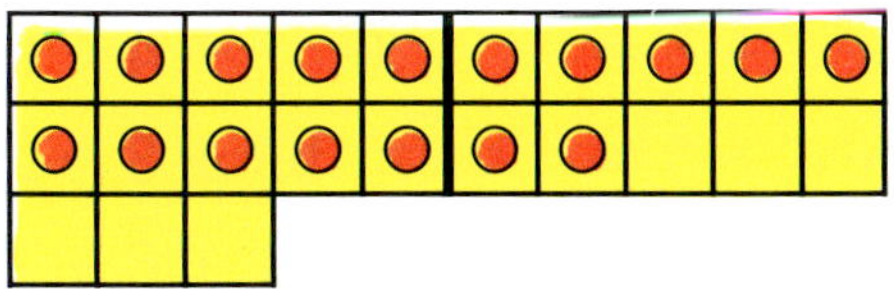

**17 + □ = 23**

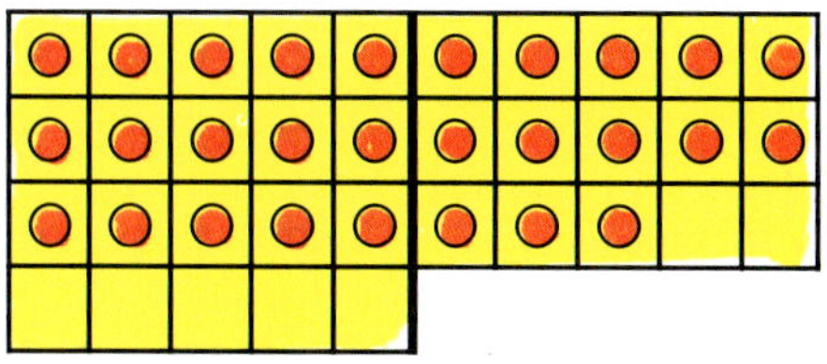

**28 + □ = 35**

3

| A | B | C | D | E | F |
|---|---|---|---|---|---|
| 20 + □ = 25 | 38 + □ = 40 | 42 + □ = 51 | 47 + □ = 56 | 53 + □ = 62 | 58 + □ = 62 |
| 19 + □ = 25 | 38 + □ = 41 | 44 + □ = 53 | 49 + □ = 57 | 55 + □ = 63 | 56 + □ = 63 |
| 18 + □ = 25 | 38 + □ = 42 | 46 + □ = 55 | 47 + □ = 55 | 66 + □ = 74 | 59 + □ = 64 |
| 17 + □ = 25 | 38 + □ = 43 | 48 + □ = 52 | 86 + □ = 93 | 69 + □ = 73 | 82 + □ = 91 |
| 16 + □ = 25 | 38 + □ = 44 | 43 + □ = 51 | 46 + □ = 51 | 78 + □ = 82 | 83 + □ = 92 |
| 15 + □ = 25 | 38 + □ = 45 | 45 + □ = 54 | 73 + □ = 82 | 76 + □ = 85 | 81 + □ = 91 |

4

| A | B | C | D | E | F |
|---|---|---|---|---|---|
| 63 + □ = 72 | 59 + □ = 63 | 76 + □ = 82 | 29 + □ = 36 | 84 + □ = 92 | 76 + □ = 82 |
| 64 + □ = 71 | 48 + □ = 52 | 67 + □ = 71 | 38 + □ = 44 | 75 + □ = 83 | 68 + □ = 73 |
| 76 + □ = 84 | 37 + □ = 44 | 38 + □ = 42 | 47 + □ = 53 | 56 + □ = 61 | 57 + □ = 65 |
| 75 + □ = 83 | 26 + □ = 33 | 59 + □ = 61 | 56 + □ = 62 | 37 + □ = 42 | 39 + □ = 44 |
| 87 + □ = 94 | 65 + □ = 74 | 27 + □ = 33 | 65 + □ = 74 | 48 + □ = 54 | 45 + □ = 52 |

5

| A | B | C |
|---|---|---|
| 26 DM + □ DM = 32 DM | 39 DM + □ DM = 43 DM | 29 Pf + □ Pf = 34 Pf |
| 38 DM + □ DM = 43 DM | 48 DM + □ DM = 57 DM | 38 Pf + □ Pf = 42 Pf |
| 47 DM + □ DM = 56 DM | 76 DM + □ DM = 85 DM | 47 Pf + □ Pf = 53 Pf |
| 53 DM + □ DM = 62 DM | 67 DM + □ DM = 72 DM | 56 Pf + □ Pf = 64 Pf |
| 64 DM + □ DM = 72 DM | 83 DM + □ DM = 91 DM | 65 Pf + □ Pf = 71 Pf |

## ZE + E + E = [ZE], mit Zehnerüberschreitung

[1] Lege mit Zehnerstangen und verschiedenfarbigen Einern.

| | |
|---|---|
| 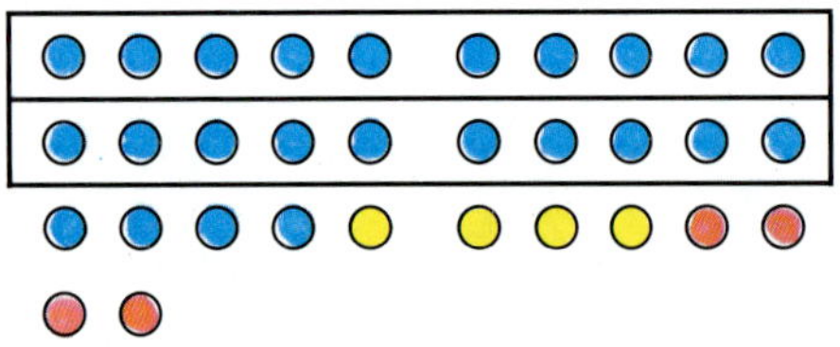 | 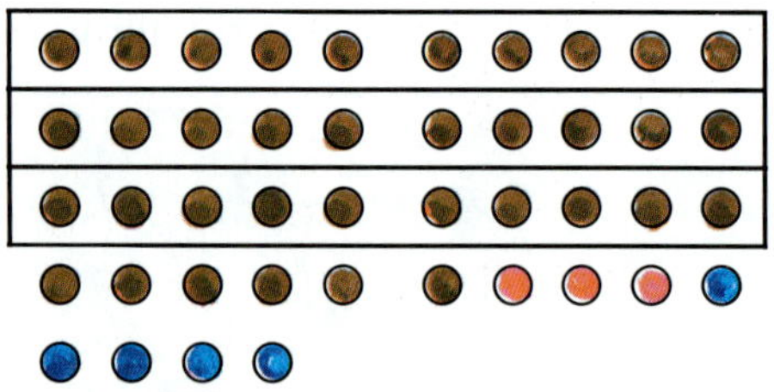 |
| **24 + 4 + 4 = □** | **36 + 3 + 5 = □** |

[2]

| A | B | C | D |
|---|---|---|---|
| 21 + 6 + 5 = | 32 + 3 + 4 = | 43 + 4 + 6 = | 54 + 4 + 4 = |
| 23 + 4 + 4 = | 31 + 4 + 6 = | 44 + 2 + 5 = | 52 + 2 + 8 = |
| 22 + 5 + 5 = | 33 + 6 + 7 = | 42 + 3 + 6 = | 53 + 7 + 6 = |
| 24 + 3 + 8 = | 35 + 4 + 6 = | 41 + 6 + 8 = | 56 + 3 + 3 = |
| 25 + 4 + 6 = | 34 + 2 + 8 = | 40 + 8 + 9 = | 58 + 1 + 4 = |

[3]

| A | B | C | D |
|---|---|---|---|
| 62 + 5 + 6 = | 76 + 1 + 4 = | 86 + 6 + 6 = | 47 + 4 + 5 = |
| 61 + 7 + 3 = | 74 + 5 + 3 = | 87 + 4 + 3 = | 59 + 3 + 2 = |
| 63 + 8 + 4 = | 73 + 3 + 5 = | 82 + 7 + 2 = | 61 + 6 + 7 = |
| 66 + 5 + 3 = | 75 + 2 + 3 = | 89 + 2 + 5 = | 70 + 8 + 8 = |
| 64 + 5 + 2 = | 77 + 1 + 5 = | 81 + 4 + 7 = | 85 + 2 + 9 = |

## ZE − E − E = [ZE], mit Zehnerunterschreitung

[4]

| A | B | C | D |
|---|---|---|---|
| 28 − 6 − 4 = | 32 − 2 − 4 = | 47 − 6 − 2 = | 50 − 4 − 6 = |
| 29 − 3 − 1 = | 31 − 3 − 3 = | 49 − 3 − 7 = | 59 − 6 − 7 = |
| 27 − 4 − 5 = | 35 − 4 − 2 = | 43 − 2 − 4 = | 58 − 2 − 9 = |
| 26 − 3 − 4 = | 36 − 5 − 3 = | 45 − 4 − 5 = | 57 − 3 − 5 = |
| 25 − 2 − 5 = | 39 − 6 − 5 = | 48 − 1 − 7 = | 56 − 1 − 5 = |
| 24 − 4 − 6 = | 38 − 4 − 6 = | 46 − 1 − 8 = | 55 − 5 − 5 = |

[5]

| A | B | C | D |
|---|---|---|---|
| 64 − 1 − 7 = | 71 − 1 − 1 = | 83 − 5 − 2 = | 98 − 7 − 2 = |
| 68 − 6 − 4 = | 78 − 5 − 2 = | 82 − 3 − 7 = | 99 − 2 − 8 = |
| 63 − 2 − 5 = | 79 − 3 − 7 = | 89 − 5 − 8 = | 97 − 3 − 6 = |
| 69 − 5 − 6 = | 76 − 7 − 2 = | 80 − 6 − 2 = | 95 − 2 − 7 = |
| 62 − 6 − 2 = | 75 − 2 − 5 = | 87 − 8 − 1 = | 96 − 7 − 4 = |
| 67 − 3 − 5 = | 74 − 1 − 3 = | 84 − 2 − 6 = | 94 − 1 − 5 = |

[6] Stefan benötigt für das Schreiben der Hausaufgabe 30 Minuten, Gabi nur 24 Minuten.
Wie viele Minuten benötigt Stefan mehr?

Stefan benötigt □ Minuten mehr.

**Wir wissen, daß das Messen mit Schrittlängen,**
**mit Schuhlängen,**
**mit Kästchenstreifen ungenau ist.**

1 Wir wollen wissen, wie viele Schritte unser Schulzimmer lang ist.
Wie viele Schritte geht Bernd, wie viele Beate?

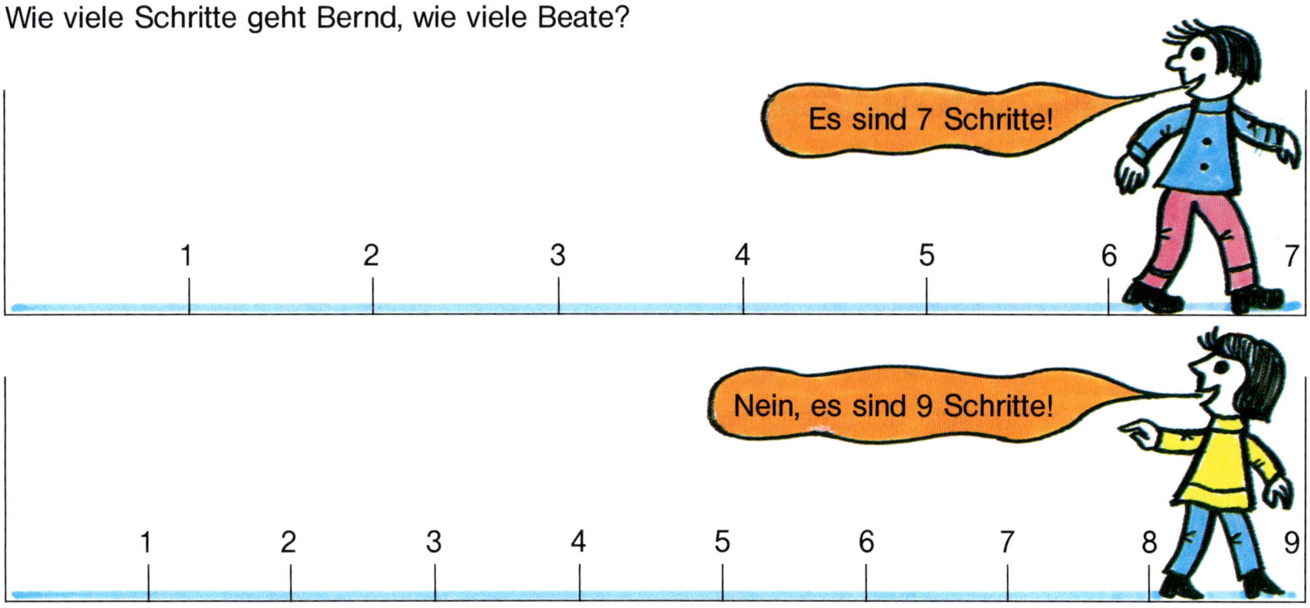


2 Wir messen das Schulzimmer mit Schuhlängen aus.
Wie viele Schuhlängen sind es bei Jörg, wie viele bei Simone?

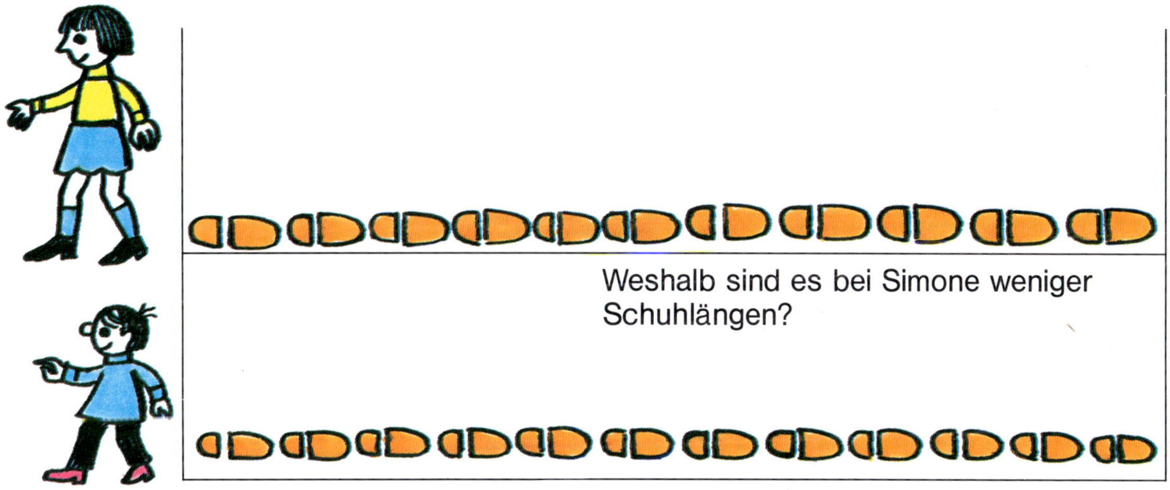

Weshalb sind es bei Simone weniger Schuhlängen?

3 Die Kinder schneiden Kästchenstreifen aus dem Block.
Sie messen, wie viele Kästchen ein Bleistift lang ist.

Annettes Streifen

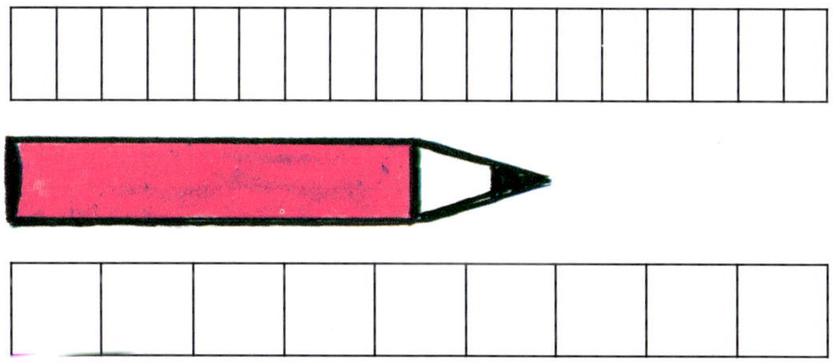

Friedrichs Streifen

Wie viele Kästchen ist der Stift bei Annettes Streifen lang?
Wie viele Kästchen ist der Stift bei Friedrichs Streifen lang?
Weshalb sind es bei Friedrich weniger Kästchen?

Das Messen mit Schrittlängen, Schuhlängen oder Kästchenstreifen ist ungenau.
Womit können wir genau messen?

**Wir können Punkte, Linien, Flächen unterscheiden und zeichnen.**

1 Wo sind die Punkte, die Linien, die Flächen? Zeichne sie ab.

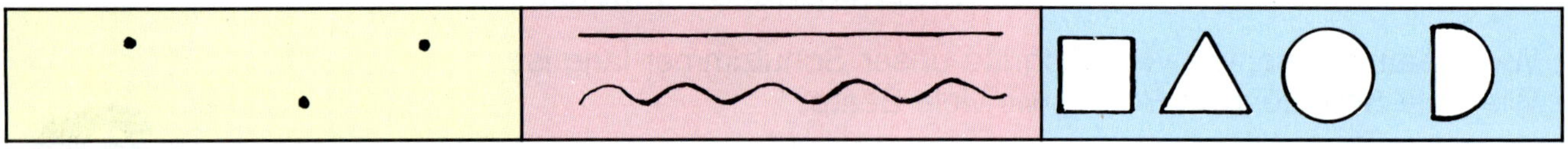

**Wir können sehen, wo Punkte geordnet sind.**

2 Wo sind die Punkte geordnet? Zeichne Punkte durcheinander, in Einerreihe, in Zweierreihe.

**Wir können gerade, nicht gerade Linien unterscheiden.**

3 Zeige die geraden, die nicht geraden Linien.

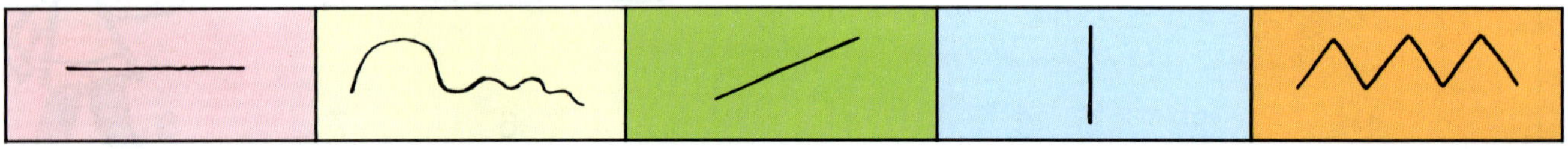

**Wir wissen, daß man zum Ziehen gerader Striche das Lineal nimmt.**

4 Ziehe mit dem Lineal verschieden lange Striche.

**Wir können mit Hilfe von Punkten und geraden Strichen Muster zeichnen.**

5 Zeichne die Muster ab. Erfinde selbst Muster. Verwende das Lineal.

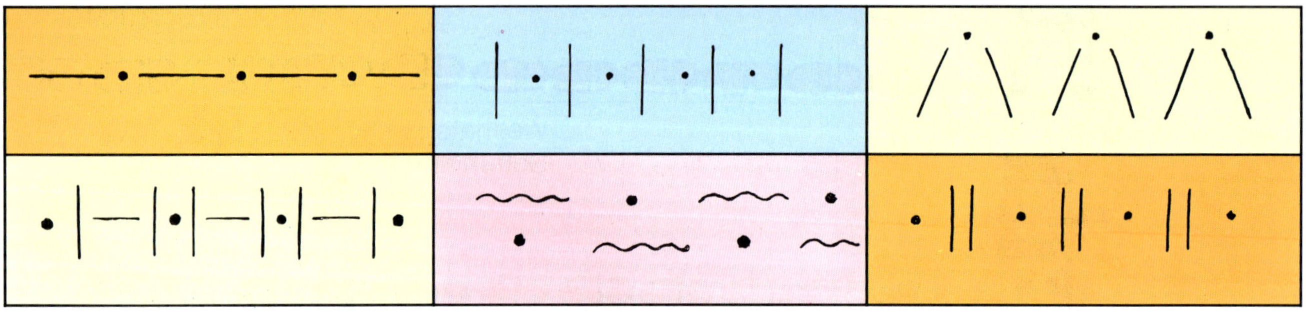

**Wir können Punkte ohne Lineal miteinander verbinden.**

6 Zeichne Punkte und verbinde sie durch möglichst gerade Striche.

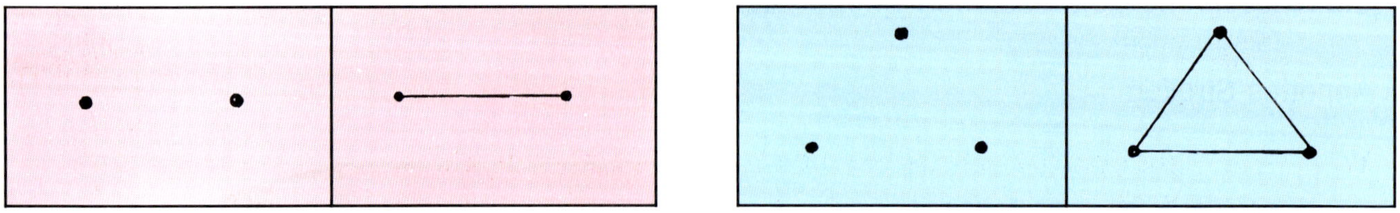

**Wir können Punkte mit Hilfe des Lineals verbinden.**

7 Zeichne Punkte und verbinde sie mit dem Lineal.
Weitere Aufgaben findest du im Arbeitsheft!

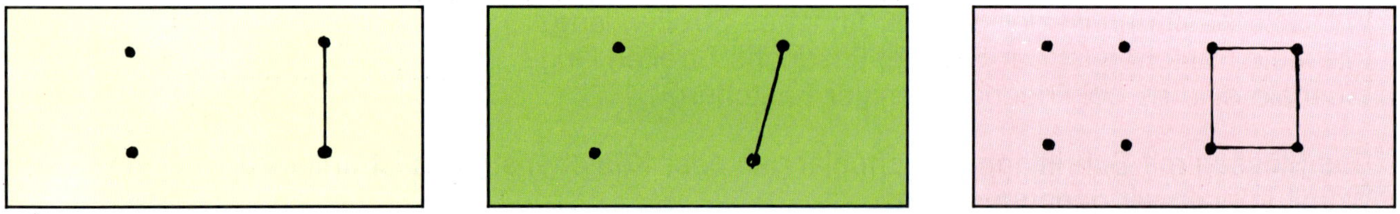

**Wir wissen, was auf einem Lineal zu sehen ist.**

1 Was siehst du auf deinem Lineal? Was ist bei jedem Lineal gleich?

2 **Wir wissen, wie lang 1 Zentimeter ist, wie lang 2 bis 10 cm sind.**

1 Zentimeter
2 Zentimeter
3 Zentimeter
4 Zentimeter
5 Zentimeter
6 Zentimeter
7 Zentimeter
8 Zentimeter
9 Zentimeter
10 Zentimeter

3 **Wir wissen, daß cm Zentimeter heißt.**

1 Zentimeter = 1 cm

**Wir wissen, wie man das Lineal beim Messen richtig hinlegt.**

4 Lege das Lineal so hin, daß die Null unter dem Anfang des Striches ist.

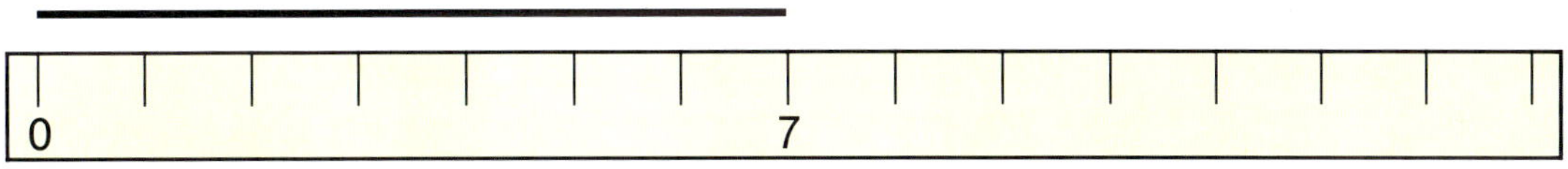


**Wir können auf dem Lineal bestimmte Längen zeigen.**

5 Wie viele Zentimeter werden auf diesem Lineal gezeigt?

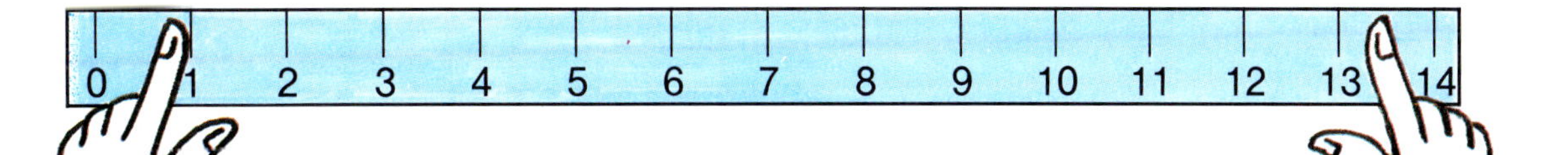


Zeige 7 cm.
Zeige 11 cm.

**Wir können mit dem Lineal Striche von bestimmter Länge ziehen.**

6 So ziehen wir einen 4 cm langen Strich:

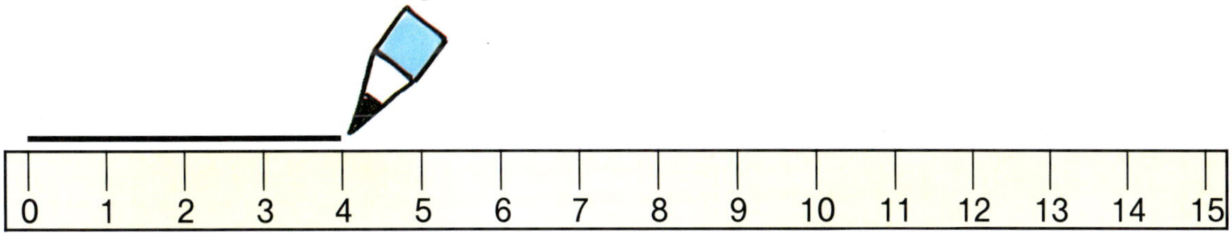


7 Ziehe mit dem Lineal Striche folgender Länge: 5 cm, 10 cm, 16 cm.

**Wir können die Längen von geraden Strichen schätzen und messen.**

1 Wie lang sind die Striche? Schätze zuerst, dann miß.
Zeichne die Striche. Schreibe dazu, wie lang sie sind.

A

B

C

D

E

2 Welche Striche kannst du nicht messen? Nenne die Buchstaben.

Bei folgenden Buchstaben kann ich die Striche nicht messen:

A B C D E F G

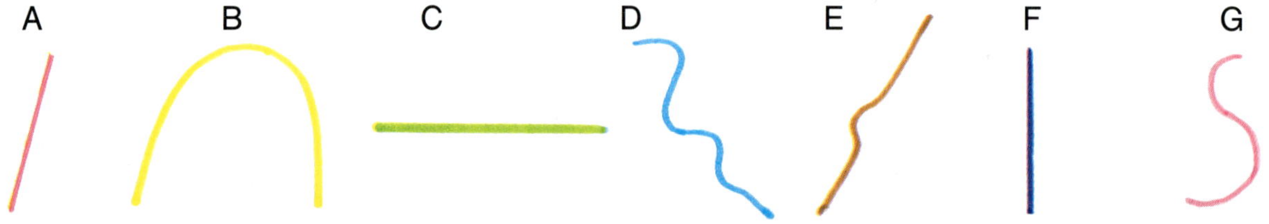

Die ungeraden Striche können mit Wolle nachgelegt werden, dann in die Gerade gezogen und gemessen werden.

3 Zeichne die Striche. Schreibe dazu, wie lang sie sind.

A 4 cm + 3 cm = 7 cm

B

C

D

E

F

4 Wie lang sind dein Bleistift, dein Filzstift, dein Radiergummi?
Wie breit sind dein Lesebuch, deine Büchermappe, dein Rechenblock?

Mein Bleistift ist ☐ cm lang. Mein Filzstift ist ☐ cm lang.

Mein Radiergummi ist ☐ cm lang. Mein Lesebuch ist ☐ cm breit.

Meine Büchermappe ist ☐ cm breit. Mein Rechenblock ist ☐ cm breit.

5 Rechne die Aufgaben aus. Ziehe dann Striche von der Länge, die du ausgerechnet hast.

**A**

2 cm + 6 cm = ☐ cm
1 cm + 7 cm = ☐ cm
3 cm + 7 cm = ☐ cm
4 cm + 8 cm = ☐ cm

**B**

6 cm + 6 cm = ☐ cm
3 cm + 8 cm = ☐ cm
2 cm + 7 cm = ☐ cm
4 cm + 5 cm = ☐ cm

**C**

7 cm + 6 cm = ☐ cm
8 cm + 4 cm = ☐ cm
9 cm + 2 cm = ☐ cm
10 cm + 5 cm = ☐ cm

**D**

1 cm + 3 cm + 5 cm = ☐ cm
6 cm + 4 cm + 2 cm = ☐ cm
5 cm + 7 cm + 3 cm = ☐ cm
2 cm + 6 cm + 3 cm = ☐ cm

**E**

5 cm + 2 cm + 3 cm = ☐ cm
7 cm + 1 cm + 4 cm = ☐ cm
2 cm + 3 cm + 6 cm = ☐ cm
4 cm + 5 cm + 4 cm = ☐ cm

1 Schreibe auf, wie lang die Strecke zwischen den Häusern ist.
Schneide einen Papierstreifen aus, der genau zwischen die Häuser paßt.

Die Strecke zwischen den Häusern ist ☐ cm lang.

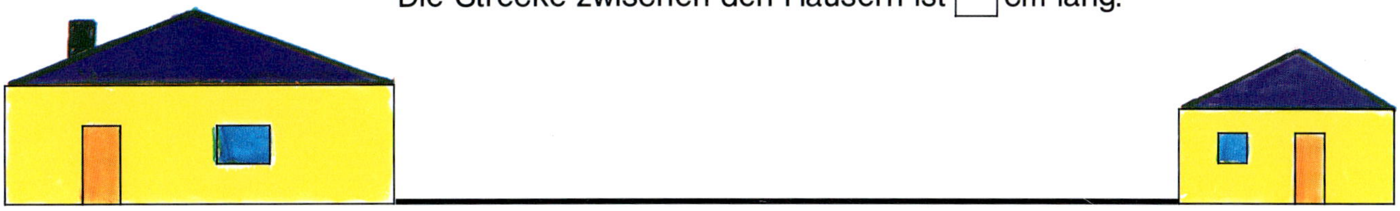

2 Wie lang sind die beiden Striche zusammen?

Bei Buchstabe A sind die beiden Striche ☐ cm lang.

Bei Buchstabe B sind die beiden Striche ☐ cm lang.

**A**

**B**

3 Wie lang sind die drei Striche zusammen?

Bei Buchstabe A sind die drei Striche ☐ cm lang.

Bei Buchstabe B sind die drei Striche ☐ cm lang.

**A**

**B**

4 Schätze und miß, welche Punkte weiter voneinander entfernt sind.

Die Punkte im roten (gelben) Feld sind weiter voneinander entfernt.

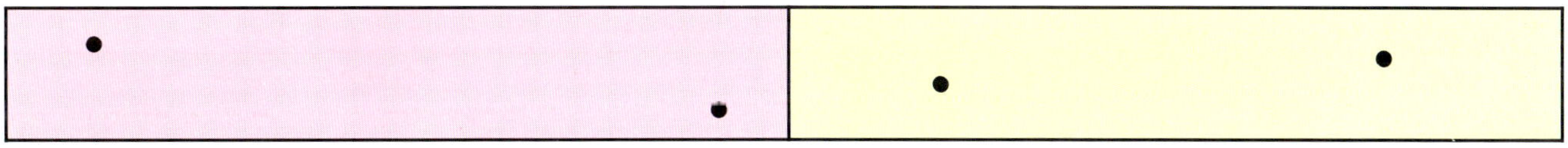

5 Schätze und miß, welche Vierecke weiter voneinander entfernt sind.

Die blauen (grünen) Vierecke sind weiter voneinander entfernt.

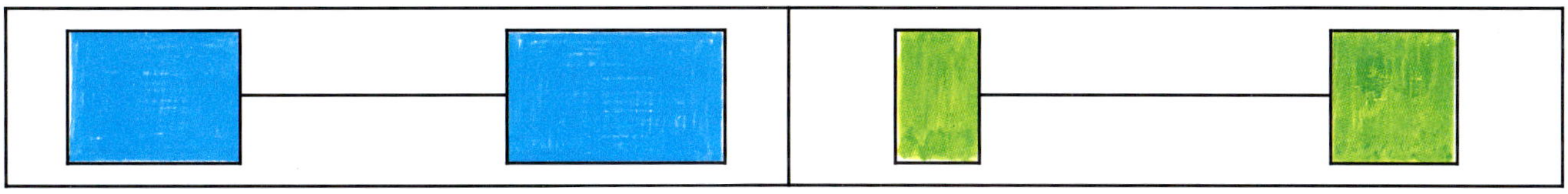

6 Vergleiche die beiden Lineale miteinander.

Das untere Lineal ist ☐ cm länger als das obere.

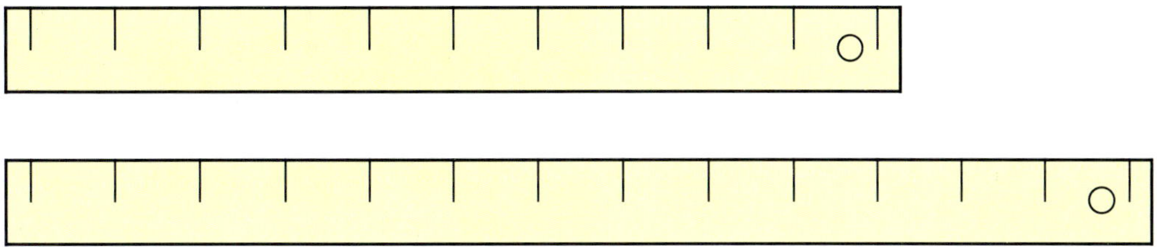

**Wir wissen, daß ein Meter 100 Zentimeter hat.**

1 Zählt, wie viele Zentimeter auf einem Meterstab sind.

1 Meter = 100 Zentimeter

**Wir wissen, daß m Meter heißt.**

2

1 m = 1 Meter

**Wir können uns gegenseitig messen.**

3 So wie Ulrike und Fritz gemessen werden, messen wir auch uns.
Wie groß ist Ulrike? Wie groß ist Fritz?

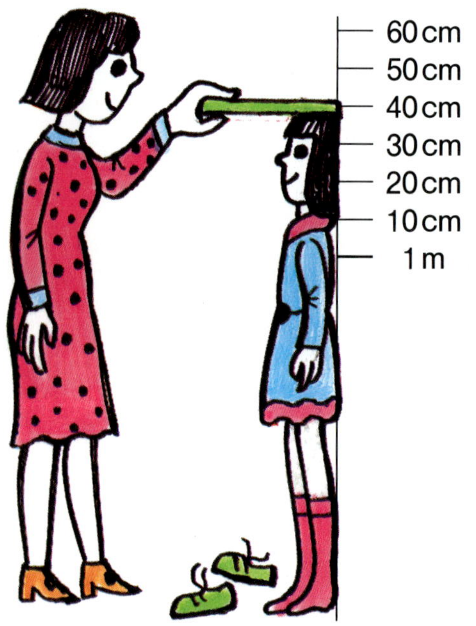


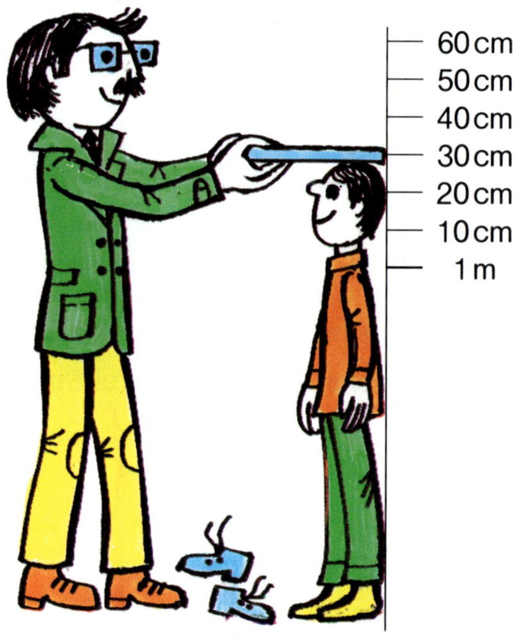


Ulrike ist 1 m ☐ cm groß. Fritz ist 1 m ☐ cm groß.

4 Meßt euch gegenseitig. Tragt in die Tabelle euren Namen und eure Größe ein.

| Name | Größe |
|---|---|
| | 1 m ____ cm |
| | 1 m ____ cm |

5 Wie groß ist eure Lehrerin? Wie groß ist euer Lehrer?

Unsere Lehrerin ist 1 m ☐ cm groß.

Unser Lehrer ist 1 m ☐ cm groß.

6 Der größte Junge ist 1 m ☐ cm groß.

Das größte Mädchen ist 1 m ☐ cm groß.

7 Der kleinste Junge ist 1 m ☐ cm groß.

Das kleinste Mädchen ist 1 m ☐ cm groß.

8 Wie breit ist die Tafel?

Die Tafel ist ☐ m ☐ cm breit.

**Wir wissen, daß man kurze Dinge mit dem Lineal mißt,**
**etwas längere Dinge mit dem Meterstab,**
**längere Strecken mit dem Bandmaß.**

1 Petra will messen, wie lang ihr Buntstift ist.
Was nimmt sie zum Messen?

Petra nimmt ________ .

2 Stefan will messen, wie hoch der Schrank ist.
Was nimmt er zum Messen?

Stefan nimmt ________ .

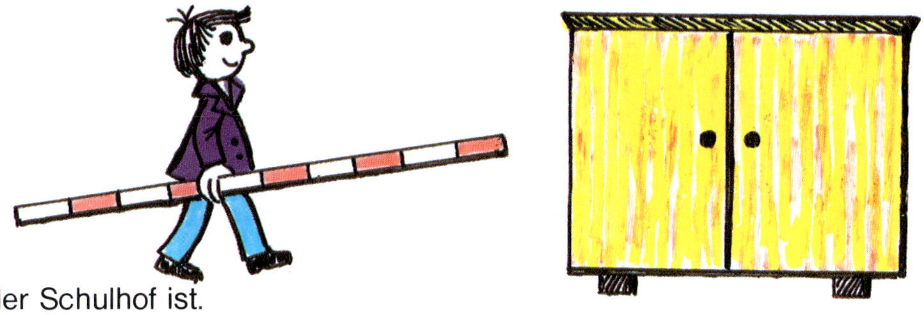

3 Erich will messen, wie lang der Schulhof ist.
Was nimmt er zum Messen?

Erich nimmt ________ .

4 Trage in die Tabelle ein, womit du diese Dinge mißt:

Spitzer, Schultür, Fenster, Schulhof, Filzstift, Lesekasten, Büchertasche, Lesebuch, Zeichenblock, Zeigestab

| Lineal | Metermaß | Bandmaß |
| --- | --- | --- |
| | | |

5 Was messen diese Leute? Womit messen sie? Erzähle.

## ZE + ZE = ZE, ZE + ZE = Z, ohne Zehnerüberschreitung

1 Die Lehrerin hat Zehner und Einer an die Tafel gezeichnet.
Lege die Mengen. Male sie und schreibe die Aufgabe dazu.

**23 + 41 = ☐**

2 Wie legen und malen.

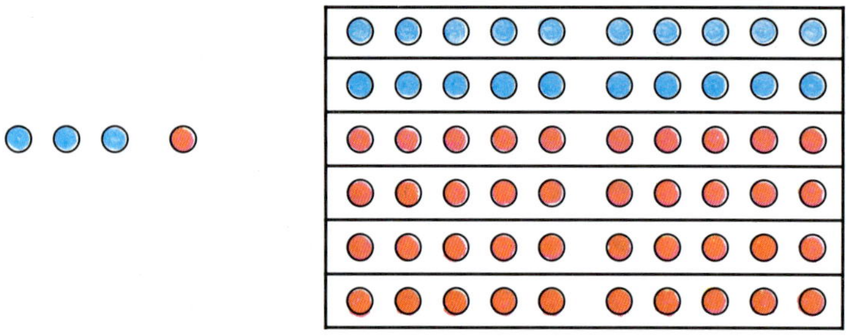

Wir rechnen.

23 + 41 = ☐

3 + 1 = 4
20 + 40 = 60

23 + 41 = 64

3

| A | B | C |
|---|---|---|
| 20 + 10 + 4 + 3 = | 40 + 20 + 2 + 5 = | 30 + 40 + 1 + 8 = |
| 24 + 13 = | 42 + 25 = | 31 + 48 = |
| 50 + 20 + 1 + 4 = | 30 + 10 + 1 + 6 = | 50 + 30 + 2 + 4 = |
| 51 + 24 = | 31 + 16 = | 52 + 34 = |
| 30 + 50 + 6 + 2 = | 50 + 20 + 3 + 2 = | 60 + 10 + 3 + 6 = |
| 36 + 52 = | 53 + 22 = | 63 + 16 = |

4

| A | B | C | D | E | F |
|---|---|---|---|---|---|
| 16 + 21 = | 31 + 46 = | 21 + 61 = | 21 + 46 = | 71 + 16 = | 41 + 35 = |
| 25 + 42 = | 53 + 14 = | 14 + 53 = | 15 + 52 = | 42 + 31 = | 32 + 21 = |
| 34 + 14 = | 24 + 32 = | 43 + 52 = | 34 + 43 = | 24 + 72 = | 51 + 16 = |
| 43 + 52 = | 72 + 23 = | 35 + 24 = | 62 + 26 = | 33 + 63 = | 23 + 32 = |
| 52 + 35 = | 85 + 13 = | 62 + 16 = | 73 + 14 = | 55 + 41 = | 12 + 73 = |
| 62 + 16 = | 66 + 12 = | 57 + 22 = | 87 + 11 = | 16 + 22 = | 48 + 11 = |

5

| A | B | C |
|---|---|---|
| 21 cm + 36 cm = ☐ cm | 32 cm + 38 cm = ☐ cm | 61 cm + 23 cm = ☐ cm |
| 32 cm + 23 cm = ☐ cm | 54 cm + 22 cm = ☐ cm | 24 cm + 41 cm = ☐ cm |
| 53 cm + 46 cm = ☐ cm | 76 cm + 14 cm = ☐ cm | 39 cm + 21 cm = ☐ cm |
| 61 cm + 14 cm = ☐ cm | 63 cm + 21 cm = ☐ cm | 57 cm + 23 cm = ☐ cm |
| 74 cm + 25 cm = ☐ cm | 47 cm + 32 cm = ☐ cm | 42 cm + 58 cm = ☐ cm |
| 35 cm + 52 cm = ☐ cm | 22 cm + 18 cm = ☐ cm | 16 cm + 34 cm = ☐ cm |

**ZE – ZE = ZE, ZE – ZE = Z, ZE – ZE = E**

1 Lege mit Zehnerstangen und Einern. Nimm zuerst die Zehner weg, dann die Einer.

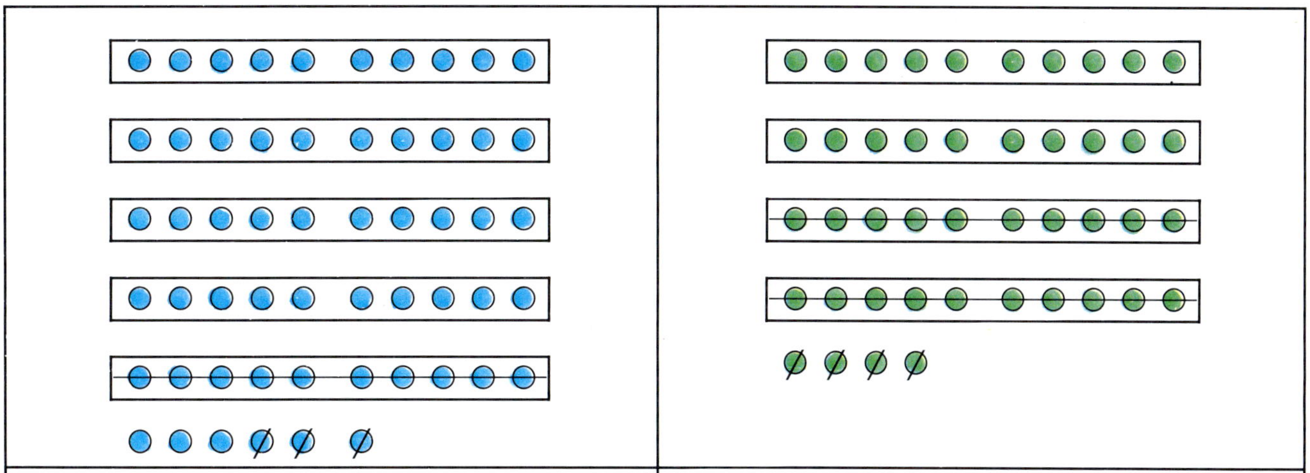

| 56 – 13 = ☐ | 44 – 24 = ☐ |
|---|---|

2

| A | B | C |
|---|---|---|
| 57 – 20 – 1 = | 86 – 50 – 4 = | 48 – 30 – 6 = |
| 57 – 21 = | 86 – 54 = | 48 – 36 = |
| 76 – 30 – 5 = | 95 – 30 – 1 = | 59 – 10 – 7 = |
| 76 – 35 = | 95 – 31 = | 59 – 17 = |
| 89 – 40 – 6 = | 67 – 50 – 6 = | 37 – 20 – 5 = |
| 89 – 46 = | 67 – 56 = | 37 – 25 = |

3 Schreibe die Rechnung auf, die zur Bildergeschichte paßt.

1

| A | B | C | D | E | F |
|---|---|---|---|---|---|
| 67 – 52 = | 77 – 36 = | 22 – 11 = | 88 – 76 = | 93 – 72 = | 36 – 11 = |
| 85 – 31 = | 89 – 68 = | 34 – 22 = | 67 – 55 = | 74 – 21 = | 59 – 47 = |
| 93 – 62 = | 95 – 74 = | 47 – 16 = | 45 – 11 = | 82 – 61 = | 74 – 21 = |
| 78 – 35 = | 63 – 21 = | 59 – 33 = | 29 – 14 = | 48 – 26 = | 85 – 22 = |
| 59 – 46 = | 58 – 22 = | 66 – 52 = | 36 – 12 = | 67 – 32 = | 63 – 32 = |
| 46 – 21 = | 46 – 13 = | 73 – 11 = | 54 – 42 = | 29 – 12 = | 98 – 23 = |

5

| A | B | C |
|---|---|---|
| 79 m – 39 m = ☐ m | 67 m – 27 m = ☐ m | 89 m – 81 m = ☐ m |
| 66 m – 21 m = ☐ m | 98 m – 94 m = ☐ m | 98 m – 32 m = ☐ m |
| 47 m – 27 m = ☐ m | 76 m – 72 m = ☐ m | 73 m – 13 m = ☐ m |
| 38 m – 12 m = ☐ m | 85 m – 21 m = ☐ m | 67 m – 31 m = ☐ m |
| 55 m – 15 m = ☐ m | 59 m – 53 m = ☐ m | 56 m – 23 m = ☐ m |
| 84 m – 32 m = ☐ m | 97 m – 67 m = ☐ m | 85 m – 81 m = ☐ m |

**ZE = ZE + [ZE], ZE = [ZE] + ZE**

1 Zerlege genauso.

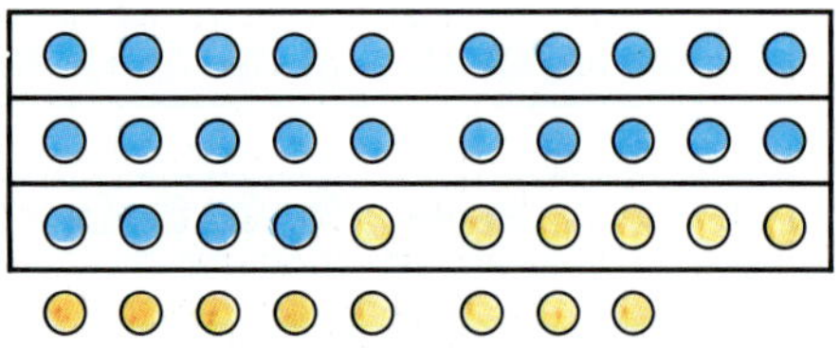

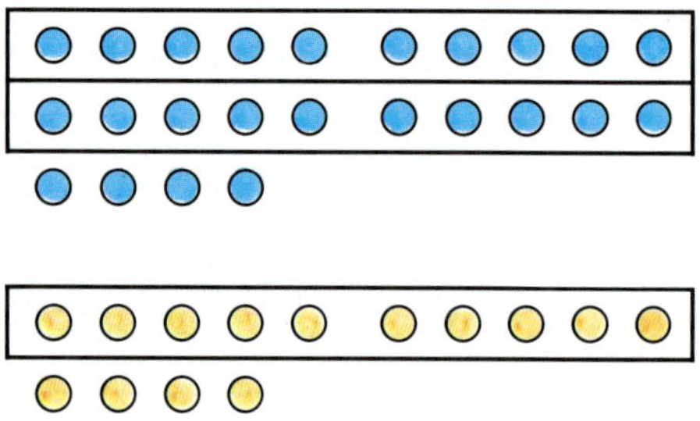

**38 = 24 + □**

2

| A | B | C | D | E | F |
|---|---|---|---|---|---|
| 47 = 23 + □ | 99 = 63 + □ | 87 = 61 + □ | 33 = 21 + □ | 96 = 62 + □ | 74 = 31 + □ |
| 38 = 14 + □ | 76 = 42 + □ | 58 = 25 + □ | 85 = 54 + □ | 89 = 28 + □ | 63 = 22 + □ |
| 69 = 42 + □ | 67 = 24 + □ | 99 = 87 + □ | 42 = 11 + □ | 47 = 14 + □ | 85 = 11 + □ |
| 75 = 21 + □ | 45 = 14 + □ | 76 = 75 + □ | 68 = 46 + □ | 39 = 18 + □ | 32 = 11 + □ |
| 86 = 53 + □ | 38 = 25 + □ | 64 = 23 + □ | 77 = 32 + □ | 78 = 61 + □ | 48 = 36 + □ |

3

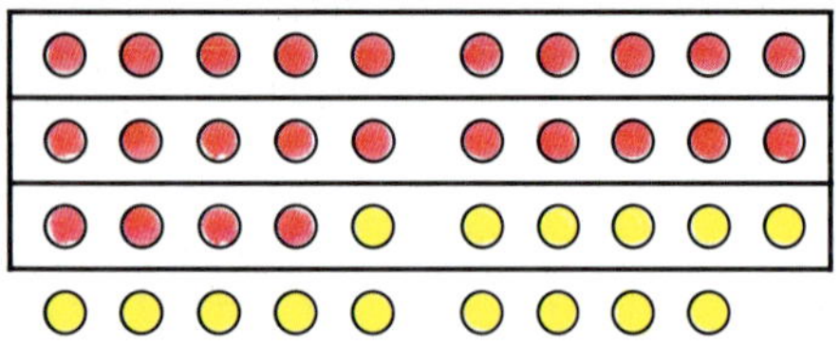

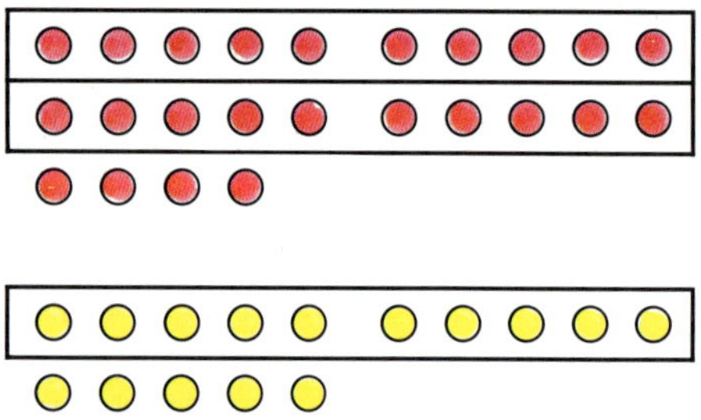

**39 = □ + 15**

4

| A | B | C | D | E | F |
|---|---|---|---|---|---|
| 69 = □ + 23 | 78 = □ + 6 | 45 = □ + 11 | 63 = □ + 42 | 37 = □ + 22 | 89 = □ + 68 |
| 77 = □ + 31 | 87 = □ + 3 | 39 = □ + 25 | 94 = □ + 21 | 96 = □ + 31 | 98 = □ + 12 |
| 83 = □ + 52 | 96 = □ + 4 | 87 = □ + 43 | 72 = □ + 21 | 85 = □ + 31 | 76 = □ + 15 |
| 96 = □ + 63 | 69 = □ + 2 | 76 = □ + 42 | 88 = □ + 36 | 74 = □ + 63 | 54 = □ + 22 |
| 54 = □ + 22 | 54 = □ + 1 | 58 = □ + 21 | 49 = □ + 14 | 63 = □ + 12 | 43 = □ + 11 |

5 Von 96 Flugzeugplätzen sind 45 besetzt.
Wie viele Plätze sind noch frei?

Es sind noch □ Plätze frei.

6

| A | B | C |
|---|---|---|
| 16 DM + 21 DM = □ DM | 27 DM − 13 DM = □ DM | 39 DM − 26 DM = □ DM |
| 83 DM − 62 DM = □ DM | 21 DM + 56 DM = □ DM | 48 DM − 23 DM = □ DM |
| 23 DM + 34 DM = □ DM | 89 DM − 62 DM = □ DM | 21 DM + 56 DM = □ DM |
| 54 DM − 21 DM = □ DM | 32 DM + 37 DM = □ DM | 67 DM − 43 DM = □ DM |
| 68 DM + 21 DM = □ DM | 96 DM − 62 DM = □ DM | 49 DM − 16 DM = □ DM |

7

| A | B | C |
|---|---|---|
| 32 Pf + 47 Pf = □ Pf | 84 Pf = □ Pf + 23 Pf | 25 Pf + 25 Pf = □ Pf |
| 69 Pf = 23 Pf + □ Pf | 23 Pf + 61 Pf = □ Pf | 86 Pf = □ Pf + 52 Pf |
| 31 Pf + 16 Pf = □ Pf | 79 Pf = □ Pf + 66 Pf | 31 Pf + 31 Pf = □ Pf |
| 78 Pf = 42 Pf + □ Pf | 17 Pf + 61 Pf = □ Pf | 77 Pf = □ Pf + 52 Pf |
| 13 Pf + 53 Pf = □ Pf | 82 Pf = □ Pf + 61 Pf | 42 Pf + 48 Pf = □ Pf |

## ZE + [ZE] = Z, ZE + [ZE] = ZE

**1** Wie viele Plätze hat das Kino. Wie viele Leute sind im Kino?
Wie viele haben noch Platz?

Es haben noch □ Personen Platz.

32 + □ = 60

**2**

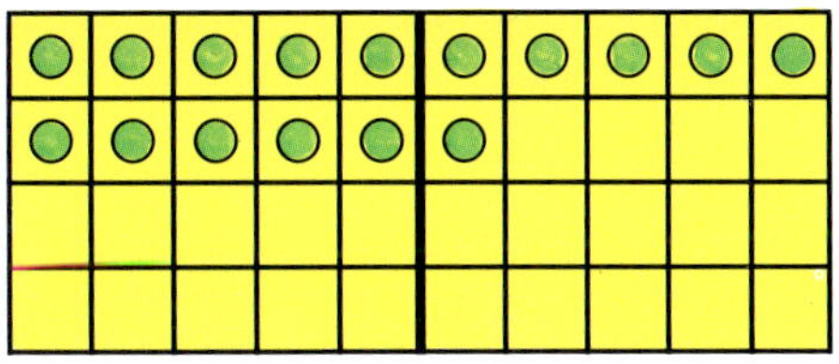

16 + □ = 40

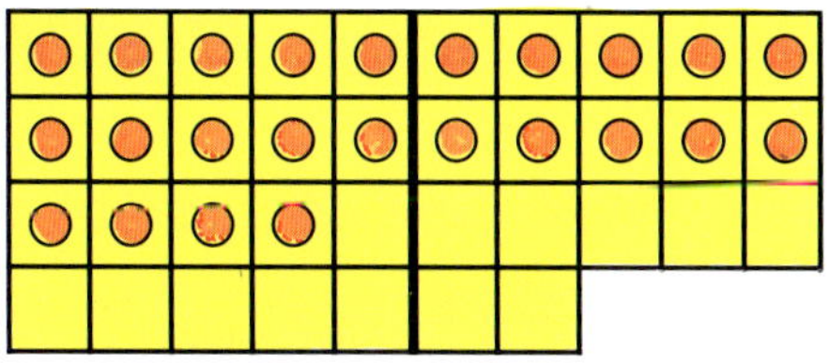

24 + □ = 37

**3**

| A | B | C | D | E | F |
|---|---|---|---|---|---|
| 30 + □ = 50 | 36 + □ = 50 | 42 + □ = 84 | 71 + □ = 89 | 82 + □ = 93 | 57 + □ = 79 |
| 31 + □ = 50 | 37 + □ = 50 | 31 + □ = 63 | 62 + □ = 98 | 64 + □ = 77 | 38 + □ = 88 |
| 32 + □ = 50 | 38 + □ = 50 | 52 + □ = 76 | 53 + □ = 67 | 43 + □ = 68 | 85 + □ = 97 |
| 33 + □ = 50 | 39 + □ = 50 | 75 + □ = 97 | 44 + □ = 66 | 21 + □ = 89 | 94 + □ = 96 |
| 34 + □ = 50 | 40 + □ = 50 | 67 + □ = 89 | 35 + □ = 45 | 95 + □ = 96 | 73 + □ = 99 |
| 35 + □ = 50 | 41 + □ = 50 | 83 + □ = 94 | 26 + □ = 77 | 76 + □ = 87 | 62 + □ = 85 |

**4**

| A | B | C |
|---|---|---|
| 43 Pf + □ Pf = 80 Pf | 27 Pf + □ Pf = 98 Pf | 37 Pf + □ Pf = 50 Pf |
| 55 Pf + □ Pf = 90 Pf | 15 Pf + □ Pf = 75 Pf | 25 Pf + □ Pf = 80 Pf |
| 32 Pf + □ Pf = 70 Pf | 33 Pf + □ Pf = 53 Pf | 14 Pf + □ Pf = 90 Pf |
| 67 Pf + □ Pf = 90 Pf | 41 Pf + □ Pf = 61 Pf | 56 Pf + □ Pf = 70 Pf |
| 23 Pf + □ Pf = 40 Pf | 52 Pf + □ Pf = 82 Pf | 48 Pf + □ Pf = 80 Pf |
| 74 Pf + □ Pf = 80 Pf | 66 Pf + □ Pf = 96 Pf | 62 Pf + □ Pf = 80 Pf |

**5**

| A | B | C | D | E | F |
|---|---|---|---|---|---|
| 38 + □ = 48 | 41 + □ = 60 | 21 + □ = 61 | 52 + □ = 86 | 31 + □ = 61 | 29 + □ = 90 |
| 31 + □ = 72 | 74 + □ = 80 | 34 + □ = 80 | 64 + □ = 84 | 44 + □ = 70 | 16 + □ = 46 |
| 32 + □ = 65 | 65 + □ = 90 | 43 + □ = 95 | 72 + □ = 96 | 26 + □ = 48 | 34 + □ = 58 |
| 33 + □ = 87 | 37 + □ = 70 | 65 + □ = 70 | 38 + □ = 50 | 15 + □ = 25 | 83 + □ = 93 |
| 34 + □ = 69 | 56 + □ = 70 | 78 + □ = 98 | 46 + □ = 86 | 53 + □ = 73 | 73 + □ = 86 |
| 35 + □ = 75 | 82 + □ = 90 | 56 + □ = 87 | 85 + □ = 99 | 42 + □ = 68 | 51 + □ = 76 |

**Wir können Mengen bis 50 ohne Zehnerüberschreitung verdoppeln.**

1 Nimm das Doppelte von 20. Lege und verdopple genauso.

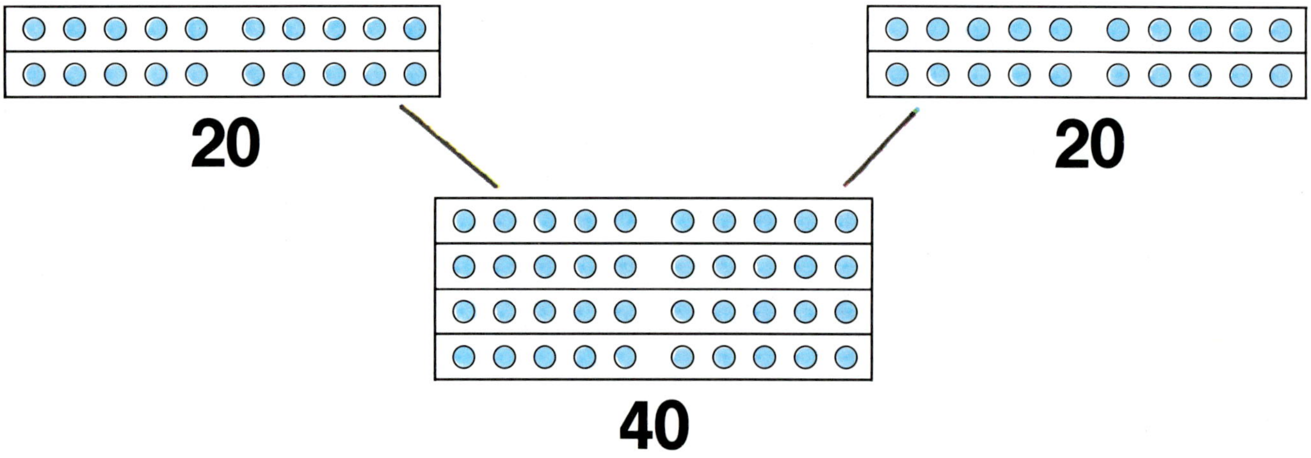


Rechne so: $20 + 20 = 40$
Schreibe: Das Doppelte von 20 ist 40.

2 Rechne das Doppelte aus von 30, 40 und 50.

3 Nimm das Doppelte von 12. Lege und verdopple genauso.

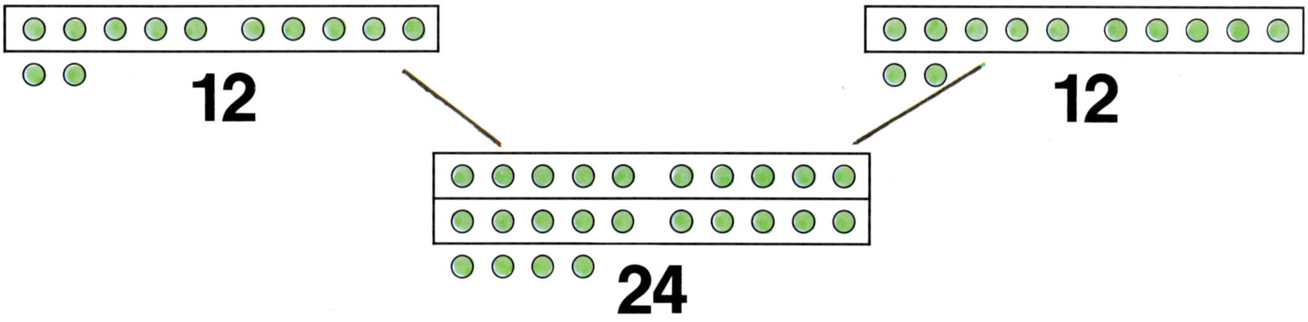


Rechne so: $12 + 12 = 24$
Schreibe: Das Doppelte von 12 ist 24.

4 Rechne das Doppelte aus von 13, 14, 15, 21, 22, 23, 24, 25, 31, 32, 33, 34, 35, 41, 42, 43, 44, 45

5 Hans hat 21 Mark gespart, Fritz doppelt soviel. Wieviel Geld hat Fritz gespart?
Fritz hat ☐ Mark gespart.

6 Helga hat 32 Äpfel gepflückt, Petra doppelt so viele. Wieviel Äpfel hat Petra gepflückt?
Petra hat ☐ Äpfel gepflückt.

**Wir können Geldbeträge bis zu 50 Pfennigen oder 50 Mark verdoppeln.**

1 Lege und male die Geldbeträge. Verdopple sie. Wie groß ist die doppelte Menge?

Das Doppelte von 30 DM ist ☐ DM.

**Wir können gerade Linien so verlängern, daß sie doppelt so lang sind wie vorher.**

2 Jörg hat einen Strich gezogen, daneben einen, der doppelt so lang ist.
Kannst du das auch?

Male die Striche ab, darunter doppelt so lange.

**Wir können Flächen verdoppeln.**

3 Male die Fläche ab, daneben eine, die doppelt so breit ist.
Links siehst du, wie es gemacht wird.

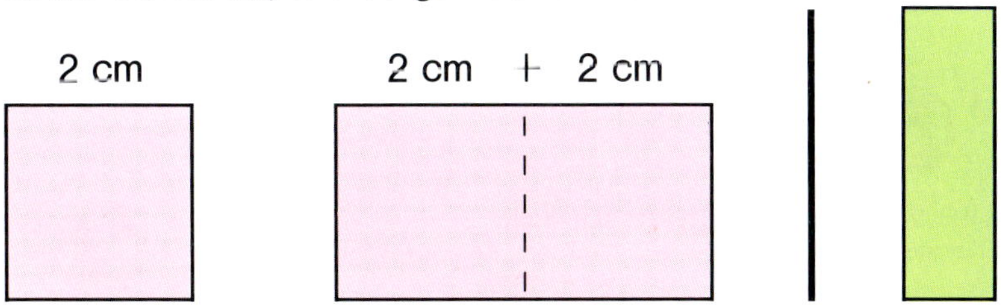


4 Male die Fläche ab, daneben eine, die doppelt so hoch ist.
Links siehst du, wie es gemacht wird.

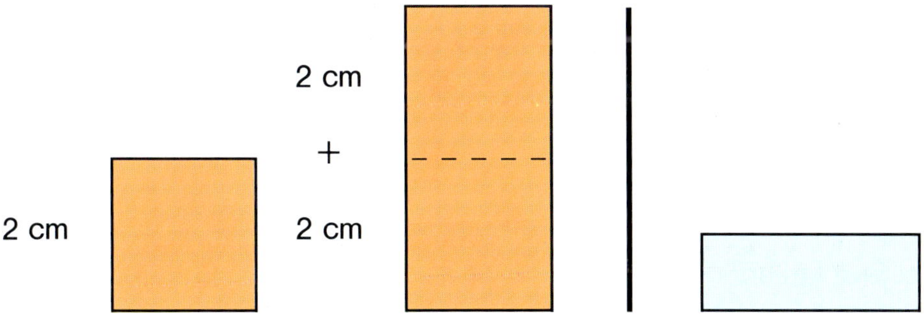

**Wir wissen, wie groß die Hälfte der geraden Zahlen bis 100 ist.**

1 Lege und halbiere genauso. Wie groß sind beide Hälften?

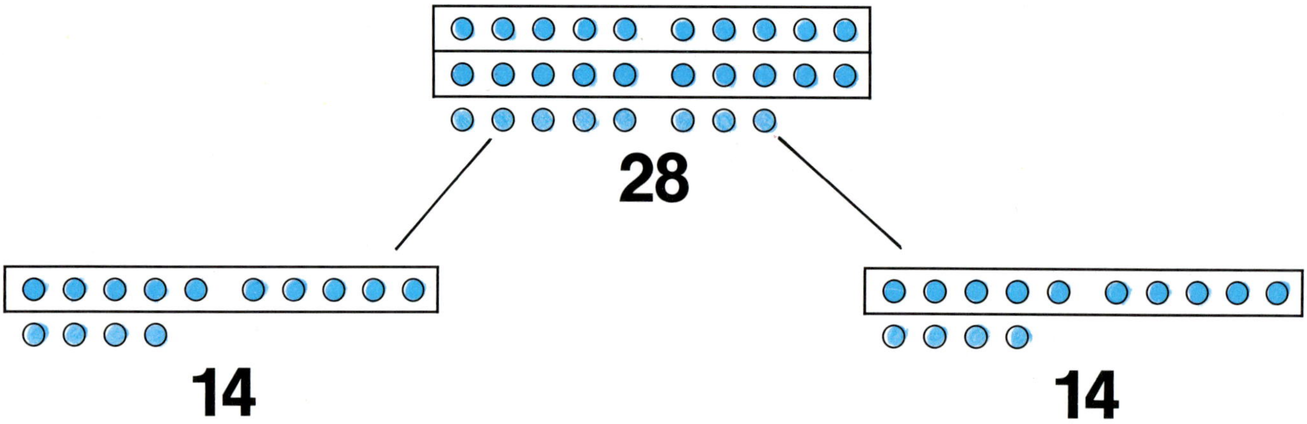


Die Hälfte von 28 ist ☐

2 Lege die Mengen. Halbiere sie dann. Schreibe auf, wie groß die Hälfte ist.

| | | | | | | | | | | | | |
|---|---|---|---|---|---|---|---|---|---|---|---|---|
| 30 | 4 | 8 | 16 | 44 | 18 | 62 | 86 | 48 | 50 | 66 | 42 | 2 |
| 22 | 26 | 64 | 82 | 60 | 84 | 70 | 46 | 24 | 90 | 68 | 40 | 100 |

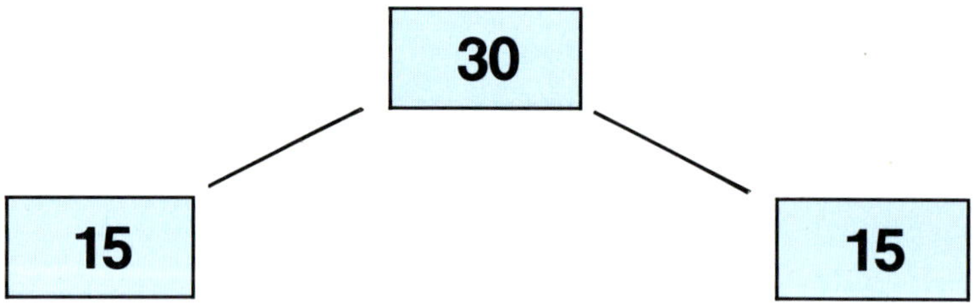


Die Hälfte von 30 ist ☐

3 Stefan hat 14 Mark gespart, Hans nur halb soviel Geld.
Wie viele Mark hat Hans gespart?

Hans hat ☐ Mark gespart.

4 Renate wirft den Ball 24 Meter weit, Ute wirft ihn nur halb so weit.
Wie weit wirft Ute den Ball?

Ute wirft den Ball ☐ Meter weit.

5 Fritz baut einen 30 Zentimeter hohen Turm, Ulrikes Turm ist nur halb so hoch.
Wie hoch ist Ulrikes Turm?

Ulrikes Turm ist ☐ Meter hoch.

6 Erich muß beim Sportfest 100 Meter laufen, sein kleiner Bruder nur halb so weit.
Wie weit muß sein Bruder laufen?

Sein Bruder muß ☐ Meter weit laufen.

**Wir können Geldbeträge bis zu 100 Pfennigen oder Mark halbieren.**

1 Lege und male die Geldbeträge. Halbiere sie. Wie groß sind die Hälften?

Die Hälfte von 44 Pfennigen sind ☐ Pfennige.

**Wir können gerade Linien halbieren.**

2 Zeichne den Strich ab. Halbiere ihn. Wie lang sind beide Hälften?

Beide Hälften sind ☐ cm lang.

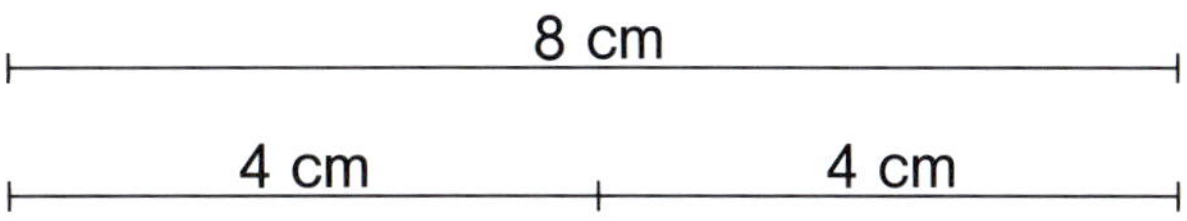


3 Zeichne diese geraden Striche ab und halbiere sie.

**Wir können Flächen halbieren.**

4 Zeichne die Flächen ab und halbiere sie genauso.

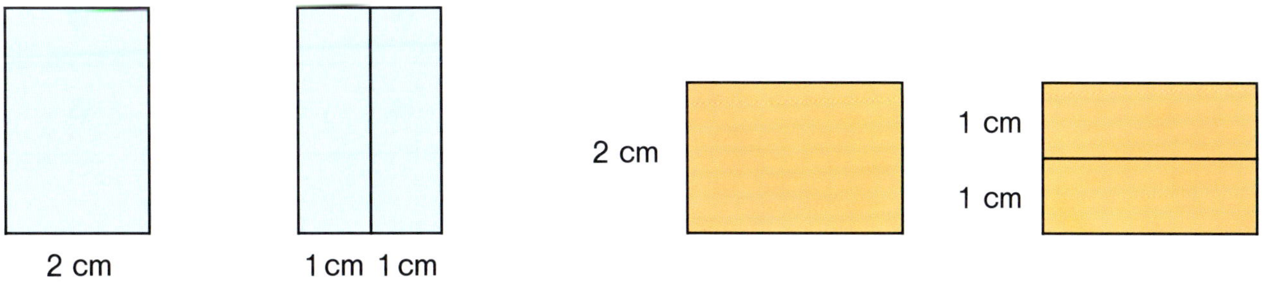


5 Zeichne die Fläche ab,
daneben eine, die halb so hoch ist.

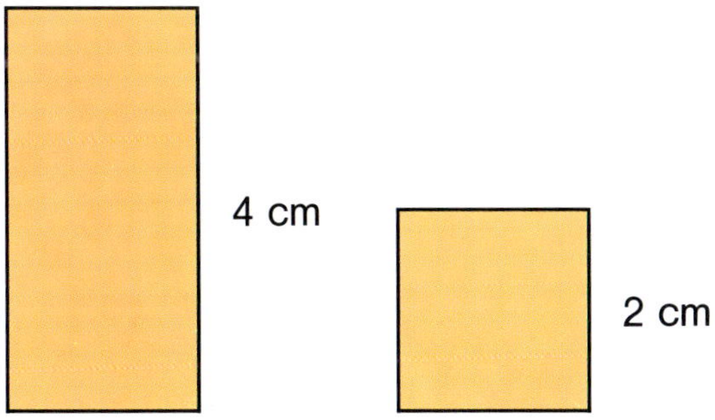


6 Zeichne die Fläche ab,
daneben eine, die halb so hoch ist.
In Aufgabe 5 siehst du, wie es gemacht wird.

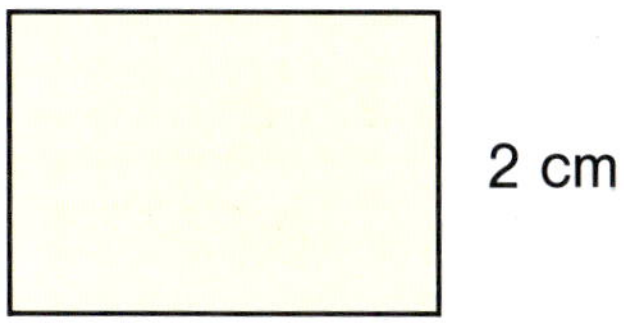

**Wir können Mengen in gleichgroße Teile zerlegen.**

1 Zerlege die Menge genauso.

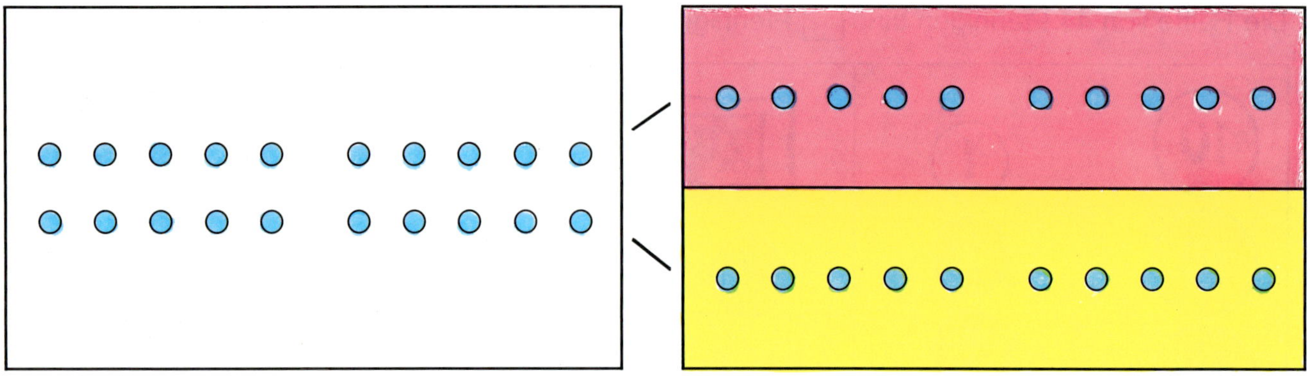

**20 = 2 mal** ☐

2

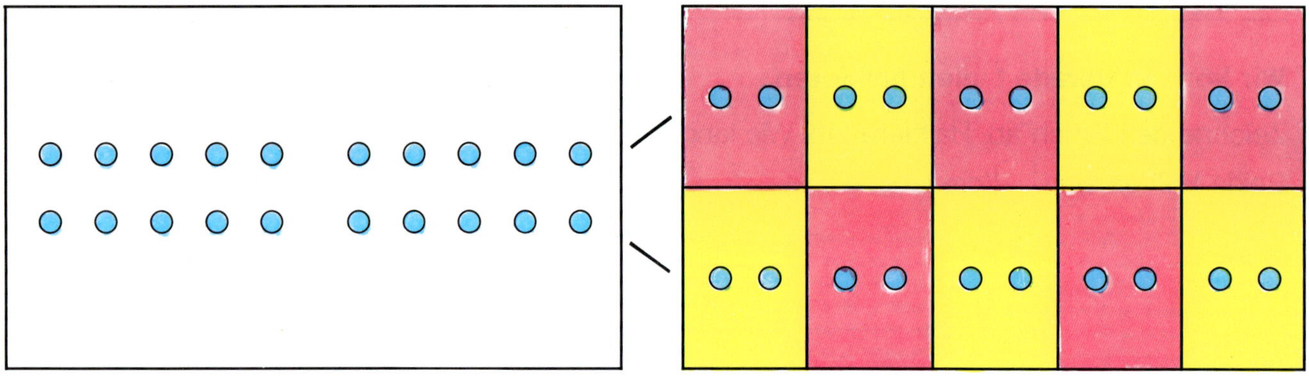

**20 = 10 mal** ☐

3

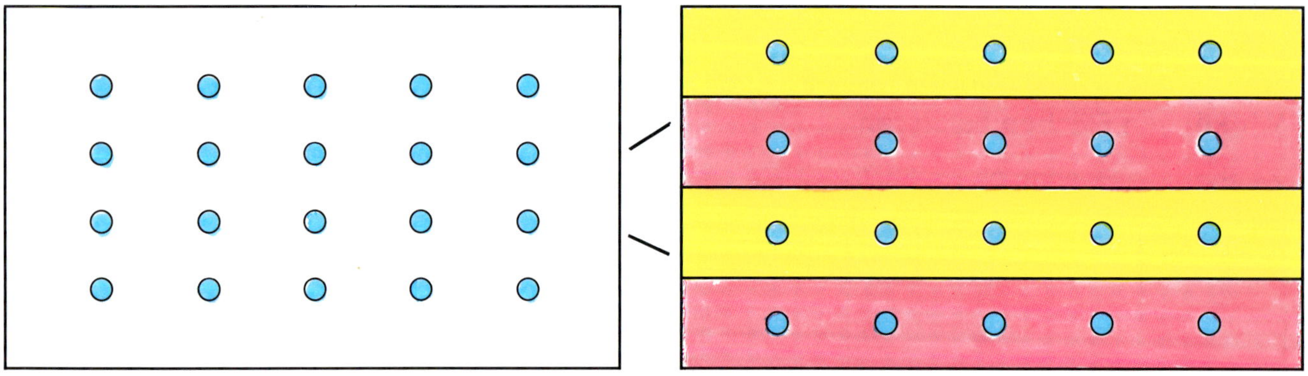

**20 = 4 mal** ☐

4

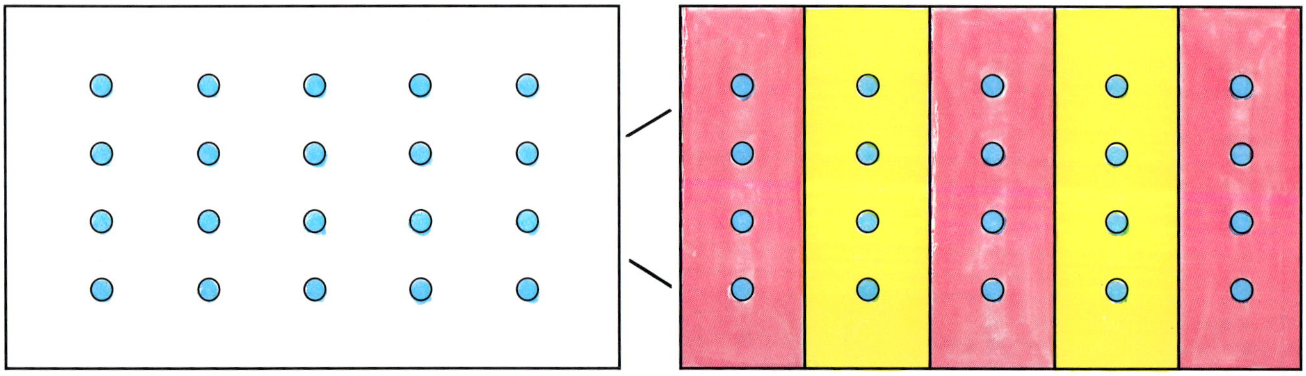

**20 = 5 mal** ☐

**Wir können Mengen verschieden einteilen.**

1 Lege und teile genauso ein.

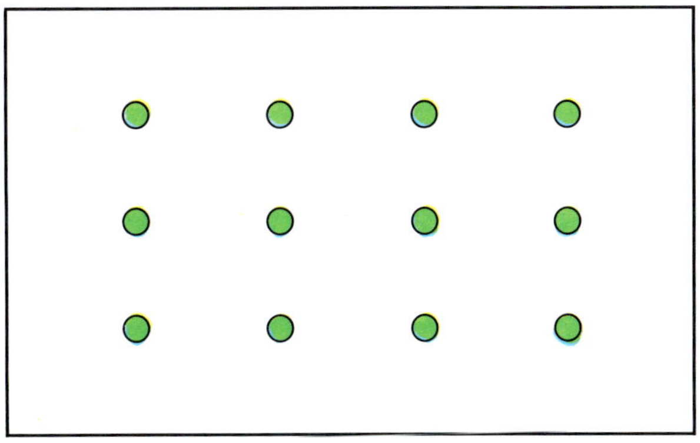

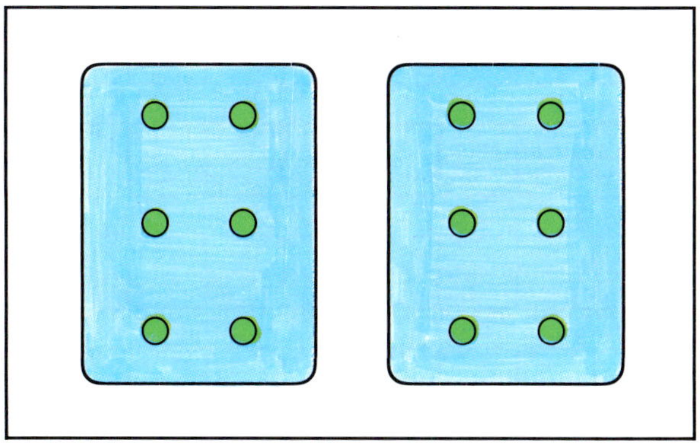

**12 = 2 mal** ☐

2

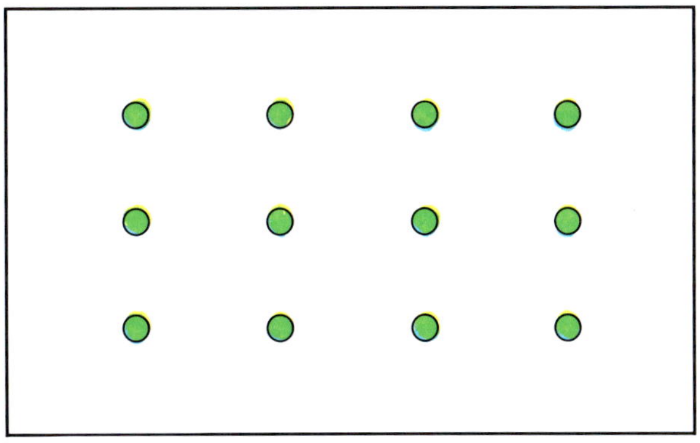

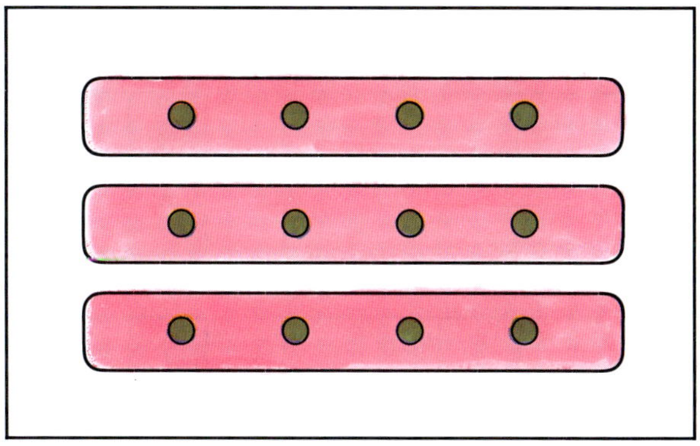

**12 = 3 mal** ☐

3

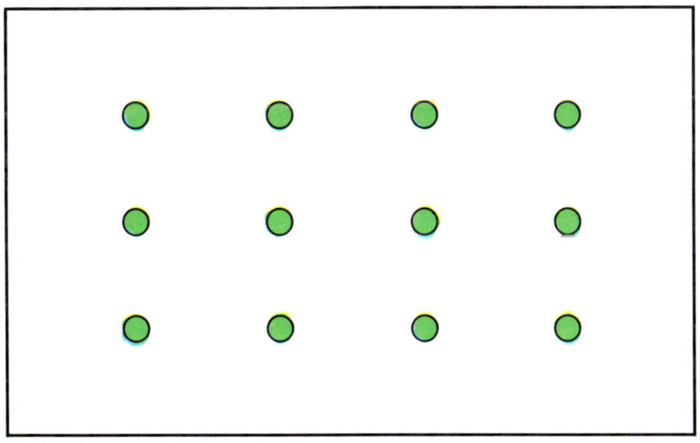

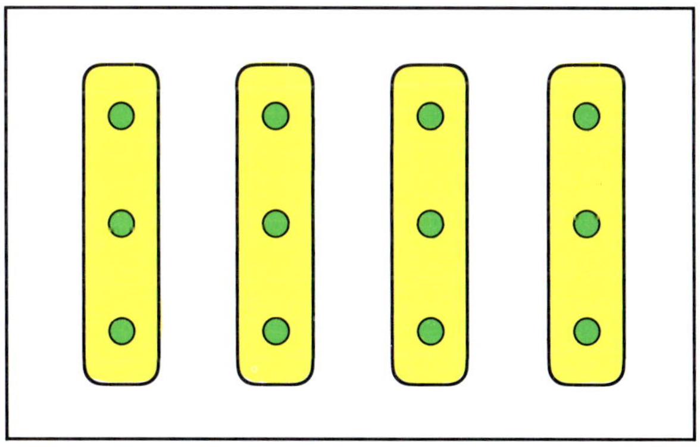

**12 = 4 mal** ☐

4

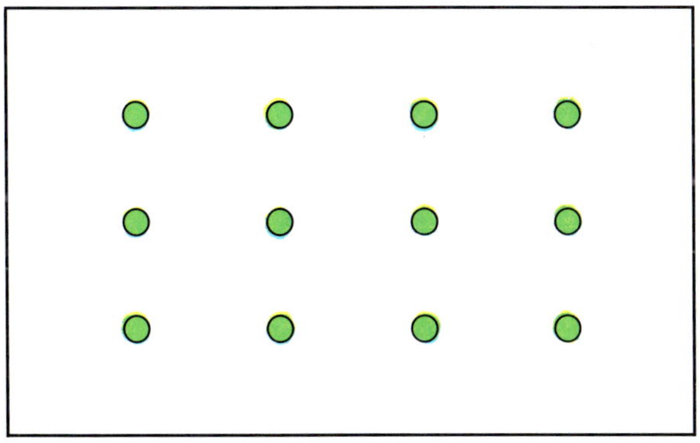

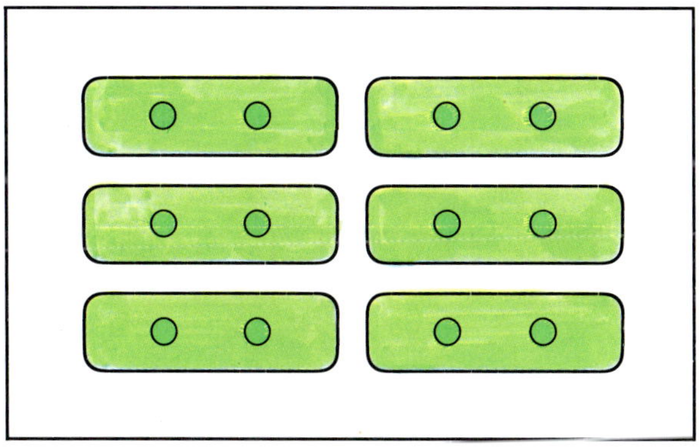

**12 = 6 mal** ☐

**Wir können die Zehnerzahlen von 10 bis 100,**
**die Fünferzahlen von 5 bis 50,**
**die Zweierzahlen von 2 bis 20 aufsagen.**

1

| | | | | | | | | | |
|---|---|---|---|---|---|---|---|---|---|
| | | | | | | | | | 10 |
| | | | | | | | | | 20 |
| | | | | | | | | | 30 |
| | | | | | | | | | 40 |
| | | | | | | | | | 50 |
| | | | | | | | | | 60 |
| | | | | | | | | | 70 |
| | | | | | | | | | 80 |
| | | | | | | | | | 90 |
| | | | | | | | | | 100 |

2

10 + 10 = □
20 + 10 = □
30 + 10 = □
40 + 10 = □
50 + 10 = □
60 + 10 = □
70 + 10 = □
80 + 10 = □
90 + 10 = □

3

| | | | | | | | | | |
|---|---|---|---|---|---|---|---|---|---|
| | | | | 5 | | | | | 10 |
| | | | | 15 | | | | | 20 |
| | | | | 25 | | | | | 30 |
| | | | | 35 | | | | | 40 |
| | | | | 45 | | | | | 50 |

4

5 + 5 = □
10 + 5 = □
15 + 5 = □
20 + 5 = □
25 + 5 = □
30 + 5 = □
35 + 5 = □
40 + 5 = □
45 + 5 = □

5

| | | | | | | | | | |
|---|---|---|---|---|---|---|---|---|---|
| | 2 | | 4 | | 6 | | 8 | | 10 |
| | 12 | | 14 | | 16 | | 18 | | 20 |

6

2 + 2 = □
4 + 2 = □
6 + 2 = □
8 + 2 = □
10 + 2 = □
12 + 2 = □
14 + 2 = □
16 + 2 = □
18 + 2 = □

**Wir können die Aufgaben des 1 mal 10 lösen.**

1 Ein Kaugummi kostet 10 Pfennige. Stefan kauft 4 Stück.
Wieviel muß er bezahlen?

Stefan muß ☐ Pfennige bezahlen.

So malt und rechnet Stefan:

$10 + 10 + 10 + 10 = 40$

So malt und rechnet Gabi:

$4 \cdot 10 = 40$

Welche Rechnung ist kürzer?

2 Hier kannst du ablesen, wieviel
5, 6, 10 Kaugummis kosten.

Sprich so:
Für 2 Kaugummis muß ich
2 mal 10 Pfennige bezahlen.

2 mal 10 Pf = 20 Pf
2 Kaugummis kosten also 20 Pfennige.

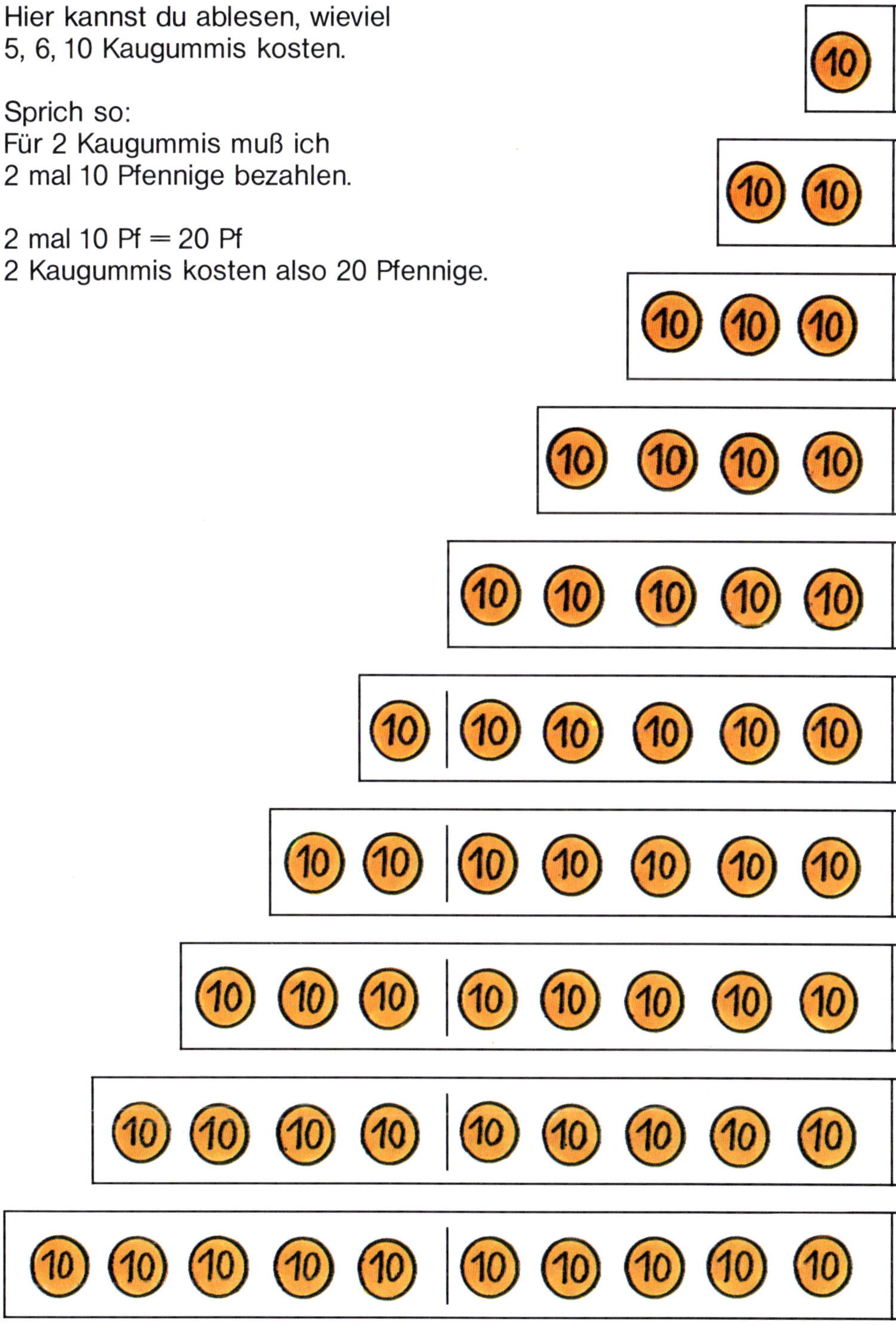

$1 \cdot 10 = 10$

$2 \cdot 10 = 20$

$3 \cdot 10 = 30$

$4 \cdot 10 = 40$

$5 \cdot 10 = 50$

$6 \cdot 10 = 60$

$7 \cdot 10 = 70$

$8 \cdot 10 = 80$

$9 \cdot 10 = 90$

$10 \cdot 10 = 100$

1 Schreibe neben die +Aufgaben die Malaufgaben.
Schreibe die Reihe weiter, bis es 10 Zehner sind.

| | |
|---|---|
| 10 + 10 = 20 | 2 mal 10 = 20 |
| 10 + 10 + 10 = 30 | 3 mal 10 = 30 |
| 10 + 10 + 10 + 10 = □ | 4 mal 10 = □ |
| 10 + 10 + 10 + 10 + 10 = □ | 5 mal 10 = □ |
| 10 + 10 + 10 + 10 + 10 + 10 = □ | 6 mal 10 = □ |

2 Nenne alle Zahlen, die keine Zehnerzahlen sind.
Male die Kästchen mit den Zahlen ab. Kreise alle Zehnerzahlen ein.

| | | | | | | | | | | |
|---|---|---|---|---|---|---|---|---|---|---|
| 15 | 28 | 13 | 41 | 29 | 69 | 50 | 58 | 89 | 74 | 40 |
| 10 | 7 | 20 | 42 | 30 | 70 | 51 | 59 | 90 | 75 | 33 |
| 16 | 100 | 34 | 43 | 31 | 71 | 52 | 60 | 91 | 76 | 80 |

3 Lege die Aufgaben mit Zehnerstreifen.

| A | B | C | D | E | F |
|---|---|---|---|---|---|
| 3 · 10 = | 2 · 10 = | 4 · 10 = | 8 · 10 = | 9 · 10 = | 10 · 10 = |
| 5 · 10 = | 3 · 10 = | 7 · 10 = | 9 · 10 = | 8 · 10 = | 3 · 10 = |
| 4 · 10 = | 6 · 10 = | 6 · 10 = | 7 · 10 = | 7 · 10 = | 1 · 10 = |
| 6 · 10 = | 5 · 10 = | 8 · 10 = | 6 · 10 = | 4 · 10 = | 6 · 10 = |
| 7 · 10 = | 1 · 10 = | 10 · 10 = | 5 · 10 = | 2 · 10 = | 5 · 10 = |

4 Lege mit Zehnpfennigstücken.

| A | B | C | D |
|---|---|---|---|
| 4 · 10 Pf = □ Pf | 1 · 10 Pf = □ Pf | 3 · 10 Pf = □ Pf | 10 · 10 Pf = □ Pf |
| 6 · 10 Pf = □ Pf | 5 · 10 Pf = □ Pf | 5 · 10 Pf = □ Pf | 8 · 10 Pf = □ Pf |
| 7 · 10 Pf = □ Pf | 10 · 10 Pf = □ Pf | 7 · 10 Pf = □ Pf | 6 · 10 Pf = □ Pf |
| 8 · 10 Pf = □ Pf | 2 · 10 Pf = □ Pf | 9 · 10 Pf = □ Pf | 4 · 10 Pf = □ Pf |
| 9 · 10 Pf = □ Pf | 6 · 10 Pf = □ Pf | 6 · 10 Pf = □ Pf | 2 · 10 Pf = □ Pf |
| 3 · 10 Pf = □ Pf | 4 · 10 Pf = □ Pf | 1 · 10 Pf = □ Pf | 5 · 10 Pf = □ Pf |

5 Male das Geld. Schreibe die richtigen Malaufgaben darunter.

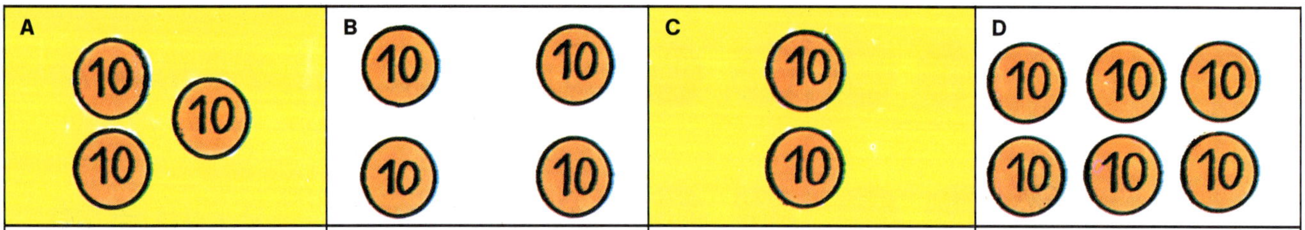


| A | B | C | D |
|---|---|---|---|
| **3 · 10 Pf = □ Pf** | | | |

6 Die Mutter kauft 4 Schachteln Eier. In jeder Schachtel sind 10 Eier.
Wie viele Eier sind es im ganzen? Es sind □ Eier.

7 Der Vater kauft 5 Beutel Pralinen. In jedem Beutel sind 10 Pralinen.
Wie viele Pralinen sind es im ganzen? Es sind □ Pralinen.

**Wir können die Aufgaben des 1 mal 5 lösen.**

1 Ein Bonbon kostet 5 Pfennige. Petra kauft 3 Stück.
Wieviel muß sie dafür bezahlen?

Petra muß ☐ Pfennige bezahlen

So malt und rechnet Petra:

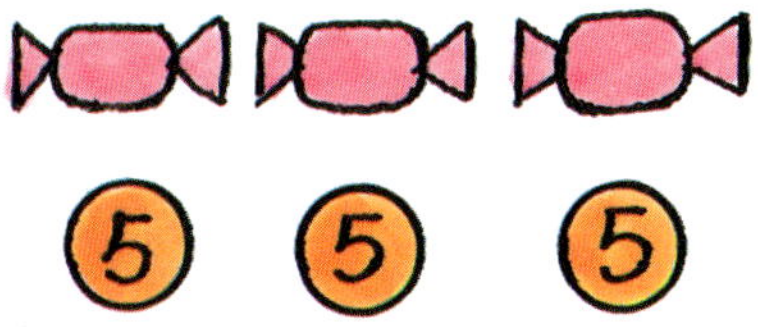


$5 + 5 + 5 = 15$

So malt und rechnet Anja:

$3 \cdot 5 = 15$

2 Hier kannst du ablesen,
wieviel 2, 6, 9 Bonbons kosten.

Sprich so:
Für 5 Bonbons muß ich
5 mal 5 Pfennige hinlegen.

5 mal 5 Pf = 25 Pf
5 Bonbons kosten 25 Pf.

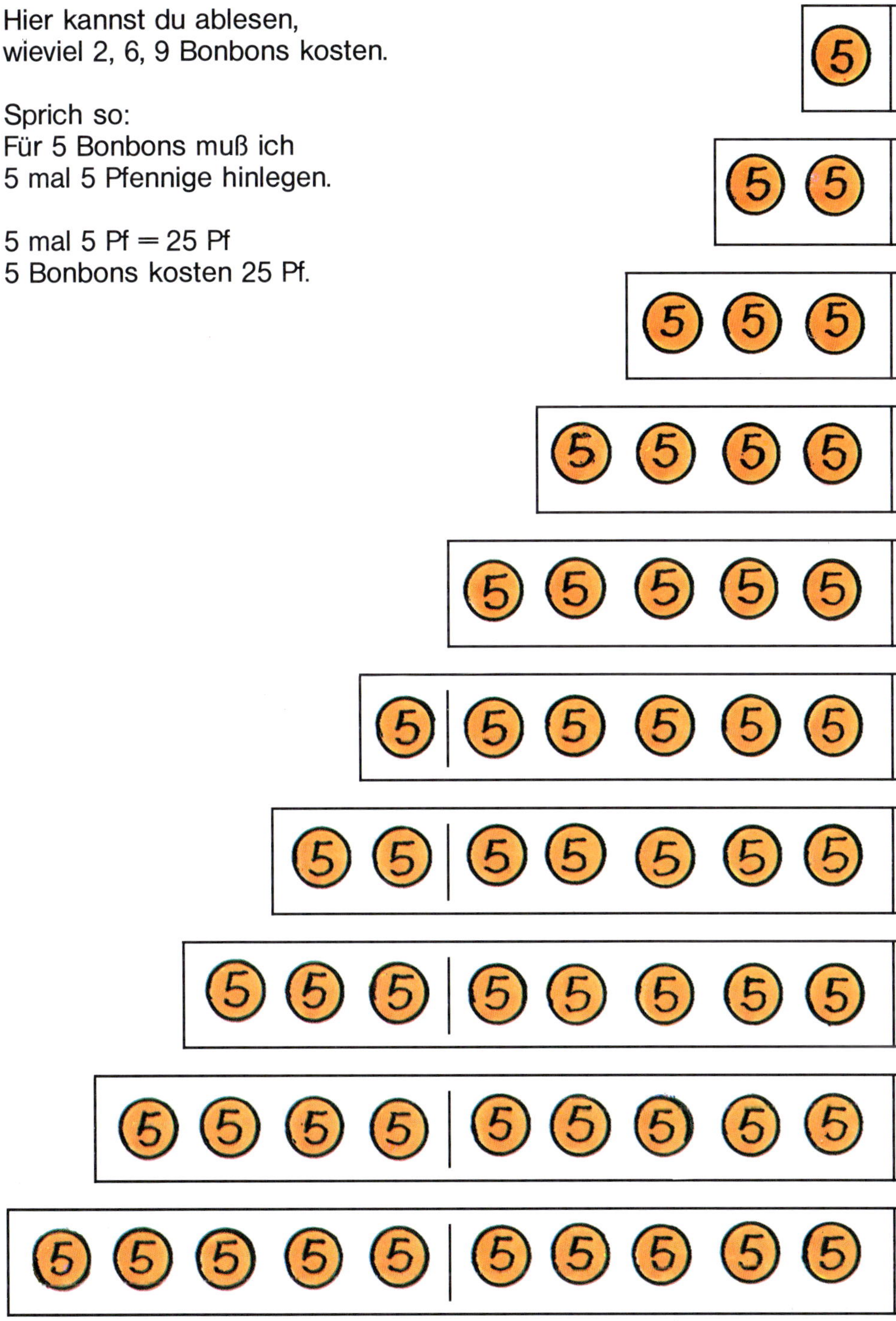

$1 \cdot 5 = 5$

$2 \cdot 5 = 10$

$3 \cdot 5 = 15$

$4 \cdot 5 = 20$

$5 \cdot 5 = 25$

$6 \cdot 5 = 30$

$7 \cdot 5 = 35$

$8 \cdot 5 = 40$

$9 \cdot 5 = 45$

$10 \cdot 5 = 50$

1 Schreibe neben die +Aufgaben die Malaufgaben.
Schreibe die Reihe weiter, bis es 10 Fünfer sind.

| | |
|---|---|
| 5 + 5 = 10 | 2 mal 5 = 10 |
| 5 + 5 + 5 = 15 | 3 mal 5 = 15 |
| 5 + 5 + 5 + 5 = ☐ | 4 mal 5 = ☐ |
| 5 + 5 + 5 + 5 + 5 = ☐ | 5 mal 5 = ☐ |
| 5 + 5 + 5 + 5 + 5 + 5 = ☐ | 6 mal 5 = ☐ |

2 Nenne alle Zahlen, die keine Fünferzahlen sind.
Male die Kästchen ab. Kreise alle Fünferzahlen ein.

| | | | | | | | | | | |
|---|---|---|---|---|---|---|---|---|---|---|
| 7 | 23 | 29 | 18 | 46 | 12 | 27 | 34 | 43 | 11 | 25 |
| 18 | 5 | 30 | 19 | 8 | 13 | 37 | 35 | 44 | 10 | 39 |
| 50 | 42 | 31 | 20 | 49 | 15 | 47 | 36 | 45 | 9 | 40 |

3 Lege die Aufgaben mit Fünferstreifen.

| A | B | C | D | E | F |
|---|---|---|---|---|---|
| 3 · 5 = | 1 · 5 = | 6 · 5 = | 9 · 5 = | 4 · 5 = | 3 · 5 = |
| 2 · 5 = | 9 · 5 = | 8 · 5 = | 7 · 5 = | 4 · 10 = | 9 · 10 = |
| 6 · 5 = | 4 · 5 = | 4 · 5 = | 5 · 5 = | 7 · 5 = | 9 · 5 = |
| 7 · 5 = | 10 · 5 = | 2 · 5 = | 3 · 5 = | 7 · 10 = | 8 · 10 = |
| 8 · 5 = | 5 · 5 = | 10 · 5 = | 1 · 5 = | 8 · 5 = | 8 · 5 = |

4 Lege mit Fünfpfennigstücken.

| A | B | C | D |
|---|---|---|---|
| 6 · 5 Pf = ☐ Pf | 10 · 5 Pf = ☐ Pf | 3 · 5 Pf = ☐ Pf | 10 · 5 Pf = ☐ Pf |
| 7 · 5 Pf = ☐ Pf | 9 · 5 Pf = ☐ Pf | 6 · 5 Pf = ☐ Pf | 1 · 5 Pf = ☐ Pf |
| 3 · 5 Pf = ☐ Pf | 1 · 5 Pf = ☐ Pf | 8 · 5 Pf = ☐ Pf | 4 · 5 Pf = ☐ Pf |
| 4 · 5 Pf = ☐ Pf | 8 · 5 Pf = ☐ Pf | 2 · 5 Pf = ☐ Pf | 7 · 5 Pf = ☐ Pf |
| 2 · 5 Pf = ☐ Pf | 6 · 5 Pf = ☐ Pf | 7 · 5 Pf = ☐ Pf | 3 · 5 Pf = ☐ Pf |
| 8 · 5 Pf = ☐ Pf | 4 · 5 Pf = ☐ Pf | 5 · 5 Pf = ☐ Pf | 8 · 5 Pf = ☐ Pf |

5 Male das Geld. Schreibe die richtigen Malaufgaben darunter.

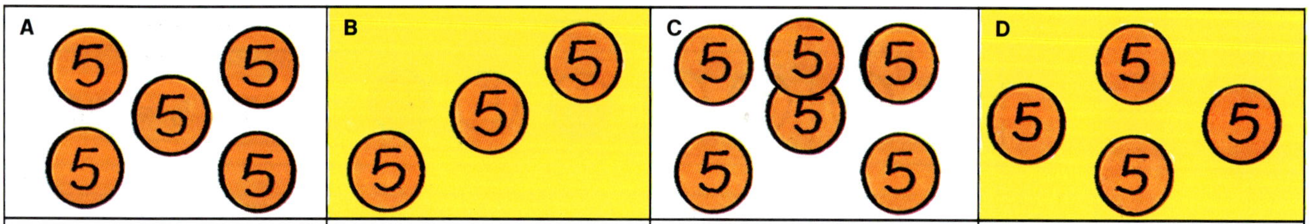


| A | B | C | D |
|---|---|---|---|
| **5 · 5 Pf = ☐ Pf** | | | |

6 Die Mutter kauft 6 Netze mit Orangen. In jedem Netz sind 5 Orangen. Wie viele Orangen sind es im ganzen?

Es sind ☐ Orangen.

7 Oskar kauft 4 Packungen Kaugummis. In jeder Packung sind 5 Kaugummis. Wie viele Kaugummis sind es im ganzen.

Es sind ☐ Kaugummis.

**Wir können die Aufgaben des 1 mal 2 lösen.**

1 Ein Faserschreiber kostet 2 Mark. Erich kauft 3 Stück.
Wieviel muß er dafür bezahlen?

Erich muß ___ Mark bezahlen.

So rechnet Barbi:

$2 + 2 + 2 = 6$

So rechnet Friedrich:

$3 \cdot 2 = 6$

2 Hier kannst du ablesen, wieviel
3, 5, 8, 10 Faserschreiber kosten.

Rechne so:
Für 4 Faserschreiber muß ich
4 mal 2 Mark bezahlen.

4 mal 2 DM = 8 DM
4 Faserschreiber kosten 8 Mark.

$1 \cdot 2 = 2$

$2 \cdot 2 = 4$

$3 \cdot 2 = 6$

$4 \cdot 2 = 8$

$5 \cdot 2 = 10$

$6 \cdot 2 = 12$

$7 \cdot 2 = 14$

$8 \cdot 2 = 16$

$9 \cdot 2 = 18$

$10 \cdot 2 = 20$

**1** Schreibe neben die +Aufgaben die Malaufgaben.
Schreibe die Reihe weiter, bis es 10 Zweier sind.

| | |
|---|---|
| 2 + 2 = 4 | 2 mal 2 = 4 |
| 2 + 2 + 2 = 6 | 3 mal 2 = 6 |
| 2 + 2 + 2 + 2 = □ | 4 mal 2 = □ |
| 2 + 2 + 2 + 2 + 2 = □ | 5 mal 2 = □ |
| 2 + 2 + 2 + 2 + 2 + 2 = □ | 6 mal 2 = □ |

**2** Zeichne die Kästchen mit den Zahlen ab. Male alle Kästchen mit Zweierzahlen gelb aus.
Schreibe die Zweierzahlen von 2 bis 20 auswendig auf.

| | | | | | | | | | |
|---|---|---|---|---|---|---|---|---|---|
| 1 | 2 | 3 | 4 | 5 | 6 | 7 | 8 | 9 | 10 |
| 11 | 12 | 13 | 14 | 15 | 16 | 17 | 18 | 19 | 20 |

**3** Lege die Aufgaben mit Zweierstreifen.

| A | B | C | D | E | F |
|---|---|---|---|---|---|
| 3 · 2 = | 10 · 2 = | 7 · 2 = | 8 · 2 = | 9 · 2 = | 8 · 2 = |
| 2 · 2 = | 8 · 2 = | 5 · 2 = | 6 · 2 = | 7 · 2 = | 6 · 2 = |
| 5 · 2 = | 9 · 2 = | 3 · 2 = | 4 · 2 = | 5 · 2 = | 2 · 2 = |
| 7 · 2 = | 1 · 2 = | 9 · 2 = | 2 · 2 = | 1 · 2 = | 3 · 2 = |
| 6 · 2 = | 4 · 2 = | 1 · 2 = | 10 · 2 = | 10 · 2 = | 4 · 2 = |

**4** Lege mit Zweipfennigstücken.

| A | B | C | D |
|---|---|---|---|
| 4 · 2 Pf = □ Pf | 3 · 2 Pf = □ Pf | 8 · 2 Pf = □ Pf | 9 · 2 Pf = □ Pf |
| 6 · 2 Pf = □ Pf | 10 · 2 Pf = □ Pf | 6 · 2 Pf = □ Pf | 3 · 2 Pf = □ Pf |
| 7 · 2 Pf = □ Pf | 1 · 2 Pf = □ Pf | 4 · 2 Pf = □ Pf | 5 · 2 Pf = □ Pf |
| 5 · 2 Pf = □ Pf | 2 · 2 Pf = □ Pf | 10 · 2 Pf = □ Pf | 7 · 2 Pf = □ Pf |
| 8 · 2 Pf = □ Pf | 9 · 2 Pf = □ Pf | 2 · 2 Pf = □ Pf | 1 · 2 Pf = □ Pf |

**5** Zeichne die Kästchen mit den Dingen.
Schreibe die richtigen Malaufgaben darunter.

| | B | C | D |
|---|---|---|---|
| **3 · 2 = □** | | | |

**6**

| A | B | C | D | E | F |
|---|---|---|---|---|---|
| 4 · 2 = | 3 · 2 = | 10 · 2 = | 6 · 2 = | 1 · 2 = | 7 · 10 = |
| 4 · 5 = | 3 · 5 = | 10 · 5 = | 6 · 5 = | 1 · 5 = | 9 · 5 = |
| 4 · 10 = | 3 · 10 = | 10 · 10 = | 6 · 10 = | 1 · 10 = | 8 · 2 = |
| 2 · 2 = | 5 · 2 = | 7 · 2 = | 8 · 2 = | 9 · 2 = | 6 · 10 = |
| 2 · 5 = | 5 · 5 = | 7 · 5 = | 8 · 5 = | 9 · 5 = | 4 · 5 = |
| 2 · 10 = | 5 · 10 = | 7 · 10 = | 8 · 10 = | 9 · 10 = | 10 · 2 = |

1 Welche Malaufgaben passen zu den Bildern? Schreibe sie auf.

2

| | | | | | | | | | |
|---|---|---|---|---|---|---|---|---|---|
| 2 | 4 | 6 | 8 | 10 | 1 | 3 | 5 | 7 | 9 |

·

| | | |
|---|---|---|
| 2 | 5 | 10 |

3

| A | B | C | D |
|---|---|---|---|
| $3 \cdot 10 + 1 =$ | $6 \cdot 5 + 4 =$ | $7 \cdot 2 + 7 =$ | $3 \cdot 10 + 1 =$ |
| $5 \cdot 10 + 3 =$ | $8 \cdot 5 + 6 =$ | $4 \cdot 2 + 6 =$ | $4 \cdot 5 + 4 =$ |
| $7 \cdot 10 + 5 =$ | $9 \cdot 5 + 8 =$ | $2 \cdot 2 + 5 =$ | $6 \cdot 2 + 5 =$ |
| $6 \cdot 10 + 7 =$ | $4 \cdot 5 + 10 =$ | $3 \cdot 2 + 4 =$ | $8 \cdot 10 + 6 =$ |
| $8 \cdot 10 + 9 =$ | $3 \cdot 5 + 9 =$ | $8 \cdot 2 + 3 =$ | $5 \cdot 5 + 9 =$ |
| $2 \cdot 10 + 2 =$ | $10 \cdot 5 + 8 =$ | $10 \cdot 2 + 2 =$ | $2 \cdot 2 + 7 =$ |

4

| A | B | C | D |
|---|---|---|---|
| $6 \cdot 2 - 3 =$ | $7 \cdot 5 - 6 =$ | $10 \cdot 10 - 20 =$ | $3 \cdot 2 - 1 =$ |
| $4 \cdot 2 - 7 =$ | $5 \cdot 5 - 8 =$ | $8 \cdot 10 - 30 =$ | $7 \cdot 5 - 8 =$ |
| $7 \cdot 2 - 5 =$ | $10 \cdot 5 - 9 =$ | $6 \cdot 10 - 50 =$ | $5 \cdot 10 - 20 =$ |
| $3 \cdot 2 - 1 =$ | $1 \cdot 5 - 1 =$ | $4 \cdot 10 - 5 =$ | $8 \cdot 2 - 10 =$ |
| $5 \cdot 2 - 9 =$ | $9 \cdot 5 - 10 =$ | $9 \cdot 10 - 6 =$ | $6 \cdot 5 - 20 =$ |
| $2 \cdot 2 - 3 =$ | $6 \cdot 5 - 4 =$ | $7 \cdot 10 - 2 =$ | $4 \cdot 10 - 40 =$ |

5

| A | B | C | D |
|---|---|---|---|
| $7 \cdot 5 + 3 =$ | $6 \cdot 10 - 10 =$ | $10 \cdot 2 + 8 =$ | $7 \cdot 2 + 6 =$ |
| $8 \cdot 5 - 8 =$ | $8 \cdot 10 + 7 =$ | $8 \cdot 2 - 6 =$ | $6 \cdot 5 - 30 =$ |
| $6 \cdot 5 + 4 =$ | $4 \cdot 10 - 20 =$ | $9 \cdot 2 + 10 -$ | $8 \cdot 10 + 10 =$ |
| $5 \cdot 5 - 7 =$ | $2 \cdot 10 + 50 =$ | $7 \cdot 2 - 5 =$ | $3 \cdot 2 - 4 =$ |
| $9 \cdot 5 + 2 =$ | $7 \cdot 10 - 3 =$ | $5 \cdot 2 + 30 =$ | $5 \cdot 5 + 5 =$ |
| $3 \cdot 5 - 5 =$ | $3 \cdot 10 + 5 =$ | $6 \cdot 2 - 6 =$ | $9 \cdot 10 - 80 =$ |

6 Welche der Malaufgaben paßt zum Bild? Schreibe sie auf.

| | |
|---|---|
| $5 \cdot 2 =$ ☐ | $4 \cdot 5 =$ ☐ |
| $5 \cdot 5 =$ ☐ | $4 \cdot 2 =$ ☐ |
| $5 \cdot 10 =$ ☐ | $4 \cdot 10 =$ ☐ |

7 Die Mutter kauft 5 Schachteln Gläser. In jeder Schachtel sind 5 Gläser.
Wie viele Gläser kauft sie im ganzen?

Die Mutter kauft ☐ Gläser.

8 Peter gibt seiner Schwester 6 Fünfpfennigstücke.
Wie viele Zehnpfennigstücke erhält er dafür von ihr?

Peter erhält ☐ Zehnpfennigstücke.

**Wir können die Ergebniszahlen des 1 mal 10, 1 mal 5 und 1 mal 2 in Malaufgaben zerlegen.**

1 Lege 6 Würfel. Teile sie in Zweiergruppen auf.
Schreibe die Zerlegeaufgabe darunter.

| | |
|---|---|
| **3 · 2 = 6** | **4 · 2 = 8** |
| **6 = 3 · 2** | **8 = 4 · 2** |

2 Lege mit Zehnern und zerlege dann.

| A | B | C | D | E | F |
|---|---|---|---|---|---|
| 10 = 1 · 10 | 60 = □ · 10 | 30 = □ · 10 | 100 = □ · 10 | 90 = □ · 10 | 100 = □ · 10 |
| 20 = 2 · 10 | 70 = □ · 10 | 50 = □ · 10 | 10 = □ · 10 | 70 = □ · 10 | 80 = □ · 10 |
| 30 = □ · 10 | 80 = □ · 10 | 70 = □ · 10 | 80 = □ · 10 | 50 = □ · 10 | 60 = □ · 10 |
| 40 = □ · 10 | 90 = □ · 10 | 90 = □ · 10 | 60 = □ · 10 | 30 = □ · 10 | 40 = □ · 10 |
| 50 = □ · 10 | 100 = □ · 10 | 20 = □ · 10 | 40 = □ · 10 | 10 = □ · 10 | 20 = □ · 10 |

3 Lege mit Fünfern und zerlege dann.

| A | B | C | D | E | F |
|---|---|---|---|---|---|
| 5 = 1 · 5 | 30 = □ · 5 | 10 = □ · 5 | 5 = □ · 5 | 10 = □ · 5 | 50 = □ · 5 |
| 10 = 2 · 5 | 35 = □ · 5 | 20 = □ · 5 | 15 = □ · 5 | 30 = □ · 5 | 15 = □ · 5 |
| 15 = □ · 5 | 40 = □ · 5 | 30 = □ · 5 | 25 = □ · 5 | 5 = □ · 5 | 45 = □ · 5 |
| 20 = □ · 5 | 45 = □ · 5 | 40 = □ · 5 | 35 = □ · 5 | 20 = □ · 5 | 30 = □ · 5 |
| 25 = □ · 5 | 50 = □ · 5 | 50 = □ · 5 | 45 = □ · 5 | 25 = □ · 5 | 35 = □ · 5 |

4 Lege mit Zweiern und zerlege dann.

| A | B | C | D | E | F |
|---|---|---|---|---|---|
| 2 = 1 · 2 | 12 = □ · 2 | 20 = □ · 2 | 10 = □ · 2 | 12 = □ · 2 | 70 = □ · 10 |
| 4 = 2 · 2 | 14 = □ · 2 | 18 = □ · 2 | 8 = □ · 2 | 25 = □ · 5 | 35 = □ · 5 |
| 6 = □ · 2 | 16 = □ · 2 | 16 = □ · 2 | 6 = □ · 2 | 60 = □ · 10 | 14 = □ · 2 |
| 8 = □ · 2 | 18 = □ · 2 | 14 = □ · 2 | 4 = □ · 2 | 30 = □ · 5 | 35 = □ · 5 |
| 10 = □ · 2 | 20 = □ · 2 | 12 = □ · 2 | 2 = □ · 2 | 18 = □ · 2 | 90 = □ · 10 |

5 Male das Geld. Zerlege die Geldmengen. Schreibe die richtigen Zerlegaufgaben darunter.

| A | B | C |
|---|---|---|
|  |  | 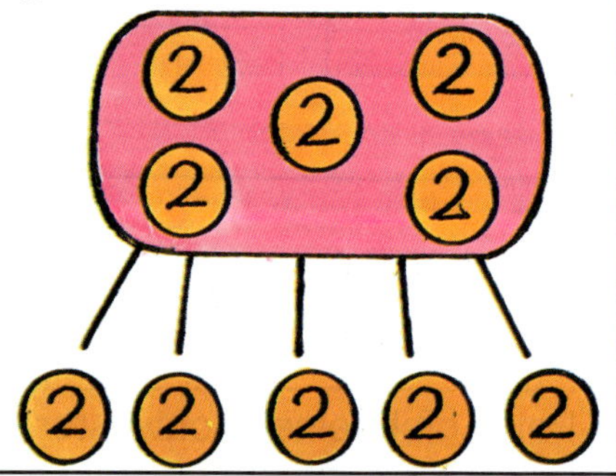 |
| **40 = 4 · □** | | |

**1** Vorsicht, verschiedenerlei Aufgaben!

| A | B | C | D | E | F |
|---|---|---|---|---|---|
| 3 · 10 = □ | 6 · 10 = □ | 4 · 5 = □ | 2 · 5 = □ | 7 · 2 = □ | 3 · 2 = □ |
| 30 = 3 · □ | 60 = 6 · □ | 20 = 4 · □ | 10 = 2 · □ | 14 = 7 · □ | 6 = 3 · □ |
| 5 · 10 = □ | 8 · 10 = □ | 6 · 5 = □ | 10 · 5 = □ | 8 · 2 = □ | 5 · 2 = □ |
| 50 = 5 · □ | 80 = 8 · □ | 30 = 6 · □ | 50 = 10 · □ | 16 = 8 · □ | 10 = 5 · □ |
| 7 · 10 = □ | 2 · 10 = □ | 7 · 5 = □ | 45 = 9 · □ | 9 · 2 = □ | 4 · 2 = □ |
| 70 = 7 · □ | 20 = 2 · □ | 35 = 7 · □ | 9 · 5 = □ | 18 = 9 · □ | 8 = 4 · □ |

**2**

| A | B | C |
|---|---|---|
| 30 DM + 20 DM = □ DM | 50 Pf + 40 Pf = □ Pf | 100 DM = 50 DM + □ DM |
| 80 DM − 10 DM = □ DM | 100 Pf − 25 Pf = □ Pf | 80 Pf = 20 Pf + □ Pf |
| 50 DM + 40 DM = □ DM | 20 Pf + 20 Pf = □ Pf | 50 DM = 25 DM + □ DM |
| 70 DM − 60 DM = □ DM | 100 Pf − 50 Pf = □ Pf | 70 Pf = 60 Pf + □ Pf |
| 30 DM + 50 DM = □ DM | 30 Pf + 8 Pf = □ Pf | 90 DM = 5 DM + □ DM |
| 90 DM − 80 DM = □ DM | 100 Pf − 75 Pf = □ Pf | 60 Pf = 59 Pf + □ Pf |

**3** Im Karton sind 12 Milchtüten. Hans nimmt die Hälfte der Tüten heraus.
Wie viele Milchtüten sind noch im Karton?

Im Karton sind noch □ Milchtüten.

**4** Der Vater nimmt 52 Mark mit. Er kauft für 40 Mark ein.
Wieviel Geld bringt er wieder mit heim?

Der Vater bringt □ Mark mit heim.

**5** Sonja verteilt 10 Kaugummis an ihre 5 Freundinnen.
Wie viele Kaugummis erhält jede?

Jede Freundin erhält □ Kaugummis.

**6**

| A | B | C | D | E | E |
|---|---|---|---|---|---|
| 22 + 30 = | 56 − 20 = | 42 + 5 = | 10 + 17 = | 25 + 22 = | 37 + □ = 49 |
| 45 − 10 = | 43 + 30 = | 64 − 3 = | 30 − 16 = | 39 − 11 = | 16 + 21 = □ |
| 34 + 20 = | 68 − 40 = | 37 + 2 = | 20 + 26 = | 24 + 23 = | 42 + □ = 62 |
| 67 − 30 = | 72 + 20 = | 59 − 8 = | 70 − 32 = | 45 − 32 = | 23 + 32 = □ |
| 82 + 10 = | 85 − 60 = | 24 + 5 = | 50 + 43 = | 43 + 43 = | 58 + □ = 88 |
| 59 − 40 = | 24 + 50 = | 86 − 4 = | 60 − 17 = | 68 − 25 = | 64 + 12 = □ |

**7**

| A | B | C |
|---|---|---|
| 25 m + 30 m = □ m | 26 cm + 7 cm = □ cm | 30 m − 12 m = □ m |
| 40 m + 12 m = □ m | 48 cm − 5 cm = □ cm | 56 cm + 8 cm = □ cm |
| 26 m − 15 m = □ m | 76 cm − 12 cm = □ cm | 63 m − 9 m = □ m |
| 58 m − 9 m = □ m | 13 cm + 24 cm = □ cm | 25 cm + 9 cm = □ cm |
| 37 m + 7 m = □ m | 28 cm + 5 cm = □ cm | 41 m − 6 m = □ m |
| 86 m + 8 m = □ m | 42 cm − 7 cm = □ cm | 87 cm + 5 cm = □ cm |

**Wir können Vierecke, Dreiecke, Kreise an Gegenständen erkennen.**

1 Wo siehst du Dreiecke, Vierecke, Kreise? Erzähle.

**Wir wissen, wie viele Ecken ein Dreieck, ein Viereck, ein Kreis hat.**

2 Zähle, wie viele Ecken jede Fläche hat. Zeichne die Flächen. Numeriere die Ecken.

Schreibe so: Ein Dreieck hat ☐ Ecken.

Ein Viereck hat ☐ Ecken.

Ein Kreis hat ☐ Ecken.

**Wir wissen, wie viele Seiten ein Viereck, ein Dreieck, ein Kreis hat.**

3 Wie viele Striche mußt du ziehen, um ein Viereck, ein Dreieck zu erhalten?
Wie ist es beim Kreis? Zeichne die Flächen ab. Numeriere die Seiten.

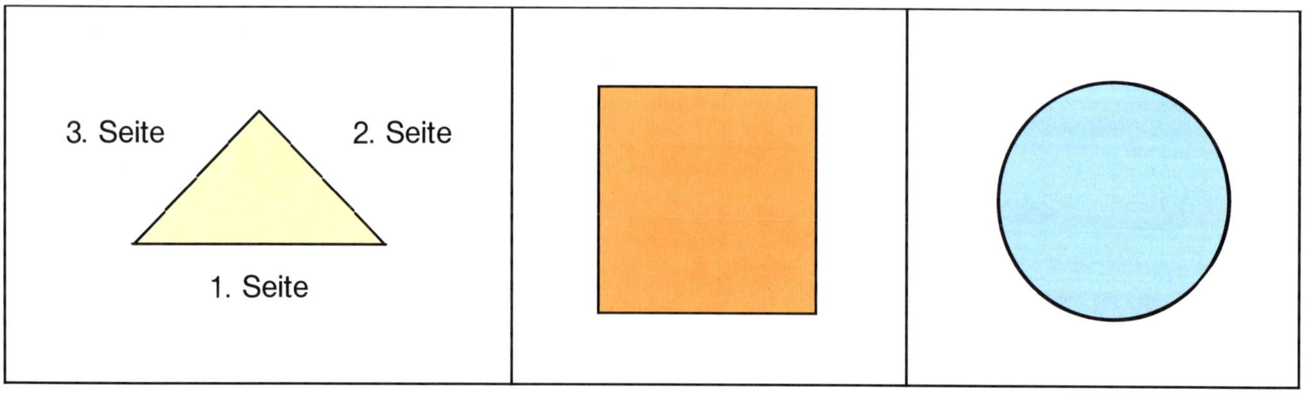


Schreibe so: Ein Dreieck hat ☐ Seiten.

Ein Viereck hat ☐ Seiten.

Ein Kreis hat ☐ Seiten.

**Wir können durch Schätzen und Messen feststellen,**
**wie lang die Seiten bei Vierecken und Dreiecken sind.**

1

3. Seite

4. Seite 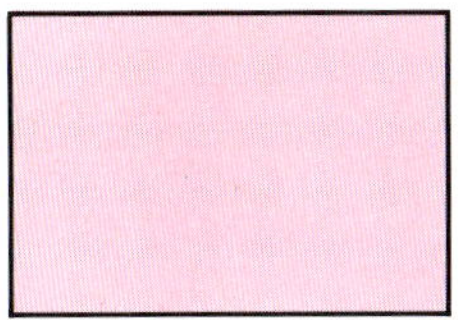 2. Seite

1. Seite

Schreibe so: 1. Seite = □ cm

2. Seite = □ cm

3. Seite = □ cm

4. Seite = □ cm

3. Seite

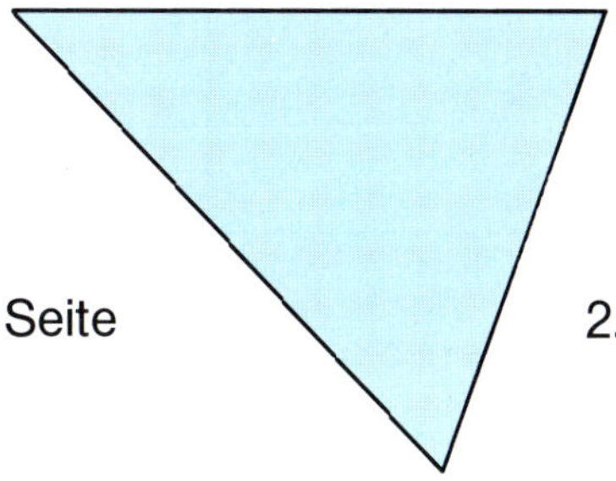

1. Seite 2. Seite

1. Seite = □ cm

2. Seite = □ cm

3. Seite = □ cm

2 Wie lang ist der Zaun um die Wiese?
Zähle die Längen der 4 Seiten zusammen.

Der Zaun ist □ cm lang.

3 Wie lang ist der Rand um das Spielfeld?

Der Rand ist □ cm lang.

**Wir können durch Schätzen und Messen feststellen,**
**bei welchen Vierecken und Dreiecken alle Seiten gleich lang sind.**

4 Stelle durch Schätzen und Messen fest, bei welchen Flächen alle Seiten gleich lang sind.

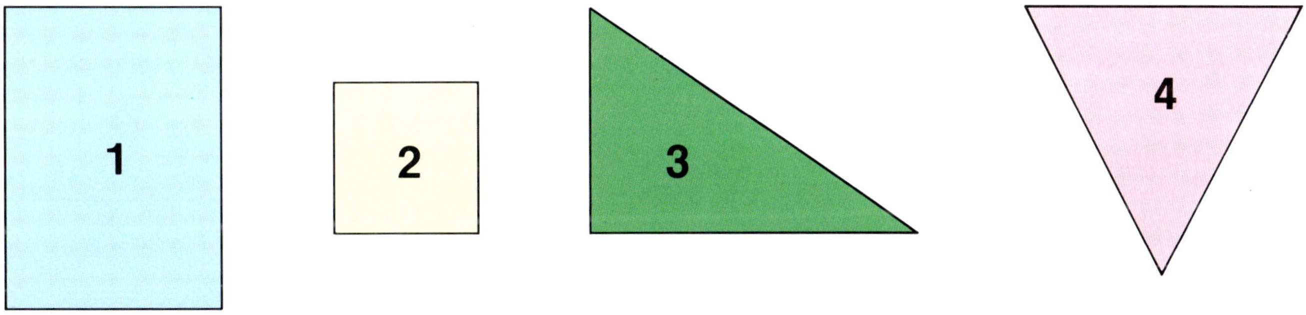


Bei Viereck Nummer □ sind alle Seiten gleich lang.

Bei Dreieck Nummer □ sind alle Seiten gleich lang.

**Wir können Vierecke und Dreiecke zeichnen.**

1 Zeichnet Vierecke und Dreiecke ohne Lineal.
Wir stellen fest: Die Linien werden nicht gerade. Wir nehmen das Lineal.
Welche Flächen wurden hier ohne Lineal gezeichnet? Sage die Nummern.

**Wir können Vierecke in gleicher Größe abzeichnen.**

2 Zeichnet die Vierecke genauso groß in euer Heft.
Meßt zuerst die Seiten aus. Schreibt auf, wie lang sie sind.

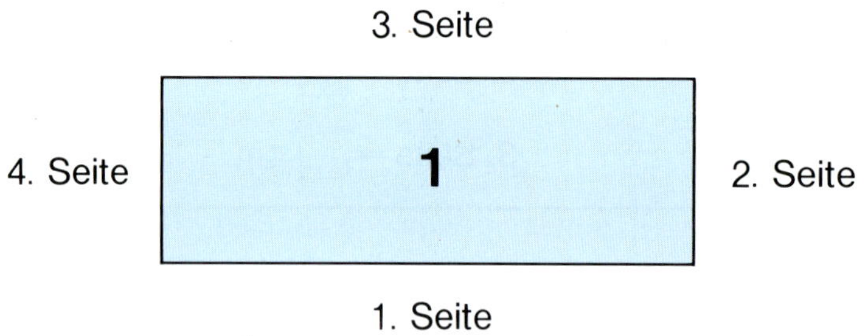


1. Seite = ☐ cm

2. Seite = ☐ cm

3. Seite = ☐ cm

4. Seite = ☐ cm

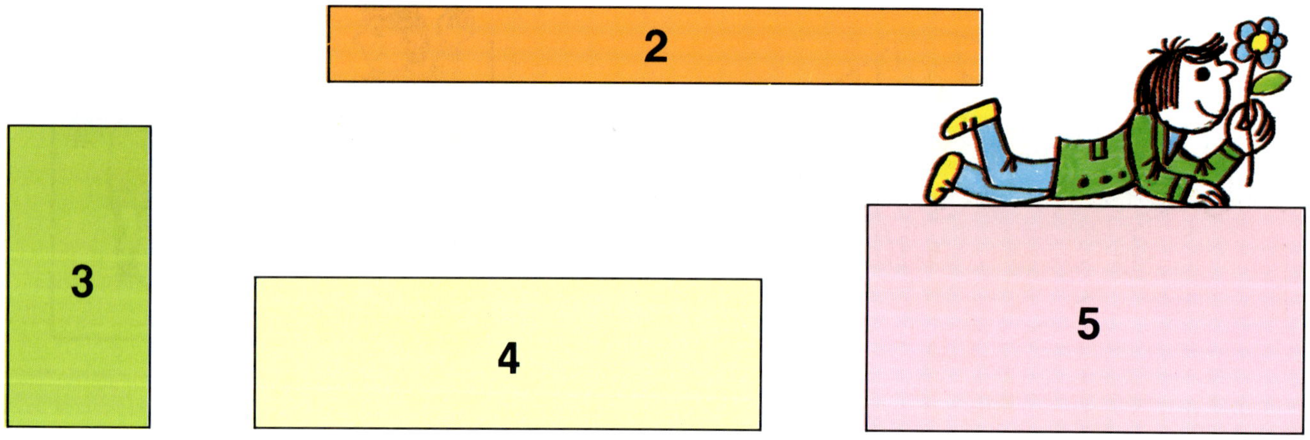


**Wir können bei nicht fertiggezeichneten Dreiecken und Vierecken die Länge der fehlenden Seite ausmessen.**

3 Eine Seite fehlt. Meßt aus, wie lang sie ist.

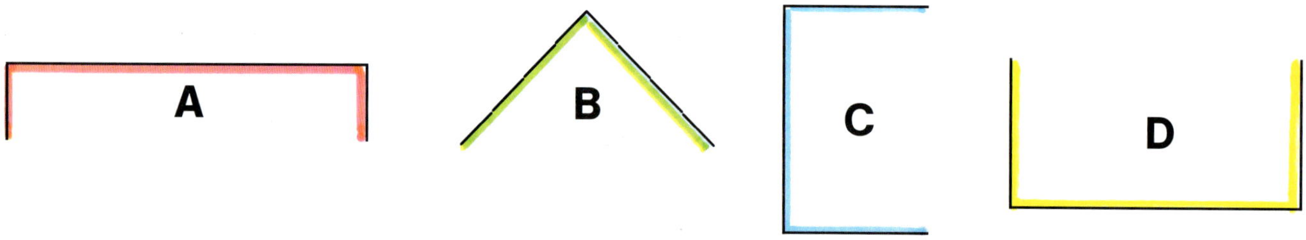


Die fehlende Seite bei Fläche A muß ☐ cm lang sein.

Die fehlende Seite bei Fläche B muß ☐ cm lang sein.

Die fehlende Seite bei Fläche C muß ☐ cm lang sein.

Die fehlende Seite bei Fläche D muß ☐ cm lang sein.

**Wir können Vierecke, Dreiecke und Kreise an Körpern erkennen.**

1 Bringe eine Zündholzschachtel mit.

Zerlege die beiden Teile und klebe sie in dein Heft.

Wie viele Flächen sind es? Es sind _____ Flächen.

Welche Flächen sind es? Es sind ___________

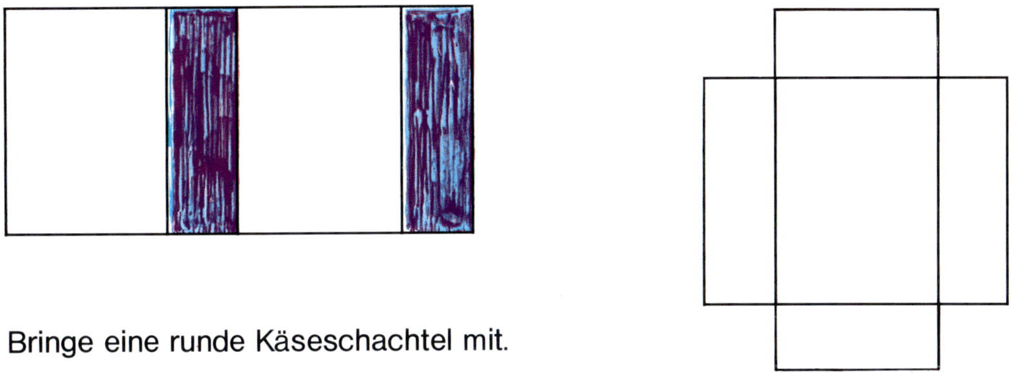

2 Bringe eine runde Käseschachtel mit.

Zerlege die beiden Teile und klebe sie in dein Heft.

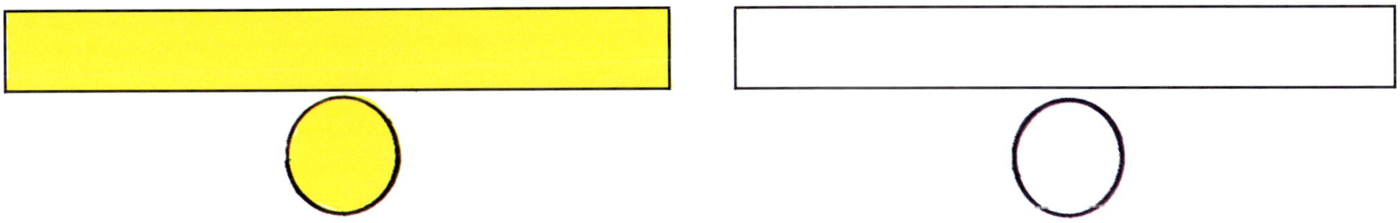

Wie viele Flächen sind es? Es sind _____ Flächen.

Welche Flächen sind es? Es sind ___________ und ___________

**Wir können die Grundfläche, die Deckfläche und die Seitenflächen an einem Körper erkennen.**

3 Zeige an deiner Streichholzschachtel die Grundfläche, die Deckfläche und die beiden Seitenflächen.

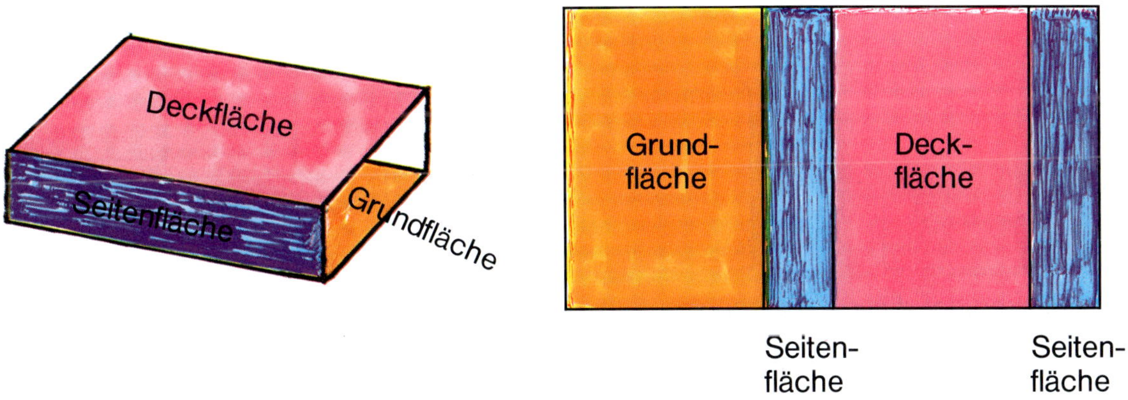

**Wir können Kanten an Körpern erkennen.**

1 Zeige an Peters Würfel eine Kante.

2 Zeige an dieser Schachtel eine Kante.
Wie viele Flächen stoßen bei einer Kante aneinander?

Bei einer Kante stoßen ☐ Flächen aneinander.

3 Zeige Kanten an mitgebrachten Schachteln.
Wie viele Kanten hat eine Schuhschachtel?

Eine Schuhschachtel hat ☐ Kanten.

**Wir können Ecken an Körpern erkennen.**

4 Hier siehst du eine Schachtel. Eine Ecke ist gelb gekennzeichnet.
Zeige sie.

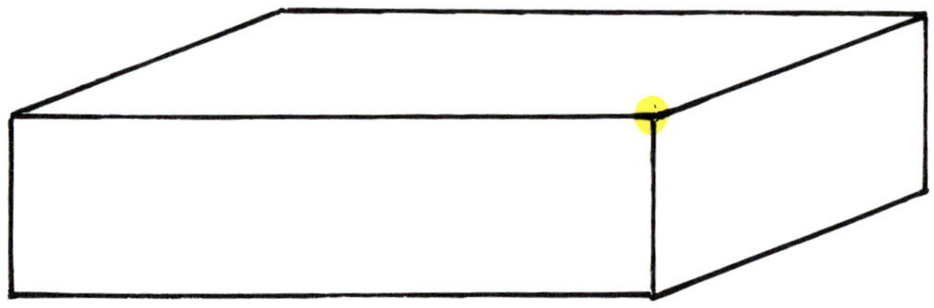

5 Zeige an jeder Schachtel eine Ecke.
Male bei deinen Schachteln an alle Ecken gelbe Punkte.

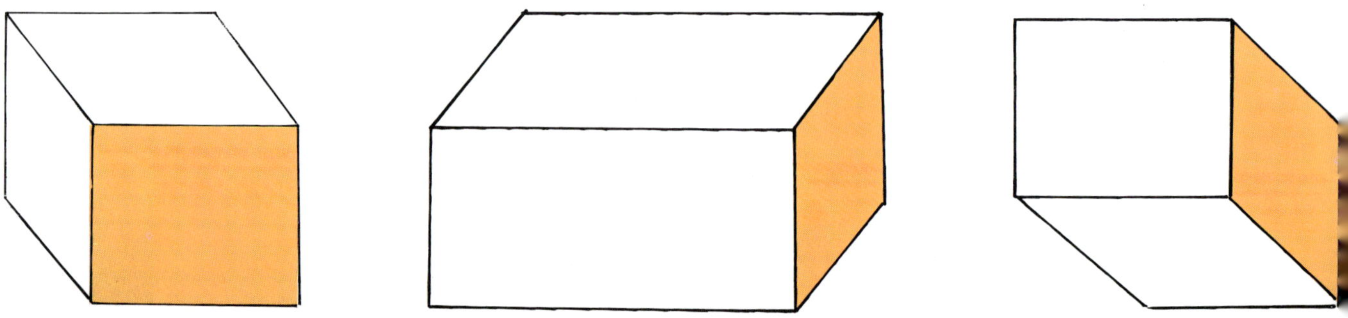

6 Wie viele Ecken hat deine Schuhschachtel?

Die Schuhschachtel hat ☐ Ecken.

**Wir können zusammengesetzte Flächen nachlegen und sagen, aus welchen Teilen sie sich zusammensetzen.**

1 Wie viele Flächen sind im ersten Feld? Welche Flächen sind es? Lege die Figur. Verwende die Formen der Beilage.

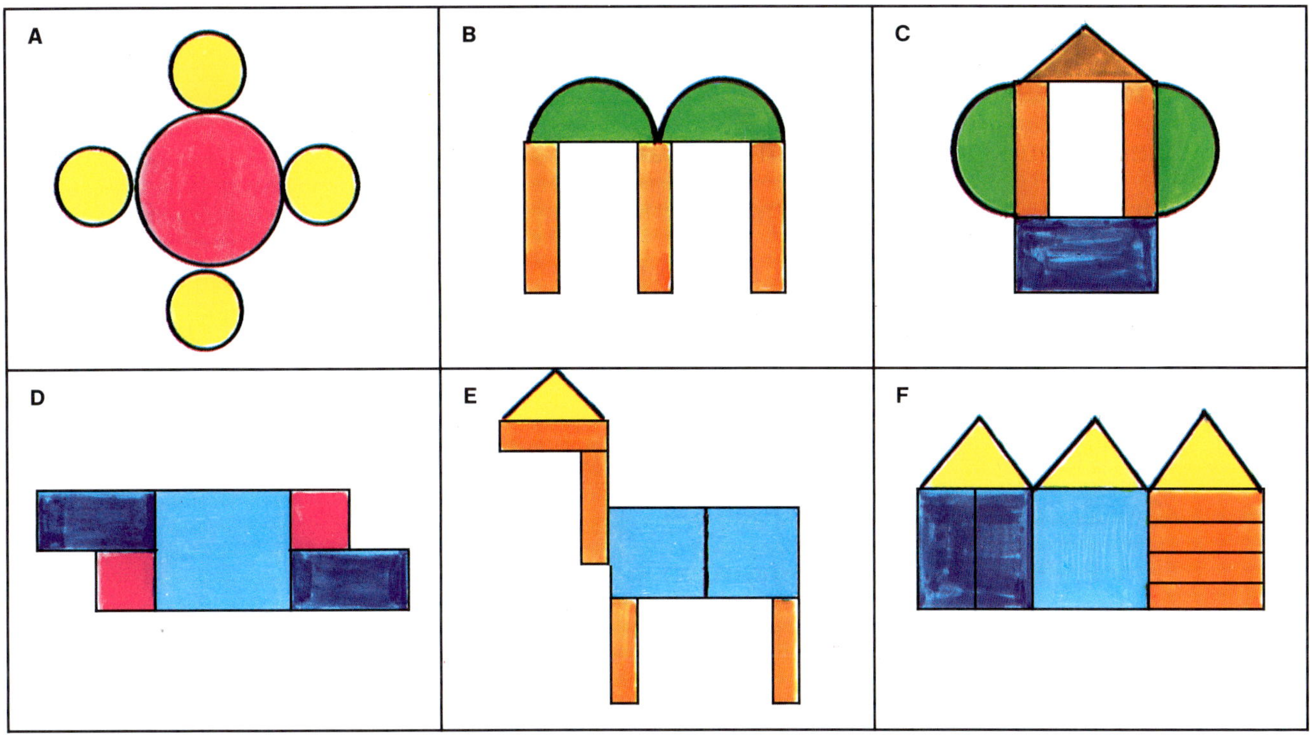


**Wir können Unterschiede an zwei zusammengesetzten Flächen erkennen.**

2 Welche Flächen sind rechts dazugekommen? Lege zuerst die linke Figur. Baue daraus die rechte.

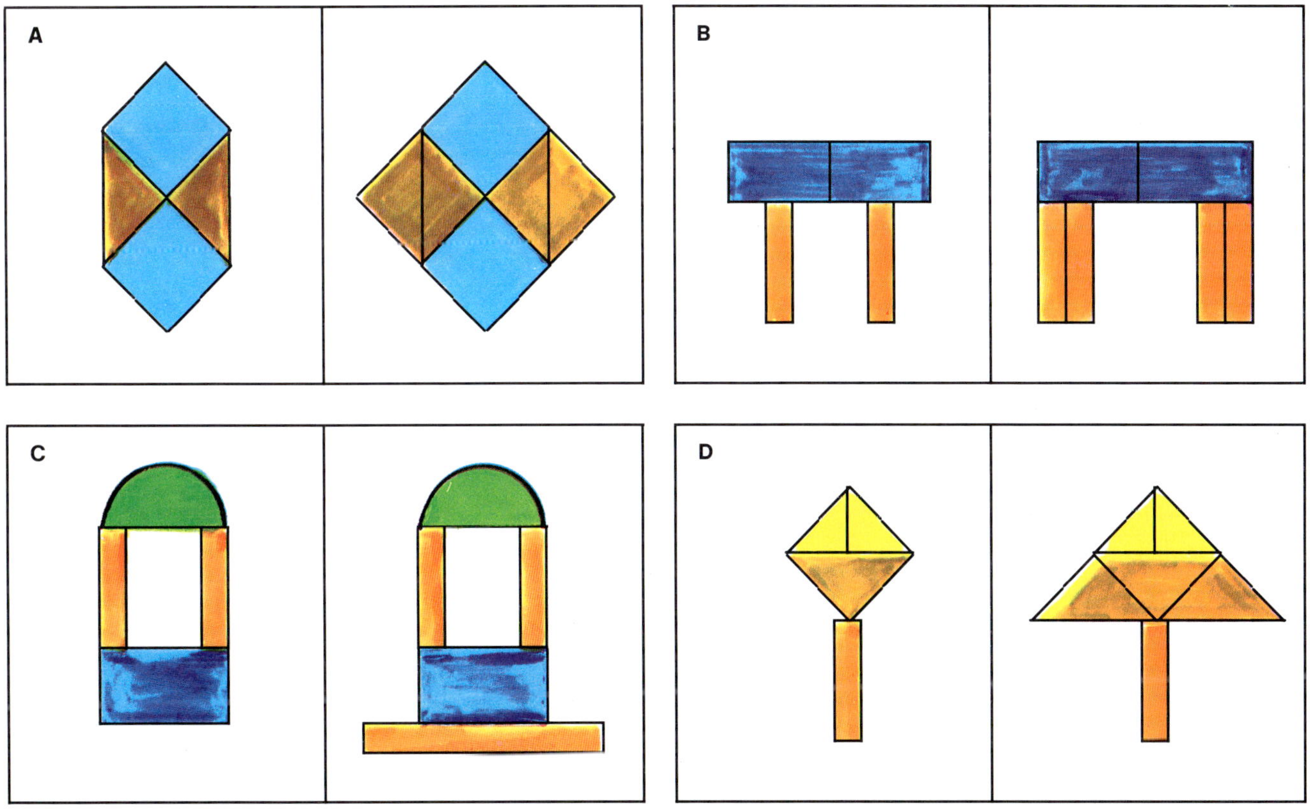


**Wir können andere zusammengesetzte Flächen erfinden.**

3 Erfinde andere zusammengesetzte Flächen. Verwende die Formen der Beilage.

**INHALT**

## 1. Numerischer Teil



## 2. Raumkundlicher Teil

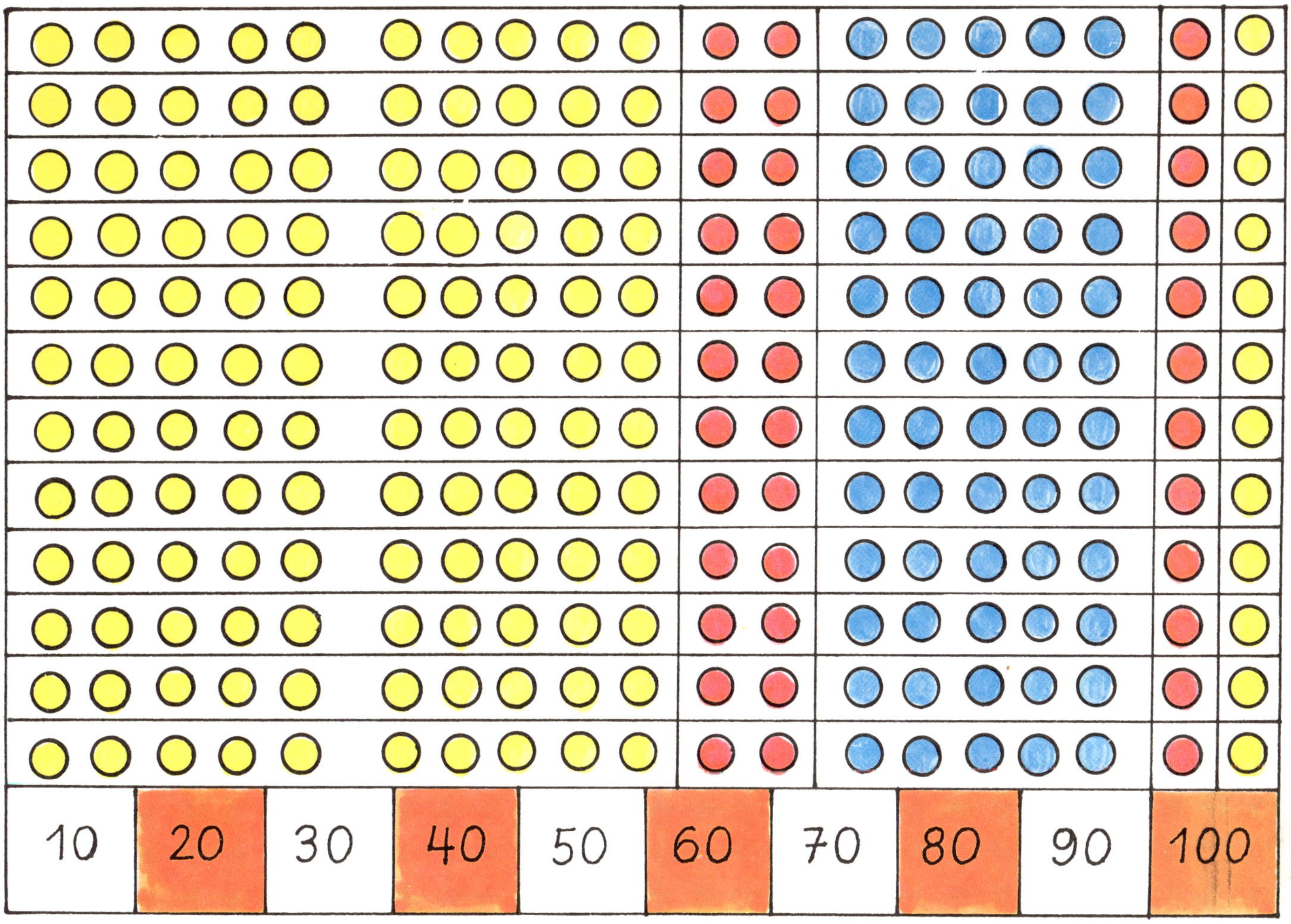
10
20
30
40
50
60
70
80
90
100